섹슈얼리티 性문화사

세계의 숨겨진 성문화 이야기

후쿠다 카즈히코 지음 | 임명수 옮김

어문학사

프로이드는 「성기는 아직도 원시적이다」라고 했다. 이는 인류의 역사, 문화, 사회의 발전과정에서 인간에게 쾌락과 파멸의 길을 오가게 하고, 고뇌하게 하는 성(性)의 현상만큼은 조금도 바뀌지 않았으며, 해결되지도 않았다는 의미일 것이다.

상식에서 벗어난 성행위(性行爲)인 수음, 동성애, 시간(屍姦, Necrophilia), 집단혼음, 사디즘(sadism), 마조히즘(masochism) 등 이른바 변태성 취미도 신화(神話)나 고대 벽화(壁畵) 등에서 찾아볼 수 있다. 이 같은 일이 이미 원시시대에도 적지 않게 행해졌다는 사실이 우리를 놀랍게 한다.

성(性)은 인간을 열락(悅樂)의 세계로 인도하기도 하며, 파멸의 길로 빠져들게도 한다. 그리고 성(性)은 흥망성쇠를 거듭하는 역사의 질곡 속에서 〈육체의 문화사〉라는 존재권을 획득하기에 이르렀다. 줄리어스 시저가 클레오파트라에게 매혹되지만 않았다면, 고대 중국의 은(殷)나라 주(紂)왕이 달기(妲己)의 유혹에 빠지지만 않았더라면, 세계 역사는 분명히 바뀌었을 것이다.

성(性)을 간과한 풍속문화사는 존재할 수 없다. 성(性)은 인간의 생활풍속(生活風俗) 안에서 에로스화되어 매력적인 육체(肉體)의 문화를 창조하는 출발점이기 때문이다.

본 역서는 단순히 성적 흥미 본위의 역사적 사실을 기술한 것이 아니다. 지금까지 역사나 풍속사(風俗史) 중에서 의식적으로 은폐되어 온 성풍속(性風俗)의 현상을 역사적·문화적 범주로 가능한 한 광범위하게 체계화시키고 있다.

책에는 성(性)에 관련된 수많은 역사적 인물이 등장함은 물론이거니와, 그것에 동반하는 정치·사회·문화적 역사, 문학, 종교, 민속학, 미술사, 유녀사(遊女史), 복장사(服裝史) 등 광범위한 영역에 걸쳐 있는 역사적 자료들을 세밀하게 검증하여 실증적으로 기술하는 데 주력하였다.

독자는 이 책을 통하여 성(性)이라는 존재가 역사 속에서 얼마나 큰 변수로 작용하였는가를 실감하게 될 것이다. 또한 풍속문화사를 비롯한 제 분야 연구자에게도 본 역서는 사고 전환의 계기가 되고, 시야를 확대시키는 실마리를 제공해 줄 것으로 확신한다.

다만 번역상의 미비한 점이 있다면 독자 여러분들의 관심어린 질책으로 보완해 가고자 한다.

덧붙여 본서는 사실 5년 전에 출간될 예정이었으나 여러 가지 상황과 맞물려 늦어지게 되었다. 늦게나마 그 모습을 드러낼 수 있게 된 것을 기쁘게 생각하며, 그동안 많은 노고와 협조를 아끼지 않았던 출판 관계자 여러분께 심심한 감사를 드린다.

2011년 4월
역자

머리말 3

고 대

중세

근세

근 대

현 대

고대
ancient

01 | 원시시대의 성(性)생활

6만 년 전, 인간은 일반적인 포유류의 신종에 지나지 않았다. 고릴라, 침팬지류는 아닐지라도 그 것에 매우 가까운 부류였음에 틀림없다. 그러나 대뇌기능이 잘 발달되고 네 다리로 걷는 동물의 보행에서 직립보행으로 진화하면서 호모페이버(노동적 인간, Homo Faber), 호모사피엔스(지적 인 간, Homo Sapiens), 호모루덴스(유희적 인간, Homo Ludence)로 성장한 것이다.

식물재배·농경이라는 생산수단을 알지 못했던 원시 인간은 동물과 유사한 생활을 했다. 수렵, 어로, 채집에 의해 목숨을 유지했는데, 겨울이 되면 굶어 죽거나 얼어 죽는 경우가 많았다. 따라서 인간의 수명도 짧았다. 발루아(Valois, Henride, 1603~76년)[1]의 연구에 의하면, 선사시대의 유골에서 연령을 추측해 낼 수 있는 187구 중 1/3 이상은 20세 이전에 사망했고, 그 나머지의 대부분은 20~40세 사이에 사망한 것으로 보고되어 있다.

그들의 성(性)생활도 다른 유인원과 별 차이가 없는 계절혼이었다. 즉 연 1회의 교미기를 가지며 성(性)본능에 의한 교미를 하는 데 지나지 않았다. 약 1만 년 전, 제4빙하기(후기 구석기 시대) 말기의 것으로 추정되는 유명한 비렌돌프[2]의 비너스나 로셀[3]의 비너스 등의 조각상에서 볼 수 있는 비만의 나부상(裸

---

1 프랑스의 역사가 기원후 최초로 수세기에 걸친 신학적·철학적 역사서를 저술.
2 구석기 시대(약 1만 년 전)의 조각품으로, 1908년, 오스트리아의 그렘스에서 발굴.
3 릴리프 양식의 조각품으로, 프랑스 로셀 출토품.

婦像)은, 당시 육식 위주의 식생활로 인해 체형이 지방질 과다였음을 반영한다. 이 같은 비만 여성은 신성시되고 심지어 〈생식의 신〉으로 추앙받았다.

선사시대 사람들에게 있어서 성교·임신·출산의 생리적 메커니즘은 원인을 알 수 없는 신비스러운 과정이었던 것이다.

성교 자세도 동물과 마찬가지로 후배위(後背位)였다. 그것은 본능적인 행위였으며 동물들의 그것과 별 차이가 없었다.

선사시대 사람들이 여성의 나체상을 조각한 것은 그러한 풍만한 육체로부터 성적 쾌락을 얻을 수 있다는 신비한 황홀감에 대한 일종의 동경이었다. 바로 이러한 점에서 인간의 창조적인 미술활동의 동기를 발견할 수 있다.

이후 인류는 빙하기에서 살아남아 재배 방법을 익혀 농경생활을 하게 되었다. 식생활의 윤택함은 문화를 창조하고, 연애(戀愛)라는 인간의 정서적 행위를 낳았다.

비렌돌프의 비너스상(像).

02 | 고대(古代)의 신전매춘

유녀는 가슴을 풀어헤치고 음부를 열었다.
그는 여자의 매혹적인 모습에 홀렸다.
유녀는 그를 부드럽게 맞이했다.
그녀가 옷을 벗자 그는 그녀 위에 엎드렸다.

이 시(詩)는 기원전 3천 년경 수메르(Sumer)[4]의 점토판에 새겨진 것으로 영웅담의 1절이다. 여기에서 보여주는 「길가메시(Gilgamesh)[5] 서사시(詩)」의 유녀는 이른바 환대 매춘부이다. 즉 보수를 받지 않는 자선적인 매춘부로 주로 여행자를 대상으로 하여 성적 구호를 목적으로 성(性)을 베풀었다. 이러한 풍속은 이윽고 신성화되어 사제를 중심으로 제사의 형식을 취했고, 신전음매(神殿淫賣)로 발전했다.

그 이면에는 성(性)의 신비한 주술적 힘, 즉 생식력으로서의 작용을 신앙에 접목시킨다는 사유(思惟)가 존재하였다. 신전에 봉사하는 처녀(유녀)가 임신을 하여 출산하면 그 아이는 국가 소유로 되어 장래에 노동력·군사력을 강화하는 데에 쓰일 것을 약속했다.

어느 시기의 젊은 여자들은 매춘한 대가의 일부를 결혼 지참금으로도 사용

---

4 메소포타미아 동남부 최고의 도시 문명이 일어난 도시.
5 바빌로니아의 최(最) 장편의 영웅 시(詩)의 주인공.

했다. 헤로도토스(Herodotus, B.C. 484년~B.C. 425년경)[6]의 기술에 의하면, 이집트 역대 왕조의 파라오들은 자신의 딸을 스스로 신전의 유녀로 제공하여 모범을 보였다고 한다. 특히 제4조 왕조인 쿠프 왕(Hwfw, 재위 2571~2508년경)[7]은 자신의 딸들에게 매춘을 하게 하여 그 대가를 건설비에 충당시켰다고 한다.

이러한 신전매춘의 풍습은 고대 이집트, 그리스, 인도, 메소포타미아에 만연하여 미와 사랑의 여신상(像)을 낳았다. 이집트에서는 이시스(Isis)[8] 여신, 그리스에서는 비너스(Venus) 여신이 대표적이다. 또 성적 구호를 베풂으로써 항구나 도시에 매춘업을 파생시켰다.

매춘은 여성의 최초이자 가장 오래된 직업으로, 그 성적 매혹은 영겁불멸의 것이 되었다.

고대 페르시아의 포옹도. 기원전 2천년경.

---

6 B.C. 5세기경 고대 그리스 역사가.
7 고대 이집트 제4조 왕. 이집트 최대의 피라미드 건설자로 알려져 있음.
8 이집트 신화의 창조의 여신.

03 | 고대 이집트의 환관들

장대한 피라미드를 건설한 쿠프 왕과 쌍벽을 이루는 라메스2세(B.C. 1288~33년)[9]는, 카디쉬 전투에서 히타이트군[10]을 격파했을 때 전사자들의 고환을 도려내고, 포로들은 음경을 도려냈다. 아군의 전사자 묘 앞에는 적군의 고환이 산더미처럼 쌓여 거대한 돌무덤 양식이 만들어졌다. 그리고 불명예스럽게 죽은 병사의 무덤에는 여자의 음부 모양을 한 평평한 돌을 놓았다.

이러한 전투 풍속은 고대뿐만 아니라 근대 말기인 19세기까지도 인도를 포함한 중동 여러 나라에서 볼 수 있다. 영국이나 네덜란드의 침략자들이 가장 두려워한 것이 바로 고환을 도려내는 것이었다. 중동 내의 전쟁은 그야말로 고환 도려내기 전쟁이었다고 할 수 있다. 따라서 전장에 나갈 때에는 누구나 국부를 견고하게 감아 보호했다.

고대 이집트 환관은 이러한 전리품(거세당한 포로)인 노예로부터 탄생했다. 신관, 사제들도 모두 거세당한 자였으며 반(半)음양자(남녀양성자, Hermaphrodite)였다.

이 반(半)음양자는 이집트 신화에서 말하는 〈처녀의 암소〉〈성스러운 인간〉의

---

9   이집트 신(新)왕국, 제19왕조의 파라오.
10   B.C. 2000년경에 출현한 소아시아의 신(新)왕국. B.C. 1287년 라메스2세의 이집트군과 카디쉬에서 전쟁을 했으나 패함.

상징으로 취급되었다. 그러나 실제로 선천적인 반(半)음양은 극히 드물었고 인공적으로 정형되었다. 또 이 같은 환관 출신 신관들의 비서역으로는 임포텐스인 스키타이[11]인들이 선별 등용되었다.

헤로도토스의 기술에 의하면 스키타이인은 안장이 없는 말을 타기 때문에 고환의 발육이 나쁘고, 성기는 짧고 작으며, 대개 임포텐스였다고 한다. 사실 에빙의 연구에서도 안장이 없는 말을 타는 남자 중에는 임포텐스가 많은 것으로 증명되었다.

이집트의 거세 노예들은 후궁(Harem)[12]의 친위병이나 처첩의 규방녀(閨房女, Odalisque)의 노예로, 또 왕족이나 귀족들의 성적 노예로 종사했다. 즉 그들은 동성애(男色)의 수동자 역할을 했으며, 동성애 구강섹스(Fellatio)의 봉사자였고, 평상시에는 여자처럼 꾸미고 화장을 했다고 한다.

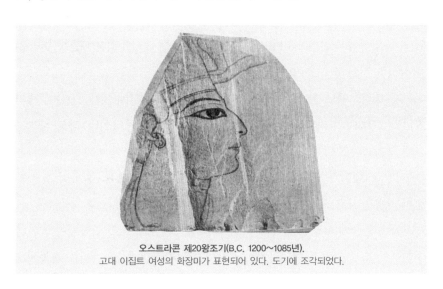

오스트라콘 제20왕조기(B.C. 1200~1085년).
고대 이집트 여성의 화장미가 표현되어 있다. 도기에 조각되었다.

11 흑해 연안의 소아시아 지방에 살았던 고대 민족.
12 회교국의 왕실·상류가정에 설치된 부녀실(음남의 장소).

04 | 고대 그리스의 사랑스런 유녀들

자, 너희들은 잘 들어라. 먼저 센스 있게 몸단장을 하여라. 그리고 사람들을 애교로 대하거라. 음식이 맛있다고 게걸스럽게 입속에 집어넣거나, 술을 벌컥벌컥 마시는 행위 따위를 해서는 안 된다. 그리고 무엇보다 중요한 것은 손님과 잠자리에 들 때 흉하게 섹스에 열중하거나, 반대로 냉담해서도 안 된다. 손님을 매혹하고 애인처럼 부드럽게 대접하는 것이다.

이 글은 루키아노스(Loukianos)[13]의 『유녀와의 대화』에서 발췌한 것이다. 고대 그리스의 매춘제도는 고대 이집트의 신전매춘 풍속을 그대로 계승한 것이었다. 입법학자 소론(Solon)이 B.C. 6세기 아테네에 데크테리온(매춘숙, 賣春宿)을 창설한 것이 그 시초이다.

현재 그리스에도 이 매춘제도는 존재하고 있다. 아테네에는 6,000여 명의 창녀와 2,000여 명의 남창이 일시에 모이기도 한다. 〈헤타이라〉라고 불리는 고대 그리스의 고급 유녀는 인도의 〈가니카(유녀의 의미)〉와 비교된다. 그들은 〈예기학교〉에서 손님을 유혹하고 대접하는 미혹술(媚惑術)을 배우며, 노래와 춤의 기법을 닦고 교양을 몸에 익혔다.

그들이 얼굴에 화장을 할 땐 연지의 화사함을 보여주었고, 입술에는 알칸나 뿌리에서 추출한 빨간 액체와 꿀을 섞은 것을 칠했으며, 또 그것을 젖꼭지에

---

13 450~404년 그리스의 풍자시인 철학자.

도 발랐다. 몸에는 야자유의 향유를, 눈썹과 머리카락에는 박하향수를, 목과 무릎에는 키스를 유도하기 위해 사향초의 액체로 만든 감미로운 향수를 뿌렸다. 허벅지 부근에는 신비스러운 밀라(沒藥)[14] 향유를 발랐다. 그리고 음모를 완전히 제거하고 아몰고스[15]산(産)의 투명하고 엷은 마직물로 만든 황색 또는 장미색의 튜닉을 걸쳤다.

방에는 큰 침대와 휴식용 간이침대, 두 개의 의자, 몸을 씻는 데 쓰이는 물항아리와 바가지 등이 놓여 있었다. 유녀들은 잠자리에 들기 전에 반드시 손가락 끝 부분에 꿀을 듬뿍 묻혀 입술에 발랐다. 사랑의 유희가 끝나면 향수를 묻힌 헝겊으로 국부를 부드럽게 닦았다. 그들은 격렬한 섹스와 황홀감을 남성에게 느끼게 하면서 사랑의 기교를 가르쳤다.

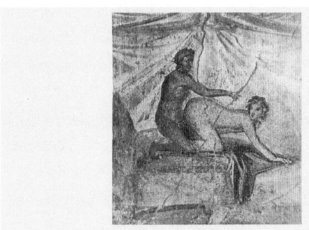

성애의 전경.
폼페이의 벽화. B.C. 5세기경 프레스코화 사진.

---

14 몰약(沒藥). 난초과의 소 교목. 아랍과 아프리카에 분포함. 껍질에서 나오는 수지는 방향제 및 방부제로 쓰이며, 향수나 구강 소독 등으로도 쓰임.
15 에게 해, 큐크라데스 제도 중의 하나. 섬에서 산출되는 마직물은 고급제품으로 엷고 투명함.

05 │ 아리스토텔레스의 피임법

자궁 내에 서양 삼나무기름, 또는 납이 함유된 연고, 혹은 유향(乳香)과 올리브기름을 섞어 넣을 것. 그러면 여자는 임신하지 않는다.

그리스의 철학자 아리스토텔레스는 『동물지』에서 이 같은 임상학적 의견을 말하고 있다. 이 실증학적 견해는 분명히 효력이 있었다. 제정 로마시대의 여인들 사이에서도 유명한 클레오파트라 역시 이러한 피임법을 숙지하고 있었다. 근대 과학의 해명에 의하면 서양 삼나무 액체(油)에는 정자를 말살시키는 강력한 물질이 함유되어 있다고 한다. 그 밖의 처방과 성분은 정자 활동을 완만하게 하기 위한 물질이었다.

고대 이집트에서는 임신을 막기 위해 삽입 좌약의 처방이 개발되어 있었다. 그린(Green, 1847~1929년)[16]의 『피임의 세계사』에 의하면, 파피루스 문헌에는 「악어의 변[17]과 꿀을 혼합하여 천연 탄산소다와 함께 질 내에 삽입하라」고 가르치고 있다. 이 처방과 아리스토텔레스의 피임법은 근대 의학에 비춰보아도 피임의 역할을 썩 그럴듯하게 해내는 과학적인 처방전이었다.

그 밖에 몰식자(沒食子)[18] · 무화과 껍질 · 석류 · 돌소금 · 양배추 수피액(樹脂)

---

16 영국의 여류 역사가.
17 그 성분에 정자를 무력화시키는 강한 알칼리성 물질이 함유되어 있음.
18 너도밤나무과 식물의 어린 잎. 타닌(tannin) 70% 함유. 설사, 궤양 등의 치료에 쓰이는 수렴제로 널리 사용됨.

입맞춤. 고대 그리스의 벽화 릴리프. B.C. 5세기경.

등 12종의 정자 말살용 좌약이 이용되었지만 절대적인 효과는 없었다. 명반액[19] 등의 질 수렴제(astringent)[20]도 콘돔이 출현하기 전까지 매춘부나 가정주부에게 많이 사용되었다. 그러나 명반액은 불임을 초래하고 질 벽을 두껍게 하는 단점이 있었다. 또 키니네와 카카오 기름을 혼합한 삽입약도 널리 보급되어 있었지만 그 효과는 50% 이하의 확률에도 미치지 못했다. 따라서 질외사정 등의 방법이 남성에게 부과되었다. 당시 「꽃을 상하게 하지 않고 꿀을 음미한다」라는 풍자어도 유행했는데, 이러한 방법은 도덕가들에게 권장되었다.

19세기경까지의 신사들에게 성교 시 질외사정은 일종의 예의였다. 남색, 여성의 동성애(Sapphism) 등의 쾌락은 임신의 불안으로부터 해방시켜 주었고, 질외사정에 대한 불만을 제거함으로써 성은 한층 다양한 관능미의 영역을 넓히게 되었다.

---

19   알루미늄·칼륨 명반액. 강한 수렴성을 가짐.
20   점막이나 상처 등의 단백질에 작용하며 피막을 형성하여 국소를 보호하는 약제.

06 | 아름다운 에로스, 플라토닉 러브

소년이여
그대의 볼이 윤택함을 발산하는 그동안에
나는 그대에게 몸 바쳐 받들 것이나니
설령 죽을 운명에 사로잡힐지언정.

고대 그리스 시인 테노그니스(Tenognis)가 쓴 〈비가(悲歌)〉의 1절이다. 기원전 6세기 미니온(minion. 稚兒愛)을 노래한 시인데, 이는 그 옛날의 〈소년애(남색)〉가 이성애와 동등하게 고대 그리스의 성애 생활에 뿌리내리고 있었다는 것을 보여준다.

철인 플라톤이나 플라톤 학파의 사유(思惟)에서는 육욕을 동반하지 않는 영혼의 에로스(愛)만이 미(美)이며, 2선(善)이며, 진(眞)이었다. 이러한 에로스가 격정적일수록 신은 기뻐한다고 플라톤은 『향연(饗宴)』에서 격찬하고 있다. 그것은 이성애보다 더 청순하고, 고결하며, 무상의 행위로서 그 순수함을 널리 알렸다. 에로스는 영혼과 영혼의 만남이며, 육욕을 초월한 애정·정념(情念)의 연소(燃燒)의 결정체인 것이다. 거기에는 지적 대화가 이루어져, 철학의 이념은 비가 대지에 스며드는 것처럼 소년들의 정신에 침투되었다. 철인들은 자신의 투영을 〈소년애〉로 향하게 했던 것이다. 아무리 미모의 여자일지라도 애초부터 여자는 어리석은 존재라고 보았으며, 게다가 정을 다른 곳으로 옮기면

옮길수록 아내의 질투심을 부채질할 뿐이었다.

그러나 소년애의 플라토닉러브의 이상과 현실은 달랐다. 버튼(Burton, 1821~1890)[21]은 『남색론』에서 플라톤, 소크라테스, 아르키비아데스(Alkibiades, B.C. 450년~B.C. 404년경)[22]도 남색을 즐겼다고 단언하고 있다. 아리스토텔레스는 에르메아스라는 소년을, 웅변가인 데모스테네스(Démosthenés, B.C. 384년~B.C. 322년

남색도.
고대 그리스 경면(거울)릴리프. B.C. 4세기 구리제품.

경)[23]는 쿠노시온이라는 소년과의 사랑 때문에 아내를 격분시켰다. 에피쿠로스(Epikouros, B.C. 342년~B.C. 270년경)[24]는 피유크레스라는 소년을 애첩처럼 데리고 다녔다.

이러한 유아애(愛)는 크레타 섬 그리스인들의 풍습이었다. 그들은 이 풍습을 아테네와 스파르타에 유행시켰다. 스파르타의 왕 리쿠르고스(Lykourgos)는 「시민은 남자 애인을 갖지 않으면 훌륭한 시민의 자격이 없으며, 국가에 도움도 되지 않는다」고 순수한 플라토닉 러브를 찬미했는데, 그 정신을 이해할 수 없었던 스파르타인은 육욕적 남색에 빠졌다. 아테네도 마찬가지였다. 항구에서는 여장을 한 남자들이 배회했었다.

---

21 『아리비안나이트』의 번역자로 알려진 영국의 탐험가, 동양학자.
22 고대 아테네 정치가, 소크라테스의 제자.
23 고대 아테네 정치가, 웅변가로서 유명.
24 에피쿠로스 학파의 원조. 헬레니즘 사상의 대표자.

07 | 대머리 시저의 개선(凱旋)

로마인이여, 아내를 잘 숨겨 두어라.
명대의 색마, 여성의 정복자, 대머리 시저 님이
개선하신다.

위풍당당하게 개선한 영웅 시저를 향해 사람들은 이렇게 수군거렸다. 갈리아(Gallia)[25] 원정, 이집트 정복, 소아시아 점령 등 수많은 무훈에 빛나는 불멸의 집정관·장군도 성애에 있어서는 방종 무뢰한이었다.

그러나 우리는 현대의 고상한 신사적 도덕률로 판단하지 않으면 안 된다. 스에토니우스(Suetonius, 69~140년경)[26]는, 키케로(Cicero, B.C. 106년~B.C. 43년경)[27]는 서간문에서 「시저는 니코메데스(Nikomedes)[28] 왕의 침실로 모셔져, 보라색 천으로 장식한 황금침대 위에서 아쉬운 청춘의 꽃을 뿌렸다」라고 자신의 소아성애 경험을 시사하고 있다.

시저는 일생동안 네 번이나 처를 바꿨고, 요염하고 매혹적인 이집트의 여왕 클레오파트라의 처녀 수청의 영광을 누렸으며 두 아이를 얻었다. 게다가 마우

---

25 현재의 북이탈리아, 프랑스, 벨기에 지역. 고대 로마인이 켈트족의 주거지역을 갈리아라 함.
26 고대 로마 기사 출신의 전기 작가. 「황제의 사생활」로 유명.
27 로마의 정치가이자 웅변가.
28 비티우니아 왕. 스르라에 쫓긴 어린 시저를 도운 적이 있음. 비티우니아는 흑해 남안의 서부지방의 지명.

레타니아[29]의 여왕 에우노에와 정을 통했고, 로마에서는 스루피키우스[30]의 아내 포스토미아와 동침했으며, 가비니우스(출생연도 미상~B.C. 48년)[31]의 처 로리아, 대부호 루크루스의 처 테레토우라, 그 유명한 폼페이우스(Pompeius B.C. 106년~B.C. 48년)[32]의 처 무키아 등, 유부녀를 닥치는 대로 정복했다. 그러면서 그는 남색도 즐겼다. 그는 중중의 나르시스트로 손과 발은 물론 전신의 털을 빈틈없이 뽑았고, 향유를 정성들여 전신에 발라 몸 전체에 광택이 나도록 했다고 스에토니우스는 전한다.

그러한 시저에게 안긴 클레오파트라는 방년 22세였다. 반면 그는 53세 초로의 남자였지만 정력은 왕성했으며, 클레오파트라는 그런 그를 침대에 가둔 채 놓아주지 않았다. 그는 결코 병적인 바람둥이는 아니었다. 가장 평범한 로마인이었다.

역사가들은 시저가 간질을 앓고 있었으며, 공개석상에서 두 번이나 발작을 일으켰다고 말한다. 양자 아우구스투스에게 암살당하지 않았더라도 장수는 기대할 수 없는 체질이었다.

시저의 초상 조각. 대리석. 1세기.

29 북아프리카 지중해 연안에 있는 소국.
30 B.C. 1세기경 로마의 연애 시인.
31 공화정 말기 로마의 군인.
32 공화정 말기의 정치가이자 장군.

08 | 비극의 요희(妖姫) 클레오파트라

그날은 정성 들여 화장을 했다. 회춘의 호수[33]에서 떠온 물로 몸을 씻고, 스아브[34]로 때를 벗기고, 유향과 꿀이 함유된 향유로 마사지를 한다. 머리에는 뱀 기름을 바르고, 눈언저리에는 공작색 우아쥬[35]를 칠했다.

그녀는 빛나는 자신의 상아색 나신를 모포로 감싸고 아폴로도스와 두 명의 친위병 어깨에 태워져 시저의 침실로 옮겨졌다.

시저는 모포에 감긴 가죽 끈을 풀었다. 그 안에서는 은은히 발산하는 감미로운 향기를 느낄 수 있었다. 전라(全裸)의 젊은 처녀는 요염하게 웃으며 일어났다. 살결에 작은 점 하나 없는 매끈하고 수려한 나신(裸身)은 백금처럼 빛났다. 시저는 몽환의 세계에 있는 듯한 착각에 사로잡혔다.

클레오파트라와 시저의 첫 만남. B.C. 47년 3월 28일의 일이었다. 그녀는 22세의 성숙한 여인이었다. 클레오파트라는 이집트 마지막 왕조 프톨레마이오스12세 아우레테스의 차녀. 그리고 순수혈통의 마케도니아 왕녀로서 그 매력을 유감없이 발산하고 있었다.

그녀는 품위와 교양을 갖추면서도, 두려움을 모르는 재기 발랄한 계략가이

---

33 클레오파트라가 애용한 중탄산소다를 함유한 천연 탄산소다의 호수.
34 산성 백토로 빚은 것으로 몸의 때를 제거할 때 쓰이는 이집트의 화장품.
35 공작석이라고 하는 규산동(硅酸銅)을 함유한 분말로 눈 주변에 바르는 eyeshadow.

클레오파트라의 죽음의 초상.
데생. 미켈란젤로 그림. 16세기.

기도 했다. 스스로 자신을 태양신 라(Ra)의 딸이라 칭했으며, 알렉산드리아에서는 꽤 인기가 있었다. 시저와의 만남도 그녀의 모험을 건 책략이었다. 로마의 속국이었던 이집트를 독립시키기 위해 그녀는 시저의 품에 안긴 것이었다. 승리자 시저는 나일강을 따라 에티오피아 국경까지, 2개월에 걸친 여행에 클레오파트라를 동행시켰다. 타라메고스라 불리는 넓은 침대를 갖춘 요트 밀월여행이었다.

그리고 수년 후 시저는 암살당했다. 그녀는 또다시 본심을 감춘 채 안토니우스(Antonius, B.C. 82년~B.C. 30년경)[36]에게 안겼지만, 그녀의 야망은 결실을 맺지 못했다. 안토니우스는 시저의 양자 아우구스투스 군사에 패해 빈사의 중상을 입어 그녀의 가슴에 안긴 채 숨을 거두었다.

클레오파트라도 정장을 하고 위엄을 갖춘 채 황금옥좌에 앉아 젖꼭지를 독사[37]에게 물게 하고는 잠자는 듯이 죽어갔다. 그녀의 시체는 이집트의 장례풍습에 따라 소의 남근을 그녀의 음경에 삽입시켜 봉인되었다.

36 로마 정치가 시저의 부장.
37 독사의 독은 아스프(aspic,asp)라 하는 강렬한 최면성 독이었다.

09 | 음탕의 광기, 네로의 생애

포악과 음탕의 시대로 유명한 제정 로마의 네 번째 황제에 등극한 네로는, 희대의 음부 멧살리나의 남편 클라우디우스 황제(Claudius, B.C. 10~51년, 재위 41~51년)[38]를 독살한 유리아 아그립피나(Agrippina, 19~59년)[39]가 데리고 온 자식이었다.

네로를 편애하여 후에 황제의 자리에 등위시키려 한 그의 모친은 네로 주변의 비판세력을 닥치는 대로 독살했다. 20세 때 네로는 이복형제인 옥타비아와 결혼했다. 그 이후로 어머니를 멀리하다가 노예에서 환속된 미모의 처녀 아크테에게 빠져 끝내 결혼 의사를 밝혔다. 이에 깜짝 놀란 그의 어머니 아그립피나는 네로의 마음을 바꾸기 위해 자신의 몸을 아들 네로에게 맡기고, 막대한 사유재산을 주어 회유에 성공했다. 그러나 네로는 이미 음탕의 밑바닥에 떨어져 있었다.

네로는 어렵사리 처와 어머니를 살해하고, 절세의 미녀 폽페아를 손에 넣어 왕비로 맞이하지만 이것도 잠깐, 임신 중인 그녀의 복부를 걷어차 죽여 버렸다. 네로의 스승이었던 철인 세네카(Seneca, B.C. 4년~A.D. 65년경)[40]도 유형(流

---

38 로마 황제. 음부 멧살리나와 결혼. 후에 네로의 모친 아그립피나와 재혼.
39 음행 때문에 추방당한 시저 여동생의 딸, 네로의 어머니, 네로에 의해 살해됨.
40 고대 로마의 철학자. 역모 혐의로 유형을 당함. 스토아 철학자.

刑)에 처했다. 『연대기』에서 타키투스(Tacitus, 55~115년)[41]는 네로의 방탕한 모습을 이렇게 기록하고 있다.

가장 악랄했던 사건은, 티겔리누스(Tigellinus)[42]가 마련한 향연 자리에서였다. 그는 아그립피나 지천(池泉)[43]이라는 연못에 뗏목을 띄워 그 위에 주안상을 차리게 하고 수척의 배로 끌게 했다. 뗏목은 황금과 상아로 장식하고, 연못에는 여러 나라에서 주문한 새와 짐승 들을 모아놓고, 멀리 북해 끝에서 가져온 괴물도 배에 실었다.
창가(娼家)를 세운 연못의 제방 한 곳은 명문가의 부녀자들로 가득했으며, 반대편에서는 여자들의 나체를 볼 수 있게 하는 등 그의 외설적 행동은 대단했다. 저녁노을이 질 무렵 근처의 숲과 모든 집에서는 노랫소리가 울려 퍼지고, 불빛이 서서히 켜지면 네로는 자연, 부자연을 불문하고 온갖 음행으로 온몸이 젖어 문란의 극치를 달렸다….

보다 못한 원로원과 군대는 이러한 변태적 황제에게 사형을 선고했다. 네로는 무덤 속에서 공포에 떨면서 검으로 자신의 목을 찔러 목숨을 끊었다. 그의 나이 30년 5개월의 피로 얼룩진 생애였다.

네로의 초상 조각.
1세기. 대리석.

41 로마 제일의 역사가.
42 네로의 총신, 로마 호위대장.
43 마루스 공원 내의 아그립피나 욕장이 있는 인공 연못.

10 | 음란한 왕비, 멧살리나

음부는 경직되어 더욱 흥분에 불타올라 그녀는 피곤함을 느껴 남자로부터 떨어졌다.
그러나 만족한 것은 아니었다.

몽테뉴가 『수상록』에서 인용하고 있는 이 구절은 유명한 고대 로마 풍자시인 유베나리스의 〈풍자시〉의 일부분이다. 로마 황제 클라우디우스의 후처 멧살리나의 음란함을 평한 것이다.

이 무능한 클라우디우스가 즉위한 것은 50세가 지나서인데, 뮈라[44]의 표현을 빌린다면 치매기가 있는 우유부단한 공처가 황제였다. 그리고 하필이면 희대의 음부 멧살리나를 아내로 맞이했다. 정상적으로 잠자리를 같이 할 수 있는 여자가 아니었다.

루브르 박물관에 소장되어 있는 멧살리나의 대리석 초상 조각을 보면 그 용모는 그야말로 정력적이면서도 괴이한 자태를 보이고 있다. 반듯한 이목구비, 고상한 로마풍 취향의 감아올린 머리, 타이트한 유방과 체구는 귀부인의 분위기를 자아내며, 접근하기 어려운, 어쩐지 눈부신 느낌마저 든다.

그녀는 선천적인 다음증(색정광, nymphomania)이었는지 남편이나 애인과의 정사만으로는 만족할 수 없어, 로마 창가에 방을 빌려 남근 모양의 쇠 문고리

---

44 『고대 문명의 성생활』(1902년).

성애도. 폼페이의 모자이크. B.C. 18세기경.

가 붙어 있는 문에 〈류키스카〉라는 예명을 걸고 창녀처럼 손님을 받았다. 그러한 행위를 하면서도 그녀는 수치스러워하지 않았다. 오히려 자신을 비난하는 자에게는 거짓 죄명을 씌워 사형시키거나 독살하기도 했다. 철인 세네카도 그녀의 분노를 사, 모처럼 클라우디우스 황제에 의해 유형에서 돌아오자마자 또다시 멧살리나에 의해 코르시카 섬으로 쫓겨났다.

그녀가 로마 제일의 미남 청년 집정관인 시리우스와 열애에 빠졌을 때에는 황제가 자리를 비운 사이 오스티아[45]에 있는 별장에서 그와 결혼식을 올렸다. 아무리 늙어 무능력해진 황제이지만, 그녀의 파렴치한 행동에 격노하여 중혼죄로 원로원에 고발했다. 그녀는 호위대장 부관 손에 의해 루크루스[46] 정원 숲 속에서 살해되었다. 방년 24세였다.

45 로마 부근 테레베 강 항구에 만나는 지점에 건설됨. 고대 로마의 별장지.
46 멧살리나가 수탈한 재벌 루크루스가(家)의 소유였던 호화스러운 정원.

11 | 성(性)도착자 칼리구라 황제

1세기 제정 로마 제3대 황제에 즉위한 칼리구라(Caligula, 12~41년)의 손은 「조부(祖父)살해」의 피로 물들어 있었다. 어느 역사가의 표현을 빌리자면, 칼리구라는 백치·노출증·사디스트였으며, 바보스럽고 음란하기까지했다고 혹평하고 있다. 물론 황제로서 주어진 책무를 수행할 수도 없었으며 모든 일을 측근에 맡겼다. 조부 티베리우스가 축재한 1,500억의 금을 그는 재위기간(37~41년) 5년 만에 탕진했다. 황금으로 만든 군함, 궁전, 그리고 그의 애마 인키타투스의 마구, 말구유에 이르기까지 모두가 순금이었다.

칼리구라의 원형극장.

스에토니우스(Suetonius, 69~140년경)[47]의 『칼리구라 편』에 의하면 그는 소년 시절 친누이동생을 범했다. 또 어떤 때에는 아내 카에소니아를 발가벗기고 갑옷을 입혀 친위 병사들에게 관람시켰다. 매일 밤 로마 시내의 미모의 처녀들을 납치하여 겁탈하기도 하고, 팬터마임 배우를 궁전으로 불러들여 남색을 탐닉하기도 했다. 그의 사디스틱한 행위는 유명하여 조금이라도

47 로마의 문인.

비위에 거슬리면 호위관이든 총독이든 자살을 강요하고, 병사들의 목을 마치 인형의 목처럼 잘랐다.

몽테뉴도 『수상록』에서 기술하고 있듯이 자살을 강요받은 장병들은 자택으로 창부를 불러들여 정교(情交)의 황홀감 속에서 스스로 목숨을 끊었다고 전한다. 이러한 광기를 스에토니우스는 이렇게 기록하고 있다.

칼리구라는 광적으로 자기숭배에 빠졌다. 쌍둥이 신(神) 캐스톨(Kastor)과 폴리듀케스(Polydeukes) 신전을 자신의 주거로 하고, 그 신의 복장 차림으로 신구를 가지고 다니며 사람 앞에 나타날 정도였다. 어떤 때에는 군신 마르스(Mars), 여신 비너스, 요정 다이아나(Diana)로 분장하고 로마 시내를 활보했다.

그는 여장을 하여 입술을 발갛게 칠하고 만면에 유혹의 미소를 띠며 카피트리노 고개를 행진했다. 그것은 이미 정신병리학적으로 광인의 행동이었다.

41년 1월 호위관 장병의 손에 의해 칼리구라 황제의 음란한 남근은 잘려버렸고 그가 혼절한 사이 그의 처와 어린 딸도 참살당했다. 이후 칼리구라 혈통은 로마 제정사에서 근절되었다.

칼리구라의 초상 조각. 대리석. 1세기.

12 | 정욕에 빠진 티베리우스

　준엄한 역사가 기본(Gibbon, 1737~94년)[48]이 한 말이다. 「음란하고 무자비한 티베리우스」라고······. 제정 로마의 「철의 시대」는 이 티베리우스에 의해 막이 열린다. 시저를 암살한 〈양부 살해자〉인 아우구스투스가 병사하자, 티베리우스(Tiberius, 재위 14~37년)[49]가 황제 자리에 올랐다. 1세기 초의 일이다. 예수의 존재가 조금씩 인식되기 시작한 시대였다. 그는 지성이 풍부하고 황제에 어울리는 인격을 갖추고 있었지만, 성애에 있어서는 도가 지나칠 정도로 쾌락주의에 빠진 자였다. 타키투스도 『연대기』에서 이렇게 말하고 있다.

그는 저 암초[50]의 섬과 고독의 바다에서 악(惡)과 정욕에 빠졌다. 실제로 그의 정욕은 자유노예 소년들까지 음란한 행위에 오염될 정도로 불타 있었다.

　스에토니우스는 좀 더 구체적으로 이렇게 쓰고 있다.

그의 비행은 극심하여 입에 담기조차 어려울 정도이다. 믿을 수 없겠지만 그는 어린아이들을 〈자신의 물고기〉라 부르며 혀와 치아로 가볍게 그의 성기를 접촉시켜 유아가 산모의 젖을 빠는 것처럼 자신의 성기를 빨게 했다.

48　영국의 역사가. 『로마 제국의 쇠망사』 1895년.
49　로마 제정 제2대 황제.
50　카프리 섬(나폴리 만의 작은 섬)을 가리킴.

이러한 그의 악취미는 점점 도를 더해갔다. 심지어 소년들의 치아를 뽑아 잇몸으로 자신의 성기를 부드럽게 깨물게 했다. 그리고 그는 카프리 섬에 있는 그의 별장에서 세라리우스라 부르는 조그마한 무대를 만들어 그곳에서 젊은 처녀들과 청년들을 불러 모아 〈스핀트리아〉를 연출시켰다. 다시 말하면 〈반지〉 모양으로 남녀가 몸을 잇는 음란한 행위이다. 또 그는 서가에 춘화를 수집하여 사람들로 하여금 춘화와 똑같은 포즈를 취하게 하면서 스스로 위축되어 가는 욕망을 달래고 있었다고 한다.

36년, 78세의 이 늙은 황제의 음란 행위는 세상에 알려져 비난을 받았다. 칼리구라는, 이러한 조부의 행위는 로마제국의 치욕이라 하여 비밀리에 병사를 별장으로 보내 티베리우스를 이불로 덮어씌워 질식사시켰다.

13 | 흑의 황제 도미티아누스

〈철의 시대〉는 네로의 자살로 종식된 것이 아니었다. 그 뒤를 계승한 자가 바로 〈잔인하고 사악한 황제〉로 불리었던 도미티아누스(Domitianus, 51~96년) 황제이다. 스에토니우스의 기술을 살펴보면, 그는 유부녀를 즐겨 유혹하는 습성의 소유자였다. 또 간통이나 남색에 빠진 자를 잡아들여 남근을 불로 태우는 형벌을 만들기도 하였는데, 잔인한 형벌보다는 살인 방법을 고안하는 데 열중한 정신이상자였다. 카시우스(Cassius)는 도미티아누스가 마련한 비정상적인 파티 모습을 이렇게 묘사하고 있다.

도미티아누스는 검은 방(천정, 벽, 바닥 모두가 검은색인)을 가지고 있었다. 거기에는 쿠션이 없는 새까만 의자가 놓여 있었으며, 그의 방문객들은 동행자도 없이 한밤중에 이 방으로 안내되었다. 그 의자 앞에는 묘석 같은 검은 은제품의 판이 한 장씩 마련되어 방문객의 이름이 새겨져 있었다. 그 판에는 천장에 매달린 작은 등이 밝게 비치고 있을 뿐이었다.
이윽고 마치 요괴나 유령처럼 온몸을 새까맣게 칠한 나체의 소년들이 들어와 손님의 주위에서 음산한 춤을 추었다. 그리고 춤이 끝나자 자기 손님 앞에 무릎을 꿇었다.
그러는 동안 검은 은제품 위에는 요리를 담은 새까만 접시가 올라왔다. 술잔 역시 검은색이었다. 흡사 그것은 죽은 자의 향연 같았으며 손님들은 모두 불길한 공포에 떨었다. 그리고 실내는 쥐 죽은 듯이 조용했다. 도미티아누스가 나타나 연설을 했다. 살인과 변사(비정상적인 죽음)에 대한 갖가지 깊은 지식을 다 기울였다……

이 검은 향연이 다키아[51]의 승전 기념 축하 파티였던 것이다. 그는 죽은 자의 원령으로 승리자를 대접했다고 변명했다.

그는 또 선제(先帝)와 마찬가지로, 금욕주의적인 기독교와 다를 바 없는 스토아 학파, 로마 철학자 모두를 유형에 처해 추방했다. 카시우스 디오는 그를 이렇게 평가한다. 「그는 한 번도 인간에 대해서 진정한 애정을 느낀 적이 없는 인물이었다.」 96년, 이 잔인무도하고 박정한 황제는 클레멘스 스테파누스(Clemens Stephanus)라 하는 자유인에 의해 침대 위에서 칼에 찔려 죽었다.

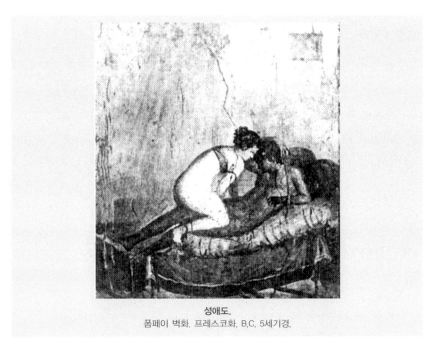

성애도.
폼페이 벽화. 프레스코화. B.C. 5세기경.

---

51 유럽 중부에 있던 고대 국가, 다뉴브 강의 이북지역, 현 루마니아에 해당함. 로마 제국의 속주였음.

14 | 방탕한 신의 아들 헤리오가바루스

로마 제정 말기에 배출된 어리석은 황제 중에서도 헤리오가바루스(Heliogabalus, 205~222년)[52]만큼 광기에 얼룩진 황제는 찾아볼 수 없다. 폭정의 극한을 달렸던 카라칼라(Caracalla, 188~217년)[53] 황제가 암살되자 그의 황비 유리아 멧사가 총애했던 미소년 헤리오가바루스가 황제 자리에 올랐다. 불과 13세의 소년 황제였다. 시리아 출생인 헤리오가바루스는 시리아의 태양 신[54] 숭배자로 스스로 신의 아들이라 칭하고, 금몰(금실로 짠 옷감)로 장식한 가운·목걸이·팔찌·주옥을 박은 왕관을 쓴 특이한 몸단장을 하고 있었다고 헤로디아노스(Heodianos, 출생연도 미상~238년)[55]는 『역사』 속에서 밝히고 있다. 그리고 「그는 정상적인 여자 얼굴보다 더 정성 들여 화장을 하고, 황금 목걸이와 화려한 의상을 걸치고 춤추며 다녔다」라고 전한다.

또 기본은 분노 섞인 어조로 이렇게 기술하고 있다.

그는 자제력을 잃은 분방함을 가지고 농후한 환락에 몰입했다. 여러 계층과 종족의 여자들, 가지각색의 미주(美酒)진미, 색색의 자태와 자극이 그 쇠미해진 욕정을 부활시켰다……. 차례로 비축해둔 수많은 애첩들을 빗살을 뽑듯이 바꾸어 버리는 황비, 그중에는 여자 수도원에서 강탈해온

52 로마 시대 황제. 시리아 에메사에서 출생. 수도승이었음. 유리아(Julia)의 눈에 들어 황제로 등극했음.
53 세베리우스의 아들. 영국, 북아프리카, 메소포타미아 등을 정복. 폭정으로 인해 살해당함.
54 신체는 흑요석(黑曜石)의 남근이었음.
55 3세기 그리스의 역사가.

처녀 비구승도 섞여 있었는데……. 그 불륜의 방탕함은 말로 표현할 수 없는 추잡함의 연속이었다. 동서고금의 그 누구와도 비교할 수 없을 정도였다.

　그가 건립한 파라티노 언덕의 웅장하고 화려한 시리아의 태양신전에는 거의 나체에 가까운 투명한 명주 가운을 입은 비구니들이 시중을 들고, 그의 규방에서 수청도 들었다. 신전은 거대한 할렘(Harem)으로 바뀌었다. 게다가 그는, 그를 따라다니며 잠자리를 같이 하는 애첩들에게 명예로운 고위관직을 내리기도 했다. 또 카라칼라 황제의 방탕한 아들에게 황제직을 물려주려고 간책을 세웠다. 이에 근위대 대장들이 분노했다. 그는 계획을 포기하고 차기 황제 후보인 알렉산더를 그에 대한 화풀이로 암살했다. 이 사실이 발각되자 그는 제위오욕(명예훼손)자로 인정되어 근위대에 의해 참살당했다. 그리고 그의 시체는 로마 시내에서 시민들에게 공개된 후 티베레 강에 던져졌다.

성애도.
폼페이 벽화. 프레스코화 B.C. 5세기경.

15 | 카라칼라 대욕탕은 미녀의 품평회

고대 로마의 목욕탕은 그리스의 그것을 모방한 고대풍이었는데 그 규모의 장대함에 있어서 전무후무한 것이었다.

고대 로마의 대욕장은 초대 로마 황제 아우구스투스(Augustus, B.C. 63년~A.D. 14년)에 의해 시작되었고, 제정 말기에는 아그립파 대욕장을 비롯하여 850채의 소규모 욕장이 세워졌다. 아페니노(Apennino) 산맥 기슭에 수원(水源)을 가진 로마의 대수도(大水道)가 이들 욕장의 물을 공급했다.

당시 로마시대의 하루 물 소비량은 7억 5,000만 리터였다. 수많은 욕장 중에서도 카라칼라 대욕장, 아그립파 대욕장, 네로 대욕장의 웅장함과 화려함은 이루 말할 수 없을 정도였다. 현재는 폐허가 되었지만 카라칼라 대욕장은 부지가 12,440㎡이고 2,300명이 동시에 입욕할 수 있는 거대한 욕실을 완비하고 있었다. 역사가 기본(Gibbon, 1737~94년)은 이렇게 기술하고 있다.

이 광대하고 웅장한[56] 건축물의 대리석은 갖가지 색으로 채색되어 그 우아한 고안은 흡사 그림 붓으로 그린 듯이 화려한 모자이크 세공으로 장식되어 있으며, 끊임없이 흐르는 열탕 물은 고색 찬연하게 빛나는 커다란 은괴로 만들어진 여러 개의 출구를 통과하여 넓은 욕조로 흘러 들어 갔다.

---

56 기본의 「로마 제국 멸망사」.

아주 비천한 로마인들도 동화 한 개(현재 100원)로 동양의 왕족들이 부러워할 정도의 화려하고 사치스러운 장면을 즐길 수 있었다.

그리스에서는 냉수욕뿐이었는데 로마는 온수욕이었다. 제정 초기에는 풍기를 중요시하여 남녀유별 입욕이었고 또 입욕 시간은 낮 동안이었는데, 말기에 와서는 남녀혼욕으로 바뀌었고 야간입욕도 가능했다. 때문에 욕장은 일거에 문란해져 음란한 장소로 바뀌었다. 미모의 유녀들이 입욕하면 대단히 시끄러웠고 외설적인 언어가 만연했으며, 미녀 품평회가 열릴 정도였다. 또 가정주부들도 입욕했는데, 남자들 앞에서 버젓이 여자 노예에게 자신의 몸을 닦게 해도 아무런 수치심도 느끼지 않았다. 소(小)욕장은 사창가와 다를 바 없었다. 고대 로마인들은 욕장의 출현으로 불건전한 쾌락에 빠졌다.

로마 대욕장. 16세기 회화.

16 | 유녀의 서비스를 동반한 로마의 향연

고대 로마의 향연은 미색과 성을 포식하는 자리였다. 세네카는 『서간문』 중에 「먹기 위해 토하고, 토하기 위해 먹는다」라며 그들의 도를 넘는 사치를 비난하고 있다. 로마인들은 보통 하루 두 끼를 먹었는데 왕족, 귀족들은 세네 끼도 먹었고 특히 저녁식사는 손님들을 초대하는 향연이었다.

말티아리스(Martialis, 40~105년경)[57]는 이렇게 묘사하고 있다.

귀족은 초록색 상의를 입고 소파 한가운데에 옆으로 드러누워 명주 이불을 감쌌다. 그의 옆에는 하인이 서 있어, 그가 토할 때에는 빨간 깃털을 내밀어 받아내고 유향수(乳香樹)로 만든 이쑤시개를 바친다. 첩은 엎드려 있다가 그가 더워하면 녹색 부채로 시원한 바람을 일게 했다. 소년노예는 도금양(桃金孃) 작은 가지로 파리를 쫓고, 여자 마사지사가 민첩한 솜씨를 발휘하며 그의 몸을 주무른다. 거세당한 노예는 그의 손가락 신호를 이미 습득하고 있어 그 까다로운 소변 습관을 파악하고 있다. 술에 취한 주인의 남근을 가만히 주의 깊게 응시하고 있는 것이다.

스프를 마시기 전의 가벼운 식사가 10가지로, 순대, 상추, 어린 파, 참치절임 등이며, 두 번째 상은 어류와 육류가 주를 이루고 15, 6종류의 새(鳥) 요리가 나온다. 닭, 꿩, 오리, 산비둘기, 거위, 자고새, 공작, 쇠물닭, 개똥지빠귀(백설조라 하는 철새) 등이 있으며, 특히 공작의 혀, 꿩의 골수 등이 진미였다. 짐승 고기

---

57 로마의 풍자시인.

부자들의 연회에는 나체 무용수, 곡예사, 어릿광대들이 출연하여 손님들을 즐겁게 했다.

는 돼지, 멧돼지, 토끼 등이 있으며 쇠고기는 먹지 않았다. 그중에서도 돼지 젖살과 자궁살이 귀한 요리였다. 어류는 종류가 많았는데, 넙치, 굴, 숭어, 성게 알 등이 인기가 있었다. 디저트로는 사과, 무화과 등이 많았다.

페트로니우스의 『트리말키오의 향연』은 폭군 네로의 향연을 묘사한 것으로 당시 향연의 풍경을 실감나게 전하고 있다. 이 향연에서는 귀족의 처첩들이 요염한 모습으로 손님의 눈을 즐겁게 했으며, 또 술을 따르는 유녀들의 시중은 향연에 꽃을 곁들이는 격이 되어 미식과 동시에 성도 포식했던 것이다. 근엄한 키케로조차도 자신의 저녁식사에는 유녀들을 줄줄이 자리에 앉히고 요염한 육체를 어루만지며 식사를 했다.

이러한 향연에 나오는 여러 식재료들은 로마 제국의 각 영토로부터 공급되었다. 숭어는 코르시카 섬에서, 굴은 영국에서, 공작의 골수는 스페인에서, 무화과는 아프리카에서 공급되었다고 전해진다.

17 | 광기에 날뛰는 로마 꽃 축제

내일은 사랑을 모르는 자도 사랑할지어다.
이미 사랑을 아는 자도 내일은 사랑할지어다.

비너스의 저녁 축제의 노래이다. 정확하게는 프로라리아 제(꽃 축제). 4월 25
일 전야제에 행해지는 가장행렬 때 부르는 노래이다. 찰나의 여운이 느껴진다.

『로마 연대기』의 저자 타키토스에 의하면 비너스 제라고도 불리는 프로라
리아 제는 갈바(Galba. B.C. 3년~A.D. 69년경)[58] 황제 시대에 시작되었다고 전해
진다. 이 축제는 유녀 프로라를 기념하는 축전이다. 프로라는 폼페이우스와
티베리우스의 애첩으로 유명한 절세가인으로, 그녀는 규방에서 황제들의 어
깨와 팔에 손톱자국을 내거나 이로 무는 정열적인 성(性) 습관의 소유자였다.

그녀가 죽은 후 그녀의 막대한 유산은 유언대로 전 시민에게 바쳐졌다. 그
러자 그녀는 여신으로 승격되어 신전이 건립되었다. 매년 4월 26일부터 5월
23일까지 1개월간 로마 시내에서 성대한 제례가 행해졌다. 말하자면 창부들
의 제전이며, 이 기간 중에 그녀들의 서비스는 무료 봉사였다. 그 당시 20만 명
의 창부들이 총 출현하여 로마 전체가 규방으로 변할 정도였다. 젊은 미모의

---

58 로마황제.

고급 창부들은 지금의 토플레스(Topless)[59]와 같은 유방이 노출된 긴 옷을 입고 거리를 활보하는 것이 허용되었다. 장미 색깔의 젖꼭지에는 보석가루를 뿌려 입술처럼 홍색을 띠고 있었다.

그러나 뭐니 뭐니 해도 이 축제의 최대 이벤트는 커다란 장식 수레에 엄청나게 큰 발기된 남근상(像)을 싣고 수백만 명의 창부들이 천천히 밧줄로 당겨 이동시키는 것으로, 그것을 거대한 여음 모형을 한 신체(神體)가 안치되어 있는 신전까지 옮겨놓는 대 행렬이었다. 남자 성기의 수레가 신전에 도착하면 프로라의 신체와 합쳐지고 장대한 성교 행사가 행해졌다. 그리고 마지막 피날레는 원형극장 무대에서 이루어졌다. 카리테스 극의 콘테스트인데, 허리에 감는 명주 스카프를 바람에 살짝 날리는 나체 모습의 아름다운 처녀들이 그 요염함을 경쟁하였다. 이 제전은 16세기까지 계속되었다고 브랑톰(Brantome, 1535~1614년)[60]이 증언하고 있다.

고대 로마의 프로라리아 축제 광경.

59 유방이 노출되게 만들어진 여성용 수영복.
60 프랑스의 회상록 작가.

18 | 사랑의 매혹술, 아리스 아마트리아

보아라, 침대는 두 사람의 연인을 맞이했다.

비너스의 환희는 서둘러서는 안 된다.

천천히 기분을 돋구어야 한다. 여자가 애무를 요구하면 수치심으로 위축되어서는 안 된다.

잔잔히 흐르는 물에 태양빛이 반사되듯이 그녀의 눈빛이 싱그럽게 빛나는 것을 그대는 볼 것이다. 이윽고 외치는 듯한 탄식이 들려온다. 흥분의 오열이 발산되고, 달콤한 한숨과 함께 이 유희에 어울리는 대화를 속삭인다.

그러나 그대는 그 크고 부풀어오는 돛대를 가지고 그녀를 앞질러서는 안 된다. 또 그녀에게도 그대의 속도보다 뒤지지 않도록 하라. 동시에 결승점에 도달하도록 노력하라. 남자도 여자도 동시에 도달했을 때야말로 희열을 만끽할 수 있는 것이다.

　　오비디우스(Ovidius, B.C. 43년~A.D. 17년)[61]의 『아리스 아마트리아(성애술)』의 일부분이다. 야만적이고 천박했던 그 당시 로마 귀족 신사 숙녀를 위해 쓰인 이 지도서는 순수함, 솔직함, 위트가 흘러넘치며, 지나치지 않고 품위 있는 경쾌한 지침서이다.

　　루크레티우스(Lucretius, B.C. 97~55년경)[62]는 「격렬한 욕망의 최고조에 도달했을 때 모인 정액을 누구한테라도 쏟아라」라고 말하여, 자유분방함과 야비한 애욕만이 존재하였던 고대 로마인에게 있어서 이 서적은 연애의 테크닉을 가

61　고대 로마 시인.
62　로마 시인, 철학자 「자연에 대하여」.

르치고 또 침실에서의 예절을 설명하며, 성애는 기술을 지도하는 필독서라고 추천하고 있다.

특히 여성들은 이 성애술을 습득하여 남자의 마음을 사로잡아야 한다고 논하고 있다. 예를 들면 나무랄 데 없는 미녀는 예외지만, 키가 작은 여자는 정사에 임할 때 앉은 채로의 자세가 좋으며, 몸이 작은 여자는 옆으로 누운 모습을 보여주면 육체적 핸디캡을 커버할 수 있다고 설명한다. 또 얼굴이 아름다운 여자는 똑바로 눕는 것이 좋고, 허리가 아름다운 여자는 옆으로 눕거나 엎드리는 자세로 정사에 임하라고 말하고 있다.

또 「섹스 중에는 감미로운 목소리, 환희의 흐느낌을 멈추어서는 안 된다. 침대에서는 어떠한 추하고 바보스러운 행동도 허용된다. 규방은 인간의 비밀스러운 장소, 인생의 핵이기 때문에…」라고도 말한다.

성애도.
고대 그리스의 경면(거울) 릴리프. B.C. 4세기경 구리제.

19 | 플루타크의 결혼훈에 대해

스파르타에서 신혼의 여자에게 어떤 사람이 「섹스를 원할 때 남편에게 요구를 합니까?」라고 묻자 「아니요, 남편 쪽에서 말을 붙입니다」라고 말했다. 과연 주부다운 태도로서 남편이 말을 꺼내면 싫다고 거절하지도 않는 대신, 자신 스스로 표현하지도 않는다.

의사를 표현하는 것은 유녀 같고 뻔뻔스러운 느낌이 들지만, 싫다고 거절하는 것은 난폭스럽고 애교가 없다.

쾌락을 위해 함께 자고, 화가 났을 때나 싸움을 했을 때에 각방을 쓰는 것은 잘못이다. 그러한 때야말로 명의 아프로디테(Aphrodite)[63]를 초대하지 않으면 안 된다.

이상 『영웅전』으로 유명한 플루타크 『윤리논집』에 있는 『결혼훈 48칙』의 인용이다.

고대 로마에서는 결혼풍습이 세 가지 있었다. 첫째, 〈동거혼〉으로, 여자가 부친 또는 후견인의 허락을 받아 1년간 약혼자와 동거하면 합법적으로 결혼이 성립된다. 둘째는 〈매매혼〉으로, 금전으로 여자를 사 결혼이 성립된다. 셋째는 〈성스러운 결혼〉으로 종교적 의식에 의해 맺어지는 신전혼(神前婚)이었다. 현대 결혼 형식의 모델이다.

「남편이 쾌락을 자신만 느끼고 처로부터 그것을 뺏기만 하면, 침실은 방종

---

63 올림푸스 12신 중 하나, 사랑과 미의 여신.

스러운 연습장이 되고 만다」고 하여, 성생활에 대해 쾌락은 서로 나누는 것이라고 설명하고 있다. 또 남편은 아내를 신중하고도 진지하게 대해야 한다고 하면서, 너무 문란하게 처를 희롱하여 이성을 잃게 하지 않도록 주의해서 접촉해야 한다고 가르치고 있다.

유녀, 애첩 등의 화류계 여자와는 달리 가정의 아내에게는 정절이 요구되어 정숙함은 곧 아내의 이상이었다. 남자들은 아내에게 정적(靜的)인 쾌락을 추구할 뿐이고, 스스로의 음락을 만끽하려 할 때에는 창부나 애첩과 정사를 즐겼다. 아내는 「저는 당신을 위해 아무것도 해 드릴 것이 없어요. 향료를 묻힌 천으로 당신의 국소(성기)를 닦아주는 것 외에」[64]라고 말할 정도로 정숙했다.

성애도.
고대 그리스 그림접시. B.C. 4세기경 도제.

64 루크레티우스의 「자연에 대해서」.

사랑스러운 나의 쟈이메여
나의 포근한 생명이여
나의 보석, 나의 아름다운 님이여
나의 쾌락의 빛의 면사포여
나의 누이동생, 아름다운 레스보스의 딸
나의 귀여운 육체여
황적색의 갇혀버린 불멸의 불꽃이여.

이 시(詩)는 사포(Sapho)가 쓴 시의 일부이다. 사포는 고대 그리스 여류시인이다. 그리스 일곱 현인의 하나인 소론(Solon, B.C. 640~560년경)[65]에게 경애 받고, 플라톤이 뮤즈(학예의 여신)라 불렀던 시인이다. B.C. 612년 레스보스의 에레즈에서 태어났다. 작은 키에 갈색 피부, 머리숱이 많은 흑발에다 눈이 큰, 과연 터키계의 레스보스(Lesbos)[66] 섬의 딸이었다. 소녀 시절에는 부유한 귀족계급 가정에서 자라 행복한 시절을 보냈는데, 동료 귀족이 참주(스스로 자신을 왕이라고 칭하는 군주) 피타코스(Pittakos, B.C. 650~570년)[67]에 모반을 기도했다는 혐의로 그녀까지 추방당하여 시실리 섬의 시라쿠사(Siracusa)로 이주했다.

---

65 그리스의 정치가이자 시인이며 고대 아테네 입법자.
66 에게 해의 작은 섬. 미티레네라고 불림.
67 그리스 7현인 중 한 사람, 미티레네의 참주.

고대 그리스 경면 릴리프. B.C. 4세기경 동제.

그녀는 부유한 무역 상인과 결혼하여 크라이스라는 딸을 낳았다. 수년 후 참주가 바뀌어 다시 레스보스 섬으로 돌아갔다. 그녀는 소녀들을 위해 학원 〈학예신의 저택〉을 열어 시작법(詩作法), 노래, 무용 등을 가르치고 스스로 〈사포 스타일〉이라 부르는 오드(Ode, 서정시)를 창작했다. 그녀는 학원생들 중 아티스를 정열의 동반자로서, 그리고 애인으로서 관계를 맺고 있었다. 그러나 아티스는 그 섬의 청년과 사랑하게 되어 섬을 떠나고 말았다. 사포가 55세 때의 일이다. 그러던 중 그녀는 파온(Phaon)이라는 젊은 선원과 사랑을 하게 되었지만, 그 젊은이는 그녀의 시에 매료되었을 뿐이지 그녀의 육체에는 흥미를 갖지 않았다. 그래서 그도 섬을 떠나 시실리 섬으로 갔다.

사포는 그 청년을 뒤따라가 만날 기회를 기다렸지만 시간을 허비하고서 더욱 깊은 실의에 빠졌다. 전설에 의하면 시실리 섬의 하얀 가파른 벼랑 끝에서 젊은 애인의 이름을 부르며 몸을 던져 죽었다 한다. 그녀는 정열에 살고 정열에 죽은 시인이었다. 스탕달처럼……. 레즈비언(Lesbian)의 어원은 사포와 레스보스의 젊은 소녀들과의 혼유(婚遊) 쾌락의 의미이다.

21 | 비너스의 화장

여자 노예 쟈라는 여주인 앞에 무릎 꿇고 옆으로 다가가 풍성하게 자란 음부 주위의 음모를 깎아주고 남자들의 눈이 휘둥그레질 정도로 여주인을 아름다운 나체 조각상처럼 보이게 꾸몄다.

피에르 루이스(Pierre Louÿs, 1870~1925년)[68]의 소설 『아프로디테』에서 인용한 것으로, 고대 그리스에서 행해진 〈비너스의 언덕(음부 주위의 애칭)〉의 화장 풍속을 들여다 볼 수 있는 문장이다. 아리스토파네스(Aristophanes, B.C. 445~385년경)[69]의 〈여자의 평화〉라는 희극 중에서도 「어머, 정말 아름다워, 완전히 잡초를 뽑으시고 청소하셨군요」 등의 대화에서 알 수 있듯이, 고대 그리스에서 음모 제거는 여성 화장술의 하나였다. 음모를 제거한 후에 배니싱 오일(Vanishing oil)을 바르고, 약간 올라간 비너스의 언덕을 자랑하듯이 보이게 했다.

여담이지만 호박(琥珀)의 여왕으로 알려진 샹송가수 조세핀 베이커는 언제나 팬티를 입지 않은 채, 음모를 깨끗이 밀어버리고 엷게 립스틱을 칠했다고 그녀의 팬인 파리의 한 양장점 아가씨가 술회하였다.

그리스의 비너스 조각상에 음모 묘사의 음각이 없는 것은, 여성미의 이상적 표현이라고 하기보다는 이러한 음모 제거 화장 풍속의 반영일 뿐이었다. 음모

68 프랑스 시인, 소설가.
69 고대 그리스의 최대 희극 작가.

제거 화장술은 그리스뿐만 아니라 인도, 페르시아, 아랍 등 동양에서는 폭넓게 행해지고 있었다.

음모의 풍성함을 찬양한 것은 고대 유태인이었다. 『구약성서』의 에스겔서 16장에도 쓰여 있듯이 「내가 너로 들의 풀 같이 많게 하였더니 네가 크게 자라고 심히 아름다우며…」라고 음모의 풍성함을 칭찬했다. 헤로드 (Herodes, Herod) 왕에게 총애 받았던 시바의 여왕 바르키스의 음모는 무릎까지 자라 있었고, 명주처럼 아름다웠다고 마호메트가 『코란』에서 말하고 있다. 중세 아랍에서는 여자들이 한

음모 제거 화장을 하는 헤타이라(유녀).
고대 그리스의 접시 그림. 기원전 4세기.

마무(온실 목욕탕)에서 마레라는 탈모제를 발라 음모를 제거했다.

이러한 음모 제거 풍속은 기온이 높은 동양(오리엔트)지방에서는 위생적 의미에서도 긍정적으로 평가되지만, 진짜 목적은 얼굴 화장술과 마찬가지로 젊은 처녀처럼 아름답게 장식하기 위한 것이었다. 음모가 적거나 엷거나 혹은 없는 것은 향기로운 젊음의 상징이었다.

이탈리아, 나폴리 만을 향해 있는 베수비우스(Vesuvius) 화산 기슭에 펼쳐져 있는 폼페이는 B.C. 5세기 로마의 식민 도시였다. 폼페이는 79년 베수비우스 분화에 의해 순식간에 화산 잿더미 속으로 매몰되었다.

1748년 부르봉 왕조 카를로스(Carlos)[70]왕의 보호 하에 폼페이의 대규모 발굴사업이 개시되었다. 그 발굴은 현재에도 끊임없이 계속되고 있다. 그리고 1,670여 년간의 긴 잠에서 깨어난 폼페이의 장려한 화석의 도시에서, 꿈으로 착각할 만큼 아름다운 장식 벽화가 발견되었다. 〈비밀의식의 집(라 비라 드 미스터리)〉이라 불리는 여사제 집 거실에 있는 대벽화가 그것이다.

석벽에 프레스코(fresco) 기법으로 자줏빛 색깔을 칠한 가운데, 디오니소스제 비밀의식의 정경이 그림이야기처럼 그려져 있는 선명한 색채의 벽화이다. 너비 17.5m에 높이가 2m 남짓한 벽화는 큰 거실의 네 벽면을 장식하고 있었다.

디오니소스의 비밀의식은 B.C. 400년경 고대 그리스 아티카에서 디오니소스 제전 때 행해졌다. 초기의 의식은, 바코스의 여사제들이 제물로 바쳐지는 소년과 성관계를 가져 자손번영을 기원하는 것이었는데, 후에 여사제와 소년이 태형 당하는 양식을 취했다. 여사제들의 엉덩이를 나뭇가지나 풀로 묶은

---

70 18세기 프랑스 지배하에 있었던 나폴리 왕국의 카를로스3세(샤를르3세)를 가리킴.

폼페이 벽화 프레스코화. 70~80년경.

다발로 때리는 행위는 〈자궁을 열게 하는〉 일종의 의식이었다. 다시 말해서 엉덩이를 때려서 사디즘(Sadism)[71], 마조히즘(Masochism)적 성감을 환기시키고 또 다산을 기원하는 암유적 행위였다. 하지만 이러한 의식이 실제로 고대 로마에서 행해졌는지는 의문이며 현재까지 정설은 없다. 최근의 연구[72]에서 B.C. 1세기경 이탈리아 지방 화가가 그리스인 화가의 대작에서 힌트를 얻어 그린 것이 아닌가 추측하고 있다.

그러나 이 학설도 정확한 것은 아니다. 생각건대 이 집은 여사제의 별장이었고, 비밀의식 전승에 자세한 지식을 가진 여사제가 단순한 장식 목적에서 화가에게 그리게 한 것으로도 보인다. 즉 단순히 심미적인 취미화였던 것은 아닐까?

71 사디·마조 성심리학 용어로 가해와 피해 감각이 복합된 것. 고통이 쾌감으로 변용되는 성도착 감각.
72 『폼페이』를 말함.

23 | 섹스의 잔인한 살인

인간의 성적 기능을 파괴한다고 해서 죽음으로 내몰리지 않는다 하더라도, 그것은 살인과 동일한 것이다. 오리엔트에서 성(性)은 종교적·주술적·영적 상징이기도 했고, 상대의 성기를 빼앗는 것은 목을 베는 것과 동일한 의미를 가졌다. 또 성기를 살인도구로 사용한 일도 있었다.

예를 들면 고대 로마의 용맹한 장군 칼프르니우스는 독을 바른 손가락으로 클리토리스(음핵)를 애무하며 자신의 처를 하나둘씩 차례로 죽였고, 나폴리 왕 라디잘스(Ladisals, 출생연도 미상~1414년)[73]는 「적의 손에 의해 비밀리에 정부의 질 내에 주입된 독 때문에」 목숨을 잃었다고 파올로[74]는 기술하고 있다. 말하자면 성기가 독약 통로가 되어 저질러진 살인 행위였다.

1857년 5월 북인도 미라트에서 일어난 토민병의 반란[75]으로 영국군은 공포에 떨어야 했다. 군은 여성의 음문에 총구를 집어넣고 살해했다. 처음에 여성의 사인이 불분명했는데, 영국 군의관이 해부한 결과 총탄이 음문을 관통하고 있는 것이 판명되어 아연하고 말았다. 그 후 영국 부인들은 두 번 다시 인도 대륙에 남편과 동행하려 하지 않았다.

---

73 샤를3세 아들. 프랑스 령 나폴리 왕국의 국왕.
74 「법의학의 제 문제」의 저자.
75 세포이의 반란(1857~1859년) 영국 용병 토민군의 반란. 인도 최초의 반영 독립혁명이었음.

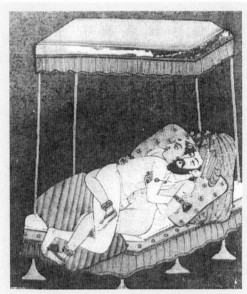

성애도.인도의 세밀화. 바잘화파. 19세기.

　마찬가지로 영국과 이집트 연합국이 19세기 중엽 동아프리카 수단을 공략
했을 때, 히크스 총독이 이끄는 비운의 영국 병사들은 포로가 되어 끔찍하게
살해되었다. 포로들은 말뚝에 묶여 하반신이 발가벗겨지고, 튀어나온 남근에
꿀이 발리자 사막의 피라니아 같은 육식충이 개미처럼 달려들어 남근을 뜯어
먹었다.

　또 감옥에 갇히게 된 백인 병사는 흥분제가 들어 있는 음료수를 먹고 과도
한 성적 흥분에 사로잡혀 수면 중 남근이 발기되면 여자 노예들이 구강섹스를
통해 정액을 고갈시켜버렸다. 그러한 1년 남짓의 감옥생활에서 해방된 젊은
병사들은 극도로 쇠약해졌고 노인의 모습으로 변하여 감옥에서 기어 나왔다.

사랑의 경전 카마수트라(kāmasūtra)는 B.C. 6세기에 완성된 바라문 신학의 성애교본이다. 물론 세계 최고의 성애 학서(카마·샤스트라)이다. M.R. 아난드(Anand, 1905~)[76]에 의하면 이 경전은 B.C. 6세기 바라문의 교전학자 12명에 의해 편술되어, 4세기에 궁정시인 바챠야나(vātsyāyana)[77]에 의해 편집된 후 지금의 경전으로 정비되었다 한다.

경전은 〈총품(總品)〉, 〈정교품(情交品)〉, 〈연애품(戀愛品)〉, 〈부도품(婦道品)〉, 〈타처품(他妻品)〉, 〈유녀품(有女品)〉, 〈비결품(秘訣品)〉 등의 7장으로 분류되어, 150개 항목에 성적 기교가 정리되어 있다. 성교 편은 8종류의 기본형과 19종의 응용체위를 기술하고 있다. 애타(愛打)[78]·애교(愛咬)[79]의 성적 기교도 인도만의 기교로 흥미롭다.

이 경전의 목적은 음란한 성적 기교를 뛰어나게 하려는 것이 아니라, 〈나가라카〉라 불리는 도시생활의 귀족·신사들의 교양으로서 성애지식을 풍부하게 하기 위한 것이었다.

---

76 인도의 소설가, 비평가.
77 인도의 성애학 『카마수트라』 저자.
78 가볍게 때리는 애무.
79 가볍게 무는 애무.

즉 사타바하나 왕조[80]기의 사치스러운 귀족들에 있어서, 다르마(dharma, 法, 정의), 아르타(artha, 財, 경제), 카마(kāma, 性, 성애)는 삼위일체를 이루는 것이며, 이 중에 어느 하나라도 빠지면 귀족·신사의 자격은 없었다. 그것은 가니카(gaṇikā, 창녀)라 불리는 유녀에게도 동일했다. 또 아내가 된 여자도 카마 기교를 잘 습득해야 했다. 여기에서는 여성에게, 잠자리에서는 스스로 뻔뻔스럽게 쾌락을 추구해서는 안 되지만, 남편의 요구가 있을 때에는 정열적으로 대응하라고 가르치고 있다. 그리고 「남편, 아내 몸속으로[81] 들어가 태아가 되어 아내에 의해 다시 이 세상에 태어난다. 이것은 아내가 아내가 되는 연유이다」라고 윤회전생(輪迴轉生)을 설명하고 있어 바라문신학의 진수를 나타내고 있다.

이 『애경(愛經, 카마수트라)』 외에도 고대 인도 성전(性典)에는 〈애비(愛秘, 라티라하스야(ratirahasya)〉, 〈애단(愛壇), 아난가랑가(anaṅgaraṅga)〉 등이 전해지고 있는데, 모두 『애경』보다 훨씬 뒤에 편술된 것으로 『애경』을 모델로 하고 있으며, 내용면에서도 현학적이고, 비약술(秘藥術), 점성술 등이 대부분이어서 현대 감각에 비춰봐서는 고전적 성격을 띠고 있다.

『애경』은 중국의 『의심방(醫心方)』, 고대 그리스의 『알스아마트리아』와 비교해도 손색이 없으며 우리 현대인도 배울만한 성애지식이 풍부하다.

---

80 1세기부터 4세기에 걸쳐 안드라 왕국(데칸고원 이남을 다스린 인도 최대의 왕국)의 왕조로 문화적, 경제적으로 번성했음.
81 남편, 아내 몸속으로 들어가…. 『카마수트라』 제9장 8절.

25 | 고대 인도 후궁의 성생활

『카마수트라』에는 다음과 같이 왕에게 후궁에서의 성생활을 훈계하고 있다.

수많은 애첩들이 시중들 때 한 사람만 총애를 해서는 안 된다.
또 여자를 경멸하지 말고 거짓된 애교에도 참고 견디어야 한다.

인도의 후궁 제도는 고대 인더스 문명기[82]부터 존재하고 있었다. 특히 굽타 왕조[83]기에 그 화려함은 극치에 달했다. 후궁에는 규방녀들이 230명이나 시중을 들고 있었고, 국왕에게는 수백 명을 헤아렸다.

설령 아무리 정력이 왕성한 국왕이라 하더라도 여러 명을 동시에 총애하는 것은 불가능하며, 오히려 이것은 수명을 단축시킨다. 『카마수트라』에는

왕이 낮잠에서 일어나면 애첩들의 하녀는 왕에게 누가 오늘밤의 순번인가를 보고하라.
애첩 중에 누가 생리 중인가를 알려라.
그녀들이 왕에게 바치는 향유 등의 선물을 신고하라. 이 선물에는 각각 애첩들의 각인이 찍혀 있어, 왕은 선물을 선택하여 그날 밤의 파트너로 알려라.

라고 기록되어 있다.

---

82 기원전 3000년경 인더스 강 유역에 발달한 고대 인도 문명기를 말함.
83 3세기부터 4세기에 걸친 고대 인도 중 가장 번영했던 왕조.

마음이 통한 선물을 바친 애첩에게 수청의 우선권이 주어졌다. 그리고 왕은 애첩에게 질투심을 갖게 해서는 안 된다. 또 규방에서의 사랑의 대화나 어떠한 부탁도 다른 곳으로 흘려서는 안 된다. 애첩들 사이의 비방, 험담도 들어서는 안 된다고 가르치고 있다.

이러한 애첩들은 지방마다 다르지만 대개 대신들의 처첩이나 각 도시·지방에서 모인 최고 미모의 젊은 처녀들이었다.

그들은 약 1개월간 후궁에 머물면서 밤 시중을 든다. 또 앙드라 지방에서는 신혼 10일째 되는 신부가 왕에게 공물로 바쳐져 은총을 받고 난 후 귀향이 허락되었다고 한다.

바챠야나는, 왕은 애첩 모두에게 만족을 충족시켜줄 수 없기 때문에 동방의 후궁처럼, 시녀나 하녀들에게 남장을 시켜 나무뿌리나 열매 등으로 남자 성기 모양의 노리개를 만들어 그것으로 애첩들의 정욕을 진정시키라고 가르치고 있다. 또 후궁에서는 남자 1명, 여자 3명에 의한 조합성교도 행해졌다. 카쥬라호 사원에서 볼 듯한 환락적인 체위였다.

성애도.
인도 세밀화. 슈랑카화파. 1760년.

26 | 세련되고 우아한 고대 인도의 유녀

남자 손님이 방문하면 유녀는 구장(蒟醬)[84], 화환, 향유 등의 갖가지 정성을 담은 선물을 바친다. 예술과 시가(詩歌)에 대한 대화도 즐겁게 나누어라.

『카마수트라』의 유녀의 매너에 관한 것이다. 현학적 분류를 좋아하는 이 사랑의 경전에는 고대 인도의 유녀도 9등급으로 나뉘어 각기 신분계급(카스트)에 대응하는 유녀들이 있었다고 전한다.

〈가니카〉라 불리는 유녀는 왕후·귀족, 바라문(승려계급), 그리고 부유한 상인이나 도시생활자(나가라카)를 손님으로 맞이할 수 있었다. 고대 그리스의 헤타이라(고급유녀), 일본의 오이랑(花魁)과 동등한 신분의 유녀이다. 젊고 아름다우며, 64기예[85]에 능수능란하고, 능숙한 대화로 남자의 애욕을 자극하며, 풍만하고 수려한 육체와 성애의 비술을 마음껏 발휘하여 남자를 포로로 만드는 것이다. 그녀들은 넓고 큰 저택을 마련하고, 아름다운 정원을 가꾸며, 고가품의 화려한 가구를 갖춘 사치스러운 생활을 하였다. 평상시 유리처럼 빛나는 얇은 명주옷을 걸치고, 찬연한 보석과 금·은 등을 몸에 장식하고 다녔다.

침실에는 우산 모양의 화려한 지붕이 있는 큰 침대가, 무대나 제단처럼 그 현란한 장식을 뽐내고 있었다. 침대 시트 밑에는 향기로운 자스민꽃이 깔려

---

84 빈랑수(檳榔樹) 열매에서 채취한 구중 향기제.
85 여자로서 배워야 하는 예도, 성학, 무용, 꽃꽂이, 화장법, 시작, 수예, 독서 등.

있고, 베개에는 침향(枕香)과 타가라(tagara)향이 배어 있었다. 그녀들은 평상시 몸을 청결히 하고 백단 향유를 전신에 발랐다.

그녀들의 얼굴은 초승달처럼 갸름하게 둥글고 빛나며, 눈은 사슴처럼 크고 눈 꼬리가 길게 뻗어 있었다. 입술은 약간 위로 향해 있고, 콧대는 반듯하고 조개껍질처럼 가늘며, 목덜미는 하얗고 품위가 있고, 유방은 풍만하고 위로 치켜 올라가 있었다. 엉덩이는 묵직하고 꽉 차 있는 느낌이고, 허리는 잘록하며, 허벅지는 가마우지처럼 부드럽고 포동포동했다. 감미롭고 향기로운 체취, 음모는 엷고, 비너스 언덕은 둥글며, 음액은 따뜻하고 그야말로 향기로운 여자였다.

「예절을 분별 있게 갖추어라, 정직하라, 욕심을 없애라, 화내지 말아라, 자만하지 말아라, 즐거운 대화가 가능하고 성애 지식과 기교에 능숙한 여자가 되어라」고 바챠야나는 유녀의 세련되고 우아함의 길을 이렇게 설명했다.

성애도. 인도 세밀화. 자이플화파. 19세기.

27 | 인도의 신비스러운 향장술(香粧術)

성애의 즐거움이 향기롭고 아름다워야 한다는 것은 고대 그리스나 로마의 규방 철학에서만은 아니었다. B.C. 2000년경의 고대 인도 귀족사회에서도 마찬가지였다. 따라서 향장술의 발달이 그리스나 아랍에서만 이뤄진 것은 아니었다.

『카마수트라』에는 「양귀비기름·자스민꽃의 추출액을 약한 불에 삶아, 그것을 여성의 질 안에다 바르면 성교 중 그윽한 방향이 감돈다」고 향장술을 가르치고 있다. 또한 사랑의 경전인 『라티라하스야』에도 「검은깨·연꽃·청련화에서 만들어지는 기름을 질 내에 채워 넣어라. 또 아브하야(abhayā, 식물, 한국명 불명), 당밀(糖密)의 연기(훈연, 燻烟)[86], 또는 님바(nimba, 식물, 고동, 苦楝)를 삶은 물로 국부를 깨끗이 씻어라」고 처방하고 있다.

『아난가 랑가』에도 「겨자기름과 자스민꽃을 삶은 물에 섞어 약한 불로 데워 이것을 매일 질 내에 주입하면 성교 중 절대로 불쾌한 일은 없을 것이다」라는 등 다양한 처방전이 제시되고는 있지만, 이것들은 모두 강한 향기제(香氣劑)이다. 특히 음부의 향기제로서는 사향, 밀라(沒藥), 백단향, 샤프란(Saffraan), 안식향 등의 향유를 사용했다. 님바를 조린 물은 국부 세척용으로 애용되었다.

---

86 냄새가 좋은 연기.

성애도. 인도 세밀화. 캉그라파. 1780년.

또 마찬가지로 『아난가 랑가』에는 「히말라야의 삼 한 쪽과 참기름, 석류 껍질 등을 삶아 채취한 기름을 내부에 바르면 같은 효과가 있다」고 설명하고 있다. 이 처방약은 세척용으로 성취(性臭, 성기에서 나는 냄새)를 없애기 위한 것이었다.

이리하여 「여자도 남자도 수치심을 버리고 침대에 올라 벌거벗고 자유롭게 관능의 환희 속에서 자신을 몰입시켜라. 그리고 편안하고 상쾌한 수면을 취하라」는 식과 같이, 성애는 곧 향기로운 쾌락이며 미(美)로 새로이 탄생하는 것이다. 향장술을 잊은 성애는 동물의 교미와 같은 것이다.

28 | 청아한 입술의 애기(愛技)

여인의 입술은 항상 청아하다.
과실을 떨어뜨리는 새도 청아하고
암소는 젖을 흘릴 때 청아하고
사냥개는 사슴을 잡을 때 청아하다.

　바라문의 율법서 『마누법전(Manūsmṛti)』[87]의 기술 중의 한 구절이다. 현대어로 말한다면 펠라티오(Fellatio)의 성애 기교이다. 고대 인도에서는 〈구강섹스(口腔性交)〉가 널리 행해지고 있었다. 특히 청결한 귀부인·고급유녀·후궁의 규녀들이 즐기는 정사 중의 기교였다.

　『카마수트라』에서는 여인이 필히 습득해야 할 구강섹스 기법을 8가지로 분류하여 기술하고 있다.

(1) 니밋타캄(名目性交), 손으로 남자 성기를 잡고 입술로 물고 흔든다.
(2) 파르슈바트다슈탐(側面咬), 남자 성기의 귀두부를 손으로 감싸며 측면을 입술로 애무한다.
(3) 안타산산샤(內面壓迫), 입술로 남자 성기를 세게 압박하듯이 하며 입 안으로 넣는다.
(4) 바히산단샤(外面壓迫), 입술을 다물고 남자 성기 끝을 압박한다.
(5) 츔비타캄(입맞춤), 남자 성기를 손으로 잡고 입술로 키스하듯이 애무한다.
(6) 파리므리슈타캄(마찰), 남자 성기에 키스하며 혀끝으로 핥거나 때린다.

87　B.C. 2세기~A.D. 2세기에 성립된 인도의 가장 오래된 법전 제5장 230절 인용.

(7) 암라츄치타캄, 남자 성기를 반 정도 입안에 넣고 빤다.

(8) 상가라, 남자 성기를 전부 입안에 넣고 빤다.

   이상 8가지인데 경전에서는 「여인이 남자에게 이렇게 하듯이, 남자가 여자에게 할 경우에는 키스하듯이 하면 된다」고 가르치고 있다.

   또 사랑의 환락이 끝나면, 귀족이나 신사들은 화장실에서 성기를 청결하게 씻고, 방을 바꿔 구강청정제를 입에 뿌리고, 향수나 향유를 그녀의 몸에 바르며 마사지를 해주어야 한다. 그리고 그녀에게 시원한 과즙이나 샤베트를 권하며 부드러운 대화를 나누며 시간을 보내야 한다.

인도 코나라크 태양 신전의 릴리프.

무엇보다 신분제도(Caste, 카스트)가 중시되던 고대 인도 사회에서는 동일한 종족 계급 간에 간통이 발생하면 벌금 정도로 끝났지만, 계급이 다르면 엄벌에 처해졌다.

계급이 낮은 남자가 높은 계급의 여자를 범하면, 즉 상음(上淫)을 하면 남자의 성기를 태워 잘랐으며, 시뻘겋게 달군 철판 위에 눕혀 화형에 처했다.

그 반대로 계급이 높은 여자가 낮은 남자와 불륜을 했을 경우, 쇠로 만든 남자 성기를 벌겋게 달구어 여자 질 속으로 삽입, 음부를 태웠다.

한편 같은 계급 사이에서 남자가 여자를 범했을 때, 강간한 경우 손가락 두

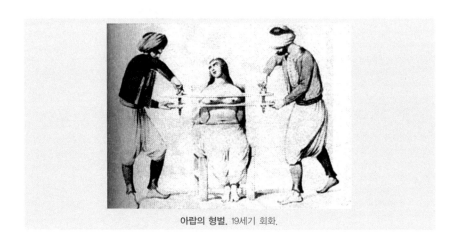

아랍의 형벌. 19세기 회화.

개를 자르고, 600파나의 벌금을 부과했다는 등의 내용이 『마누법전』에 실려 있다.

마찬가지로 「여자의 몸으로 다른 여자를 범한 자는 200파나의 벌금을 부과하고, 그녀의 결혼자금의 2배를 지불해야 하며, 10회의 태형을 받아야 한다」

또 「유부녀로서 미혼여성을 범한 자는 그 자리에서 두발(머리카락)을 깎거나 손가락 두 개를 자르고, 말에 태워 시내를 돌며 사람들에게 보여야 한다」며 여자 동성애를 금했다. 당시 두발을 깎는 것은 사형선고를 의미했다. 여성에 있어서 머리카락은 미(美)의 상징인 동시에, 생명과도 바꿀 수 없을 정도로 소중한 것이었다. 제2차 세계대전 중 서구에서 독일군 병사와 관계를 가진 여자들은 전후 저항 단체나 시민들로부터 삭발을 당함과 동시에 추방당했다.

중세 아랍에서 간통의 단죄는 유명무실했다. 『코란』에서도 제시되어 있듯이 간통죄를 인정하기까지는 4명의 증인을 필요로 했다. 간통 현장을 4명이 동시에 훔쳐본다는 것은 불가능하기 때문에 사실상 간통죄는 쉽사리 성립되지 않았던 것이다. 하물며 4명까지 처를 얻을 수 있는 일부다처제에서는 상당한 정력을 소유하지 않는 한 간통은 불가능에 가깝다.

또 성적인 충족만이라면, 인도·아랍은 창가제도가 매우 발달해 있어 창부와 즐기면 되었다. 그러나 간통, 불륜에 대한 형은 가혹했다. 특히 남성은 간통이 적발되면 즉시 거세하였기 때문에 공포에 떨었다. 할렘에서는 할렘의 규방녀들에게 시달리게 하여 완벽한 임포텐스로 만들어 버렸다고 전해진다.

고도의 종교 철학 명상을 포함하고 있는 바라문 신학이 대중화되어 힌두교로 발전했다. 이 민중종교 종파 중에 탄트라교[88] 또는 탄트라파로 불리는 비쉬누[89]파의 한 종파가 있었다. 이 파는 우도(右道) · 좌도(左道)의 두 파로 나뉘어 각각 생리학적인 우주생성론을 주창하여 실천에 옮겼다.

우도는 요가 수련법을 기초로 한 것으로, 그 이념은 인간의 육체에는 6개의 중심, 즉 에너지의 중핵이 있으며, 이것들이 제7의 중심으로 불리는 두개골의 정점에서 수련법에 의해 결합되어 브라만(梵天, 창조주)과 합체되어야 범아일여(梵我一如)[90]로 된다고 한다. 즉 인간이 성성(聖性)으로 변신할 수 있다는 것이다. 그 요가(명상)의 수련법은,

자신의 신체의 허공을 공(孔)으로, 촉각을 바람으로, 소화기와 시력을 광명으로, 체액을 물로, 육체의 딱딱한 부분을 땅으로 집중시켜 명상하라. 그리하여 달을 마음으로, 청각을 공간(방향과 장소)으로, 비쉬누(태양의 신)를 활보로, 쉬바(生死神, 지고의 신)[91]를 힘으로, 아그니(불의 신)를 언어로, 미투나를 배설물로, 프라자파티(창조신의 주신)를 성기에 집중시켜 명상하라.

88 푸라나(고대 신화의 종교서)와 비슷한 경전의 의미.
89 힌두교의 3신 중 하나인 태양신, 우주 만유의 근원.
90 범천과 인간이 일체 · 융합하는 것.
91 생사를 관장하는 신.

성의 탄트라. 종교화. 18세기경.

라 설교하고 있다. 그리하면 〈뱀(남자 생식기)〉은 눈 뜨고, 꽃봉오리(여자 생식기)를 차례차례 터뜨리며, 원에서 원으로, 중심에서 중심으로 올라가 제7의 중심인 두개골의 정점에 도달하여 결합이 이루어지고 지복(至福) 상태로 이어진다. 이것을 해탈이라고 한다. 그것은 명상의 의지력에 의한 자위행위(Auto Eroticism)의 성(性)쾌감에 의해 보상된다. 말하자면 각성이 동반되는 몽정이었다.

좌도는 우도의 긍정적 측면으로, 그 해탈 수련법은 요가의 자동법이 아니라 비의체험적(秘儀体驗的)인 윤좌예배(輪座禮拜)라는 행위에 의해 성립되었다. 성력(性力)의 현현체(顯現体, 명백히 드러난 모습)인 여성에게 5개의 본체를 바치는 의식으로 행해졌다.

5개의 본체는 마디야(madya, 술), 맘사(māṃsa, 고기), 마츠야(matsya, 생선), 무드라(mudrā, 과자 또는 서약), 마이투나(maithuna, 성교)이다. 사원에 모인 같은 수의 남녀 신도는 윤좌(輪座) 자세로 주문인 밀주(密呪)를 독송하고, 제물을 바치며 교섭하는 것이다. 카쥬라호와 코나라크 사원의 미투나(남녀합체 上)는 이러한 〈좌도〉의 윤좌예배 모습을 그린 것이다. 즉 남녀합일의 환희는 해탈이며 범아일여(梵我一如)였다.

31 | 피의 세례, 할례 의식

할례, 즉 남성 성기의 귀두 부분을 덮고 있는 포피를 절단하여 노출시키는 절개수술이다. 『창세기』에 고대 유태인도 고대 이집트의 할례라는 종교적 습속을 답습하고 있었다.

할례의 목적은 우선 생식기능을 원활히 하기 위한 것으로 과도한 포경은 성적불능의 위험성이 있었다. 고대 유태교에서는 생후 8일째에 귀두의 포피를 잘라냈다. 원시 아프리카 및 흑인사회에서도 이러한 류의 고대 유태나 회교도의 습속인 할례를 시술했다.

그러나 고대 그리스·로마 또는 유럽, 인도 등지에서는 그러한 할례 습속이 없었고, 특히 백인사회에서는 포경이 많았다. 할례는 중동 지방, 아프리카 등의 고온다습한 풍토에서는 위생적인 견지에서 필요불가결한 것이었다.

그런데 실제로 할례는 귀두를 싸고 있는 포피를 핀셋 같은 겸자로 집어 잡아당긴다. 그리고 귀두 끝에서 남은 포피를 실로 묶어 포피색이 보라색으로 바뀔 때면 실로 묶은 부분을 면도날로 단숨에 절단한다. 출혈은 그리 많지 않으며 태운 헝겊과 재로 싸서 지혈한다.

지금도 아랍 유목민족인 베드윈족[92]이나 아프리카대륙에서는 3세부터 10

---

92 아랍의 유목민족.

아프리카 소녀의 사진.

세 정도의 사춘기 전에 할례를 시술했지만, 최근에는 발달된 의술이 잘 보급
되어 있어 대개는 병원에서 실시한다. 할례는 남자 성인식과 같으며, 할례 의
식을 치르는 날에는 갖가지 축제가 열린다. 아프리카에서는 아이는 외출정장
을 하고 부모와 함께 마차를 타고 식장으로 간다. 이 행렬 선두에는 음악대가
흥겹게 북을 울리며 행진한다. 정작 주인공인 어린이는 사형대에 끌려가는 것
처럼 대개는 비통한 얼굴을 하며 울고 있다.

위엄에 찬 용모의 마호메트는 말씀하셨다. 「할례는 남자를 위한 예식이요, 여자를 위한 명예이다」라고.

고대 아랍, 이집트, 그리고 동아프리카 회교도 사이에서는 여자 성기의 클리토리스·음순(주로 소음순)을 절단하는 여자 할례가 행해졌다. 중동지역 대부분의 나라와 아프리카의 여자들은 성기가 유난히 발달했으며, 특히 외음부는 눈에 띌 정도였다. 따라서 할례는 위생적 의미라기보다 여성의 다음(多淫, 바람기)를 예방하려는 남자의 질투심에서 행해진 것이다. 남자가 포피를 벗겨 귀두가 밖으로 나오게 하여 성 쾌감을 둔하게 하듯이…….

아렌 에드워드의 관찰 기록에 따르면, 아랍과 수단의 성인여성의 경우 소음순의 길이가 4인치(약 10㎝)나 되며, 클리토리스도 새끼손가락만 했다고 한다. 그 절제 방법은 여러 가지인데, 대개 사춘기 전 8세에서 12, 3세 사이에 할례를 실시했다. 동아프리카에서는 15종족 중 9종족이 할례를 받았다.

어떤 부족은 음핵에 침(바늘)을 관통시키고 실로 당겨서 면도날로 절단했다. 음순도 마찬가지로 손으로 잡아당겨 그 뿌리 부분을 유리조각이나 면도날로 잘라냈다.

여자의 할례는 남자의 할례보다 훨씬 고통이 심해 실신하는 순박한 소녀도 있었다. 상처 부위는 찬물로 식히고 우유로 씻어 상처가 아물 때까지 독립된

별채에서 휴식을 취했다. 아랍어로 이러한 할례를 〈엘게름〉이라고 했다.

　그러나 이러한 여자 할례는 남자의 기대를 저버렸다. 여자 성기의 민감한 부분은 제거되었지만 질 쾌감은 남아 있었다. 따라서 여자들은 질 쾌감을 추구한 나머지 견고하고 거대한 남자 성기를 원하며 남자들을 자극했던 것이다. 즉 수축력을 강하게 하는 성(性)기교를 탄생시켰다. 그리고 이 기교에 능숙한 여자는 고급 창부가 되고, 아랍에서도 가장 값비싼 희소가치가 있는 창부로 환영받았다.

화장한 아프리카 소녀의 사진.

33 | 중국 창가제도의 발달

왕서노(王書奴)의 『중국창기사(中國娼妓史)』에 의하면, 중국에 정식으로 창가제도가 확립된 것은 B.C. 685년 주(周)나라 장(莊)왕 19년이었다. 국가에서 운영하는 창가제도를 실시하게 된 이유는 당시 사람들의 음란 행위를 감소시키고, 미풍양속을 지키기 위해서였다. 당시의 창가는 기원(紀院), 여려(女閭)라 불리고 창부들은 관기였다.

이후 창가제도는 춘추전국시대, 한대, 당대로 면면히 이어져 당·명대에는 전성기를 맞이하였다. 당나라 현종(玄宗)의 개원(開元)[93] 연간 이후에는 장안(長安)과 낙양(洛陽)의 금원(禁苑) 내에 내교방(內敎坊)을 설치하여 기생들을 양성했다. 성악, 기악, 무용, 잡예를 가르치는 한편 귀아원(貴牙原)에서는 성애술을 가르쳤다. 이 기생들은 주안상에서 시중들면서 가무를 전문으로 했는데, 잠자리에도 동석하여 손님의 무료함을 달래주었다.

창기에는 관기와 영기(營妓), 가기(歌妓)가 있었다. 관기는 주(州), 군(郡) 등의 구역 내에서 활동하며 지방장관·절도사의 공적·사적 주연(酒宴)에 시중들고 밤에는 손님을 모시는 창기였다. 영기는 군영 내에서 종사하는 창기로서 대장(將官)이 전속(轉屬)을 가게 될 때 점 찍힌 창기가 있으면 함께 임지로 동행

---

93 당나라 현종 시대의 연호(713~741년).

했다. 가기는 종실의 왕족, 귀족, 부호의 집에 종사하는 창기였다. 그녀들은 노비도 첩도 아니었으며, 그 저택의 잔치가 있는 방에서 악기를 연주하고 가무를 하는 가기(家妓)였다.

종실왕가에서는 가기 수십 명을 소유하고 있었으며 그 사치스러움은 극에 달했다. 이원(李原)의 낙양에 있는 저택에는 화려한 기녀 100여 명이 대기하고 있어 당대 제일로 찬사를 받았다. 백락천(白樂天)도 반소(礬素)·소만(小蛮)이라는 아름다운 가기(家妓)를 데리고 있었다는 것은 세상에 알려져 있었다.

사창(私娼)은 낙양에서는 핑캉리(平康里)라는 유곽에 모여 기거하며 매춘을 했다. 일본 교토의 시마와라(島原), 에도(江戸, 지금의 도쿄)의 요시와라(吉原) 유곽도 당나라의 핑캉리(平康里)를 모방한 것이었다. 기녀 또는 가기(歌妓)로서 위로는 귀족에서부터 밑으로는 서민에 이르기까지 접대하고 즐겼다.

성애도.
중국의 인장목판화. 16세기.

명나라 때에는 금릉(金陵, 지금의 남경)에 유곽이 있었는데 판교(板橋)라 불렀고 그 화려함과 번창함은 이루 말할 수 없었다. 소주(蘇州)는 풍류로 넘쳤고 화방(畫舫, 가옥선)이 운하를 왕래하며 꿈만을 탐닉했다. 창부들은 누구나 노래, 무용에 능숙했으며, 단순히 몸만 파는 것이 아닌 일본의 요시와라 유녀와 다를 바 없었다.

34 | 고대 중국의 애첩들

유향(劉向)[94]이 저술한 『열녀전(烈女傳)』에는 하(夏)·은(殷)·주(周) 3대 왕조의 후궁 애첩들의 역사가 기록되어 있다. 고대 이집트·수메르 등의 후궁제도와 좋은 대비가 된다.

주나라 시대에는 이미 「주례(周禮)」가 성립되어 천자는 황비 1명, 부인 3명, 구빈(九嬪) 3명, 세부(世婦) 27명, 여어(女御) 81명, 비(妃) 21명을 소유하는 것으로, 후궁제도가 정비되어 있었다.

『열녀전』에 의하면, 홍수를 다스린 공으로 우(禹)가 시조가 되어 건립한 하 왕조의 마지막 황제인 폭군 걸(桀)왕은, 비(妃)에 말희(末喜)라는 잔학무도한 애첩을 두고 있었다.

밤낮으로 걸왕은 말희를 자신의 무릎 위에 앉히고 음란한 대화를 나누며 주지육림(酒池肉林)에 빠지고, 고급 옥으로 침대를 만들게 하여 끝내는, 「그리하여 운우(雲雨)[95]에 임하고 재물과 공물을 탕진하고도 모자랐다」고 전해진다. 또 이 걸왕을 멸한 탕(湯)왕이 세운 은(殷)왕조 말기의 주(紂)왕에게는 달기(妲己)라는 애첩이 있었다.

---

94 (B.C. 7~B.C. 8) 漢代의 관리, 후에 관직에서 물러나 저술에만 주력함.
95 교접의 환희의 뜻.

예로부터 달기는 우리나라에서도 악녀의 대명사로 유명하다. 달기는 〈술을 흘려보내 연못을 만들고 고기를 걸어 숲을 만든다. 사람들을 발가벗겨 온갖 추잡한 짓을 하게 하면서 긴 밤을 보내는 향연〉을 매일 밤 열었다. 또 포락법(炮烙法, 화형)을 만들어 동판에 기름칠을 하고 열을 가해 죄인들로 하여금 그 위를 걷게 하고, 타오르는 석탄 불더미 속으로 떨어지는 것을 바라보면서 즐거워했다.

이러한 폐첩(嬖妾)[96]들을 가리켜 경성(傾城)이라 불렀다. 그녀의 애교, 사치, 교만 등에 의해 나라가 파산한다는 의미이다. 장대한 중국의 역사에서 이와 같은 여화(女禍, 여자로 인한 화)는 빙산의 일각에 불과했다.

전한(前漢) 원제(元帝) 시대인 B.C. 1세기에는 후궁에 수천 명에 달하는 폐첩이 포진하고 있었으며, 왕족과 귀족들도 수백 명의 처첩을 소유하고 있었고, 일반 관리들까지도 첩을 수십 명이나 거느리는 호색적인 생활을 하고 있었다.

성애도.
16세기 영금진(營錦陣)의 삽화. 목판화.

당나라 현종(玄宗)의 시대에 이르자 「주례」제를 채택하여, 양귀비를 포함하여 첩이 모두 122명이었는데 이것은 표면적인 것에 불과하며, 장안과 낙양의 후궁에는 애첩이 4만 명이나 있었다고 한다.

96 아양을 부려 귀여움을 받는 첩.

35 | 중국의 아름다운 채녀(彩女)들

새하얀 목줄기의 피부는 떡처럼 매끄럽고
손을 자극하는 털은 하나도 나 있지 않다.
허리를 안으면, 이것이 바로 난옥온향(暖玉溫香)인가!
천금과도 바꿀 수 없는 소중한 것이었다…[97]

소설 『금병매』(金甁梅)[98]의 묘사이다.

세계 제일의 미녀는 중국의 소주(蘇州) 여자라고 어느 호색가도 입을 맞추어 얘기한다. 고대 중국에서는 호색의 상을 가진 여자를 채녀(彩女)라 칭했다. 이상적인 미녀의 호칭인 것이다.

『옥방비결(玉房秘訣)』[99]에서는 여성의 이상미에 대해 이렇게 요약하고 있다.

신체는 적당한 키와 몸매, 성격은 그윽하고, 신중하며, 정열적이어야 한다. 용모는 검은 머리에 가는 눈, 풍요로운 느낌의 귀와 입, 코는 약간 높은 편이고, 부드러운 살결, 하얗고 투명한 피부, 반들반들 빛나는 살색, 단아한 몸놀림, 사지관절은 풍부한 지방으로 덮여, 골격은 크고 풍만해야 한다. 살은 비단처럼 부드럽고 탄력이 있어야 하며, 목소리는 조화롭고 낮아야 한다. 음부는 탄력성이 있어야 하며 기름처럼 매끄럽고 풍만해야 한다. 또 음모가 없어야 하며, 만약 있다면 가늘고 명주처럼 부드러워야 하고, 질 액은 풍부해야 한다.

---

97 여체의 미칭. 부드럽고 따뜻한 옥과 같은 여체.
98 작자 미상. 1610년경.
99 「쌍매경암총서(双梅景闇叢書)」 所收.

또 오도인(悟道人) 편저의 『성사(性史)』에는 채녀의 여음(女陰) 상(像)을 12가지로 분류하고 있다.

용주(龍珠)·비룡(飛龍)·원숭이(猿)·독수리 발톱(鷹鉤)·우렁(田螺)·큰대야(盆子)·죽통(竹筒)·춘수(春水)·새(鷄雉)·갈매기 부리(鴨嘴)·굴(蛤蚌)·구불구불한 길(羊腸)

용주는 1,000명 중 한두 사람 있을까 말까 한 명기로, 두 마리의 용이 구슬을 서로 맞대고 있는 모양의 꽃봉오리 상. 비룡도 마찬가지로 약동하는 주름의 소유자. 웃으면 보조개가 생기는 여자에게 많다고 한다. 우렁은 속칭 허빠오(荷包)라 하는 상인데, 연잎이 흡사 연꽃을 감싸는 듯한 명기 중에 하나라고 전해진다. 큰 대야는 큰 음부상, 죽통은 수축력이 없는 음부, 춘수는 의미가 확실치 않다. 새 이하의 상은 빈상(貧相)을 의미한다.

또 채녀는 정사를 할 때 몸 전체에 땀을 배출하며, 남자가 기교를 부리지 않고 정력을 소비하게 하지 않는, 즉 남자의 건강을 생(生)하게 해 주는 여자라야 한다.

성애도. 영금진(營錦陣).

회색의 파오츠(袍子)[100]에 검은 와츠(褂子, 바지)를 입고 하녀처럼 허리를 굽힌 채 종종걸음으로 걷는 남자. 목소리는 여자보다 가늘고 매끄러우며, 피부에는 윤기가 흐르고, 끊임없이 손을 사타구니에 갖다댄 채, 눈을 내리깔며 사람을 본다.

중국의 환관이다. 고대 오리엔트에서는 B.C. 1000년경에 활약[101]했는데, 중국에는 은나라 무정(武丁)[102] 황제 시대에 이미 환관이 존재했다고 갑골문자에 전해지고 있다.

빈곤한 가정에서 미소년으로 태어나면 부귀영화를 누리기 위해 자진하여 환관을 지원했다. 환관이 되어 궐내로 들어가면 진사(進士)[103]가 되고 후궁의 장관(長官)에까지도 승진했다.

고대 왕조 시대에는 그 수가 1만 명을 넘었으며, 17세기 명조 궁중에는 10만 명을 헤아렸다. 환관도 전족(纏足)과 마찬가지로 인간의 시의심(猜疑心, 시기하고 의심하는 마음)이 낳은 이형(異形)의 사치동물이었다. 성기가 없는 것은 인간

---

100 단이 긴 상의.
101 기원전 1400년경의 헤로도토스의 『역사』에 의하면 세미라미스(기원전 63년경 칼디아 여왕)시대에 시작되었다고 전해짐.
102 기원전 1400년경의 시대.
103 상급관리.

의 호색성을 말살한 것이며, 이로써 자물쇠가 채워진 남자들이 된 것이었다.

중국에는 고대 아랍처럼 두 가지 거세 방법은 없었고, 고환은 남근 뿌리부터 남김없이 완전히 절제했다. 대개는 성인 전후의 연령이 많았다. 중국은 한방의학이 발달해 있었기 때문에 수술로 목숨을 잃는 사람은 거의 없었다. 아랍에서는 생존율이 40% 이하여서 10명 중 6, 7명은 사망했다.

환관 지망자는 창츠(厰子)[104]를 방문해서 수술대금으로 여섯 량을 지불한다. 돈이 없을 경우에는 환관이 되어 입궐했을 때 지불한다. 거세 수술은 2명의 집도인에 의해 시술된다. 먼저 손, 발 그리고 몸을 수술대 위에 단단히 묶어 다리를 벌려 고정시킨다. 남근 뿌리 부분을 뜨거운 후추 물로 세 번 깨끗이 닦는다. 그리고 낫 모양의 예리한 칼로 일순간 도려내고 만다.

칼로 도려낸 후, 백납침 또는 나무 못(말뚝 모양의 도구)으로 요도구를 틀어막고 냉수를 적신 종이로 환부를 감싼다. 그리고 2명의 집도인에게 의지해 두세 시간 정도 방 안을 걸어 다닌 후 옆으로 누울 수가 있게 되며 3일간 방치된다. 그동안에는 물 한 방울도 마셔서는 안 된다.

이때는 그야말로 고통과 갈증으로 지옥이 따로 없다. 3일 후 요도구에 봉했던 종이와 말뚝을 제거하면 뇨가 분수처럼 쏟아진다. 수술은 성공, 환관의 탄생이다. 그리고 1년간의 수습기간을 거쳐 그들은 입궐을 하게 된다. 처음에는 배뇨의 괄약근이 없는 탓으로 소변 조절이 불가능했다고 한다.

104 수술실 같은 창고.

37 | 밤의 정사 파트너는 녹두패(綠頭牌)로 정해진다

중국 황제의 후궁은 당(唐)대에는 6궁이라 했다. 그 규방의 모든 일을 담당하는 환관은 〈경사방(敬事房)〉이라 칭했으며, 그 우두머리는 경사방 태감이었다. 태감은 황제와 황후, 황비, 애첩의 성생활을 조절하는 역할을 했다. 원칙적으로는 황제라 하더라도 황후의 규방에 자유롭게 출입할 수 없었다. 미리 태감에게 언제 방문하겠다고 예고해야 했다. 태감은 황제가 황후와 잠자리에 든 날짜와 시간을 기록하여 황자 출생 때 증명할 근거 자료로 한다. 또 황비 이하 애첩을 방문할 때에도 같은 식으로 기록한다.

당나라의 후궁제도에 의해 황제의 절도 있는 성생활 파트너로 정해진 애첩은 120명이었다. 설령 아무리 정력이 왕성한 황제라 하더라도 균등하게 총애를 베풀 수는 없는 것이다. 거기서 생각한 것이 녹두패에 의한 제비뽑기 같은 지명이었다.

『환관(宦官)』[105]에 의하면, 황제가 식사를 마치고나서 태감이 큰 은쟁반에 황제가 평상시 마음에 들어 하는 애첩들의 이름이 적힌 녹색의 이름패를 담아 바친다. 황제는 여러 이름패 중에 하나를 선택하여 뒤집어 놓는다. 그 이름의 주인공이 그날 밤 황제의 파트너가 되는 것이다. 시간이 되면 애첩은 발가벗

---

105 미타무라 다이스케(三田村泰助) 著, 1963년.

은 채 우모 담요에 둘둘 말려 태감에 업혀 황제 침실로 옮겨진다. 태감은 침실 밖에서 방사(房事, 성교)가 완료되는 것을 기다렸다가 소정의 시간이 되면「스스호오러(是時候了)」라고 외치며 시간을 알린다. 그리고 다시 애첩을 업어 밖으로 나온다. 이때 황제에게 아이를 낳게 할 것인지의 여부를 물어, 필요 없다는 대답이 나올 경우에는 세척해 버린다. 반대로 황제가 황자를 원하면 기록을 하고 후일의 증거로 남긴다.

당의 현종(685~762년)[106] 시대에는 후궁에 〈귀아원(貴牙院)〉이라 칭하는 성애기술 교습소가 있었다. 양귀비는 그 교습소에서 최우수상을 획득했다고 항간에 전해지고 있다. 이들 다수의 애첩 중에는 단 한 번도 기회를 얻지 못한 채 늙어 죽어간 가련한 애첩도 적지 않았다. 백거이(白居易, 772~846년)[107]의 〈상양(上陽)의 백발인(白髮人)〉이라는 시(詩)에,

현종 말기 처음 선택받아 입궐했을 때 나이 16세, 지금은 60세가 되었다. 일생 끝내 공방(空房)을 향해 잠잘 뿐이다.

애첩들에 있어서 황제와의 하룻밤은 겜블러의 주사위와 같았다.

성애도. 영금진(營錦陣)의 삽화. 16세기 목판화.

---

106 당나라 제6대 황제. 애첩 양귀비에 빠져 정치를 게을리하여 〈안사의 난(安史의 亂)〉에 의해 퇴위.
107 백락천(白樂天), 당(唐)대의 대표적인 시인.

중세
medival

01 | 세기의 악녀 프레데공드(Fredegonde) 왕비

야만적인 프랑크 왕국 초창기 메로빙거 왕조(Merovinger dynasty, 481~751년)[1]는 제정 로마 철의 시대의 악령이 되살아난 시대였다. 6세기 초의 프랑크 왕국만큼 잔인무도한 피의 시대는 역사상 찾아볼 수 없다.

프랑크 왕국을 손에 넣고 있던 클로텔1세(497~561년)[2]가 죽자, 왕국은 능력없는 왕자들에게 나라를 4구역으로 분할하였다. 그중 하나가 북부프랑스를 차지한 뇌스트리 왕국인데, 칠 페릭 왕이 통치하였다. 여기엔 왕의 시녀이자 희대의 악녀 프레데공드가 있었다. 빨간 머리에 육감적인 용모를 지니고 있던 그녀는 간계로 왕비를 폐하게 하고 왕의 처첩이 되었다. 하지만 왕은 형 지그벨트의 왕비 부른힐더의 여동생인, 절세미인 스페인 왕녀를 정식 왕비로 맞이했다. 프레데공드는 왕의 침실에서 멀어졌다.

그녀는 원망과 질투심으로 광란했다. 신혼 1년 후 왕비는 침대 위에서 공포에 질려 머리카락이 뻗쳐 있는 채로 절명했다. 프레데공드의 복수심이 작용했던 것이다. 이 암살 사건은 칠 페릭 왕과 그의 형 지그벨트 왕의 싸움으로 확대되었다. 칠 페릭 왕은 파멸 직전에 놓이게 되었는데 악녀 프레데공드는 비밀리에 자객을 적진 깊숙이 보내 지그벨트 왕을 독이 묻은 칼로 사살케 했다. 전

---

1   프랑크 왕국의 최초의 왕조.
2   멜비스의 아들, 6번이나 처를 바꾼 음란한 왕이었음.

15세기 독일의 창가 풍경.
15세기 동판화.

황(戰況)은 일변하여 칠 페릭 왕이 승리하게 되었다.

결국 프레데공드는 왕비가 되어 절대권력을 휘둘렀다. 왕의 형 지그벨트의 부인 브뤼노 왕비는 미망인이 되어 수도원으로 들어갔다. 호색한인 칠 페릭은 이 왕비에게 추파를 보냈지만, 이 사실을 알아차린 프레데공드는 질투심 때문에 프랑크 왕국의 형제들을 닥치는 대로 피로 물들였다. 칠 페릭 왕은 물론, 왕의 첫 왕비도, 그 아들의 처도 고통을 가해 죽이거나 산 채로 태워 죽여 라인강에 던져 크로비스가(家)의 혈통을 근절시켰다. 그녀는 뇌스트리 왕국의 재물을 차지하자 그대로 교회로 몸을 숨겼다.

그러나 이것으로 역사의 막을 내린 것은 아니다. 수도원에서 나온 브뤼노(543~613년)[3]는 복수의 화신으로 바뀌어 프레데공드 일족을 모두 죽여 버렸다.

3 56세를 넘긴 그녀는 갑옷을 입고 검으로 프레데공드 일족을 몰살시키고 자결했음.

02 | 비참한 중세의 창부들

15세기 독일의 울름사(史)[4] 기록문서에 다음과 같이 되어 있다.

창가(娼家) 주인은 계약에 따라 여자들을 다음과 같이 대우했다. 그녀들의 식사는 매번 3찬으로, 스프, 고기, 무청뿐이었다. 고기를 먹지 않을 때에는 청어리 1마리가 배급되었다. 만약 여자가 임신하면 추방했다. 몸값을 지불하면 창녀들은 자유의 몸이 되었다. 취업 중에 병들어 죽기라도 하면, 반드시 쓰레기 더미에 묻히거나 동물 가죽을 벗기는 장소에 버려졌다.[5] 또 창부는 독신이어야 했다. 성병환자는 제외되고 유방이 미숙하거나 매춘 조건에 맞지 않는 여자도 제외되었다.

창부들의 보수도 충분치 않았다. 번화가의 창가에서는 독일 화폐로 계산한다면 1마르크 이하였다. 지방 도시의 창가에서는 계란 1개 값 정도 밖에 되지 않았다. 그야말로 당시 창부들의 생활이 얼마나 큰 가난과 고통으로 비참했는가를 짐작할 수 있다. 화대가 싼 것은 매춘부의 수가 늘어나자 과다 경쟁으로 인해 점점 화대가 낮아진 것으로 추측된다. 창부들은 사회적으로도 가련하고 불행한 생활을 강요받았다.

이탈리아와 독일의 창부들에겐 노란 옷을 입게 하고 어깨에 리본을 달게 하여 일반 부녀자와 구별했으며, 피렌체에서는 모자에 방울을 달게 하고, 라이

4　칼 예겔저 『중세 슈반밴의 도시조직』(1447년).
5　법황 피우스5세의 명령이었음.

프치히에서는 파란 끈이 달린 찢어진 노란 망토를 입고 다니도록 의무화하여 보통의 건전한 여자와 구별되게 하였다.

또 금·은은 물론 진주 같은 보석류의 장신구를 몸에 걸쳐서는 안 되며, 자수를 놓은 옷을 입어서도 안 되었다. 심지어 지정된 구역 내에서의 외출, 외박도 금지되어 영국에서는 교회 미사나 예배도 금지되었다. 물론 공창 이외의 밀매춘은 엄하게 금지했으며 발각되면 혹독한 처벌을 받았다. 이러한 창가는 모두가 교회, 영주, 시의 소유여서 창가의 주인은 소유자에게 세금을 내고 상납금을 바쳐야 했다. 창부들은 노예 이하의 생활을 할 수밖에 없는 처지였다.

14세기 남프랑스 프로방스를 다스리고 있던 시실리 여왕, 쟌느1세 등은 시실리 섬으로 돌아갈 여비가 없어, 아비뇽다리[6] 근처에다 창가를 개업시키고 창부들이 벌어들인 돈을 착취하여 여행 비용에 충당하는 등 탐욕스럽고 뻔뻔한 짓을 하기도 했다.

---

6 1347년 쟌느1세에 의해 아비뇽 폰트르에 번화가에 호화로운 창가가 생겼음.

03 | 위풍당당한 고환 보호대

나의 님이여!
그 소중한 곳을 다치시면 큰일이지요.
사랑스러운 것이기에 단단히 갑옷을 채우시오.

이것은 『팡타그뤼엘(Pantagruel)이야기』[7]의 한 세련된 부인이 전장으로 향하려는 남편에게 고하는 말이다. 부인은 남편의 고환 보호대가 단순한 갑옷과 같아서, 여러 가지 궁리 끝에 기사용의 두꺼운 철갑으로 보호대를 개발했다고 한다.

훅스(Fuchs)가 기술하고 있듯이, 15세기 초까지 남자들은 짧은 상의만 입고 있어 짐승의 모습과 다름없었고, 과다하게 몸이 노출되어 품위가 없었다. 게다가 처녀와 부인들이 시종 장난을 쳐서 풍기가 문란하다는 교회의 엄한 하달로, 고환을 포장하는 가랑이 주머니, 즉 성기 보호대가 고안되었다.

여자들이 유방을 고래 뼈로 만든 코르셋으로 밀어올려 둥글둥글 부풀어 보이게 했듯이 남자들도 이 브라게트(보호대)라 불리는 가랑이 보호대를 거만하게, 또 씩씩하게 자랑하듯이 내보였다. 라브레는 브라게트의 필요성을 이렇게 변명했다.

---

7   프랑소와 라브레(Rabelais, Francois, 1494~1553년)의 작품.

「완두콩, 강낭콩, 호두, 목화열매, 송이밤 등 모든 일반 식물에도 씨는 견고하게 싸여 있다. 그것에 비해 우리 인류는 연약하고 취약한 껍데기도 없는 상태로 벗겨져 있다」라고.

이 보호대야말로 무사의 장신구의 꽃, 남자의 훈장, 자랑스러운 문장(紋章)이었다. 옛날에는 이 가랑이 보호대를 다마스커스산(産) 명주로 만들었고 어떤 것은 금, 은, 자수나 몰(mogol)로 장식했다.

또 루비나 터키 석, 페르시아 진주를 박은 왕관 같은 명품까지 출현했다. 그러나 도구에 세심한 주의를 기울이는 남자는 주머니에 레몬을 넣어 위장하기도 하고, 면이나 헝겊조각을 뭉쳐 넣어 그 부분을 돋보이게 했다. 그중에는 암소머리 크기만한 고환 보호대를 만들어 위풍당당 시내를 활보하며, 부인들의 눈을 휘둥그레지게 하기도 했다.

불어로 브라게트(braguette, 가랑이 주머니), 독일어로는 시암캅셀(수줍어하는 사람 주머니), 영어로는 코드피이스(바늘 주머니)라고 불렸다.

04 | 초야권은 신부의 세금

1538년 취리히 주 의회가 발행한 공문서 포고문에

농지를 소유한 영주는 영지 내의 농민(소작인=농노)이 결혼을 할 때, 그 신부와 초야를 보낼 권리가 있다. 신랑은 영주에게 신부를 제공할 의무가 있다. 만약 이를 거부하면 신랑은 영주에게 4마르크 30페니를 지불해야 한다.

라고 기술되어 있다.

서양의 중세·근세 시대에는 이토록 무모한 풍속이 태연히 존재하고 있었다. 영주에게 젊은 농노들은 노동력임과 동시에 가축이나 농작물과 다를 바 없는 사유재산이었다. 시드로윗치의 『풍속사』에 의하면, 독일의 바이에른 지방에서는 이 초야권을 보상하기 위해 신부는 〈엉덩이가 들어갈 만한 크기〉의 큰 솥이나 〈엉덩이 무게만한〉 치즈를 상납하고, 신랑은 영주에게 상의 또는 담요를 바쳐야 했다. 이 의무를 이행하지 않는 한 공중소로부터 결혼 승인을 받을 수 없을 뿐더러 영주의 허가도 받을 수 없었다.

말하자면 결혼세였던 것이다. 프랑스에서는 초야권을 〈사타구니에 넣는 권리〉라고 하여 13세기에서 16세기 말엽까지 존속시키고 있었고, 러시아와 그 주변 동구 여러 나라에서는 18세기까지 실시되고 있었다. 영주에 있어서 농노의 딸들은 〈화폐가 필요 없는 창부〉이고, 〈불특정 다수의 첩〉이었다. 사실 샤

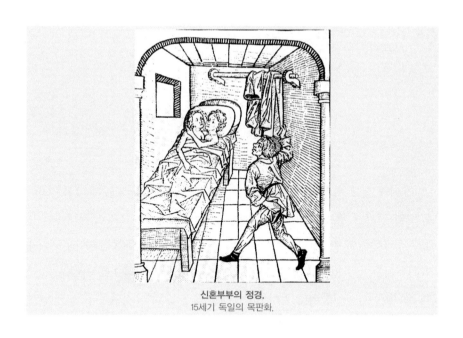

신혼부부의 정경.
15세기 독일의 목판화.

　　를르 마뉴 대제(742~814년)[8] 치하의 프랑크왕국 영주들의 성 안에는 농노의 젊은 딸들이 한 방에 잡거하고 있어, 그야말로 할렘(후궁)의 풍경과 같았다.

　　초야권은 영주들의 호색함을 반영하는 것으로 거기에는 인격도 존재하지 않았다. 그러나 여자들은 영주의 초야권 행사를 혐오하고 있지는 않았다. 여자는 〈주인에게 귀여움을 받고 있는 강아지처럼〉 넋을 잃고 있었다. 딸이 영주에게 처녀성을 잃는 것은 그 가족에 있어서는 작은 행복을 약속받는 것이었다. 영주는 딸의 부모에게 부역을 가볍게 하고, 답례품을 주는 것이 상례였다.

　　독일에서는 이 초야권의 보상금을 〈엉덩이대금, 인각대금, 여자대금, 배꼽대금〉 등이라고 불렀다.

8　카알대제(독일 건국자)라고도 칭함. 프랑크 왕국을 구축, 유럽을 정복 통일시킴.

05 | 전진하라, 창부연대

    인간에게 성교 행위는 생존상 필요불가결한 것이다. 군대 또한 마찬가지이다. 말과 전차가 필요하듯이 위안부도 군수품이다. 고대 그리스 시대에서 18세기 미국 독립전쟁까지 서양 원정군에게는 반드시 소녀대(파견 위안부)가 1개 연대를 이루며 군인들과 동행했다. 목적은 병사들을 성적으로 위로하는 것, 그리고 병사들의 시중이나 막사 청소, 세탁 등을 도맡는 것이었다. 또 위안부들이 동행함으로써 병사들이 다른 나라 여자들을 강간하거나, 또 그것에 의해 성병에 감염되거나 사생아를 증가시키지 않게 하기 위함이었고, 더 나아가서는 병사들의 남색(동성애)을 막기 위함이었다. 그리고 무엇보다도 젊은 여자가 있는 것은 병사의 사기를 높이는 데 상당한 효과가 있었다. 위안부도 병사와 마찬가지로 급료를 받는 용병이었다.

    어느 기록에 의하면 다음과 같은 말이 언급되어 있다.

「알바공(公)[9]의 군대는 네덜란드 원정 도중 400명의 고급 창부들은 말을 타고, 하급 위안부 800명은 도보로 후방에 연대를 이루어 뒤따르게 했다」,
「1298년 알브레히트 왕(Albrecht, 1248~1308년)[10]이 스트라스부르그(strasbourg)에 입성했을 때 800여 명의 위안부를 거느리고 있었다」,

---

9   각각의 인용문은 「빌다 렉시콘」(문화사 편), 시드로윗치의 「프로레타리아트 풍속사」, 에드워드 훅스 「풍속의 역사」 (3권), 브란톰의 「염부전(艶婦傳)」에서 인용.
10 바이에른공(公), 후에 독일 왕이 됨.

종군위안부(창부)의 그림.
16세기 동판화.

「1343년 독일 사단장 울스링거 베르나는 3,500명으로 구성된 군대에 1,000명의 위안부를 소유하고 있었다」,

「1570년 프랑스 스트로치원수(1541~82년)[11]는 이탈리아 원정 중 위안부들이 너무 색기가 흘러 오히려 병사들의 사기가 침체되자 위안부 800명을 바다에 빠뜨려 익사시켰다」

　위안부들이 섹스를 할 때에는 장교, 사병 불문하고 화대를 받았다. 화대를 지불하지 않는 병사들은 창이나 검을 돈 대신 잡혔다. 위안부들 중에는 검 열 자루를 골프백 같은 곳에 넣어 허리에 메고 다니기도 하고, 창 네다섯 개를 한데 묶어 어깨에 메고 있는 자도 있었다. 이러한 위안부 연대는 시끄러웠다. 사랑하고, 아이를 낳고, 가정을 이루어 도망치기도 하고, 혹은 손님을 서로 받으려고 싸우는 등 항상 조용할 날이 없었다.

11　프랑스 카트린느 여왕의 사촌오빠, 1582년 상·미카엘 해전에서 전사.

06 | 트리스탄·이즈의 사랑의 전설

이즈여 나의 연인
이즈여 나의 아내
당신 때문에 나는 살고
당신 때문에 나는 죽으리
(마리 드 프랑스의 노래에서)

12세기 중세 유럽의 사랑의 전설이 된 트리스탄 이즈('Le Roman De Tristan Et Iseut') 사랑이야기는 애정의 아름다움을 불태운, 목숨을 건 사랑이야기이다. 그것은 연애가 육욕으로부터 멀어지고, 성의 종속으로부터 벗어나는 영혼의 결실, 사랑의 영겁회기를 원하는 인간의 정념의 미(美)이기도 했다.

이야기의 발단은, 북유럽 마르크 왕이 총애했던 소년 기사 트리스탄이 모르오르 해적과 싸우다 부상을 입자 금발 미녀 이즈 공주의 비약(秘藥)에 의해 죽음에서 회생하는 에피소드에서 시작된다.

곧이어 마르크 왕은 이 미모의 이즈 공주를 왕비로 맞이한다. 그리고 비극의 서막은 여기서부터 열린다. 이즈와 마르크 왕은 첫날 밤 잠자리에서 영원히 맺어져 죽음도 같이하게 되는 미약(媚藥)을 마실 예정이었으나, 운명의 장난인지 그 미약을 이즈와 트리스탄이 나누어 마셨다.

두 사람은 어두운 밤에 몰래 만나 사랑을 하였고 이 사실을 안 왕은 분노하여 트리스탄에게 자객을 보냈다. 이즈와 트리스탄은 숲으로 도망쳤다. 그러나 추격대는 끈질겼다. 쫓기는 트리스탄은 부상을 입고 홀로 이국의 섬으로 도망가 그곳에서 하얀 손의 이즈와 결혼했다. 그러나 그는 금발의 이즈 공주를 잊을 수 없었다. 잡혀 있던 이즈도 트리스탄을 그리워했다. 트리스탄은 전투에서 독이 묻은 적의 창에 찔려 빈사 상태에 놓이게 되었다. 그는 죽어가는 자리에서 이즈의 이름을 부르며 한 번이라도 좋으니 만나 달라고 외쳤다. 그리운 트리스탄을 찾아 섬에 온 이즈가 본 것은 이미 죽어버린 트리스탄의 시체였다. 그녀는 슬픔에 잠겨 트리스탄을 안으며 죽어갔다. 탄탄젤 사원 안쪽 좌우에 그들의 무덤이 있었다. 트리스탄의 무덤에서 청록색 잎이 무성한, 향기로운 장미가 자라고, 그 줄기는 이즈의 무덤을 덮었다.

시인 곡토[12]는 이 전설을 영화로 만들었고, 바그너[13]는 1850년 악극으로 작곡했으며, 베디에[14]는 1900년에 이 이야기를 책으로 편찬했다.

영화 〈비련〉(트리스탄과 이즈 이야기의 번안,
원제는 〈영겁회기〉). 1943년.

---

12 곡토(Jean, Cocteau) 프랑스의 시인, 소설가, 극작가, 화가.
13 바그너(W.R. Wagner) 독일의 가극 작곡가.
14 베디에(C.M.J. Bédier, 1864~1938년) 프랑스 문학사가.

07 | 아벨라와 에로이즈의 사랑

지금은 어디에, 박식하고 숭고한 에로이즈여,
그녀 때문에 아벨라는 거세당했다.
상드니 수도원 별채에 깊숙이 숨어 들어가,
애처로운 사랑 때문에 그 괴로움에….
지난해의 함박눈 지금 어디에

프랑스의 중세시인 프랑스와 비욘(Francois Villon)의 발라드 중 일부분이다.

아벨라(Abaelardus, 1079~1142년)[15]와 에로이즈(Héroïse, 1101~64년)[16]의 사랑은 중세 어두운 그림자를 걷어버리는 빛과 같은 것이었다.

아벨라는 현대 철학자들조차도 12세기 최고의 윤리학자이며 석학이라 칭송하고 있다. 당시 그는 〈변증법의 기사〉라 불리었으며, 그와 대적할 자는 없었다. 에로이즈도 재색을 겸비한 재원이었다.

이 두 사람이 만난 곳은 아벨라 신학교였다. 아벨라 39세, 에로이즈 17세 때였다. 그녀는 수업 중 아벨라 특유의 유창한 변설과, 그 박식하고 탁월한 논리 전개와 참신한 사상에 취해 버렸다. 또한 현악기를 켜며 자작시를 부르는 음

---

15 젊어서 파리 성 쥬네브 언덕의 신학교에서 윤리학을 강의함. 노틀담 참사회원. 강의에는 항상 500명의 수강생이 몰림.
16 아벨라 학원에서 수탁, 아벨라와 사랑에 빠짐, 백부의 반대로 수녀원에 들어감. 그와 주고받은 왕복 서간은 유명함.

유시인 같은 모습에도 매료되었다.

이윽고 두 사람은 사랑의 굴레에 묶여버렸다. 에로이즈는 아스토라라브라는 사내아이를 낳았다. 그러나 그녀는 아벨라와의 결혼을 거부했다. 그녀는 그의 처이기보다 위대한 철학자의 〈영원한 애인〉으로 살았다.

그러나 학원(學園) 사제관에서 아이를 낳은 것은 페에르벨 사제에 있어서는 치욕일 뿐만 아니라 종교적 타락이기도 했다.

어느 날 밤, 사제는 방범 경관을 매수하여 아벨라의 성기를 자르게 하여 거세했다. 이미 아벨라는 남자로 살아갈 수 없게 되었다. 에로이즈도 수녀원에 들어가 수녀가 되어 과거 그와의 사랑을 회상하며 살았다. 그녀는 아벨라에게 사랑의 감정을 담아 이렇게 편지를 썼다.

사랑스럽고 가련한 그대,
아내라는 이름이 신성하고 건전하게 들릴지는 모르겠습니다만,
저에게 있어서는 항상 애인이라는 이름으로 불리는 편이 훨씬 감미로웠습니다.
아니, 확실하게 말씀드리지요,
저는 당신의 첩, 창부라는 이름이라도 좋았습니다.
(「에로이즈로부터 아벨라에게」 제2서간에서)

08 | 숙녀의 정숙, 정조대

신께 맹세한다. 아내 없이는 살 수 없다.
혼자서 자는 것은
즉 사랑을 나눌 상대 없이 눕는 것은
야만스러운 생활이다.

우리들이 집을 나설 때에는 반드시 아내에게
벨가모 식 자물쇠를 철커덕 잠근다.
그렇지 않으면 차라리
눈길도 주지 않는 악마에게 잡혀가는 편이 낫다.

라블레[17]의 『팡타그뤼엘 이야기』의 한 구절이다.

이 벨가모 식 자물쇠는 중세 정조대의 속칭이다. 「베네치아 대」「피렌체 대」「이탈리아 성」「비너스 대」등이라고도 불렀다. 그 기원에 대한 설이 분분한데, 십자군이 아랍을 침략했을 때 할렘(후궁)에서 빼앗아 온 것을 모델로 삼아 만들었다는 설이 지배적이다. 베네치아인이나 베르가모 상인들이 장기 출장을 갈 때 착안한 불륜방지용 도구임에는 틀림없다.

브랑톰(Brantome)에 의하면, 16세기 중엽 세인트 제르멘에서는 신년에 열리

---

17 Francois Rabelaiś, 1484~1553년, 프랑스 의학자, 인문학자, 작가.

는 시장의 잡화상이 천막 안에서 10여 종의 정조대를 진열하여 팔고 있었다고 한다. 정조대는 마치 금속제 팬티 같은 것으로, 허리와 사타구니를 견고하게 격자(格子) 모양으로 감싸 그 앞부분에는 소변이 흘러나올 수 있을 정도의 구멍이 나 있었다. 뒤에는 항문이 닿는 곳에 둥글고 작은 구멍이 나 있었다. 금속의 안쪽은 부드러운 빌 로드 감을 댔다. 또 벗겨지지 않도록 자물쇠가 달려 있는데, 열쇠는 남편이 항상 주머니에 넣고 다녔다.

그러나 이런 치밀한 고안은 남편들이 단순히 작은 위안을 삼는 데 지나지 않았다. 아내는 열쇠를 비밀리에 만들어 태연하게 바람을 피우고 있었다. 어떤 아내들은 열쇠를 세네 개씩이나 만들어 정부에게도 주었다.

정조대는 철제로 된 무거운 것도 있지만, 금은제품에다 보석까지 박은 고급 제품도 있었다. 정조대 입히기는 중세 남성들의 어리석은 희극으로 끝났다.

정조대 열쇠를 파는 아낙네. 1620년 동판화.

09 | 수려한 비너스의 환영식전

세계사의 석학 휘징가(Huizinga, 1872~1945년)[18]는 그의 저작 『중세의 가을』에서 다음과 같이 기술하고 있다.

한층 기묘함이 느껴지는 일이지만, 일반 회화(繪畫)에서조차 흔히 볼 수 없는 부인들의 나체가 활인화[19]에서는 아무 주저함 없이 연출되고 있다.
예를 들면 듀러(Durer, 1471~1528년)[20]가 1502년에 본 카알5세의 입성식이다. 이러한 류의 행사는 특정 장소에서 나무로 조립한 무대를 설치하여 행해졌다. 때로는 수중에서도 행해졌다.

이 호색적인 여성미 예찬은 고대 로마 원형극장에서 공연한 칼리테스[21]극의 재현이었다.

르네상스 시대 전제 군주들이 각지의 도시를 방문할 때에는 반드시라고 해도 좋을 정도로, 실오라기 하나 걸치지 않은 여인의 나체쇼, 일명 비너스의 활인화가 환영을 받았다. 출연자로는 매끈한 살결의 아름다움을 자랑하는 미녀들이 선발되었다. 파리스의 심판, 비너스의 탄생, 물의 요정, 인어 등 그리스 신화를 활인화로 연출했다.

---

18 네덜란드 역사가. 문화사와 정신사에 정통했음.
19 살아있는 인간을 그대로 회화풍으로 보이게 한 입체화.
20 독일 르네상스 최고의 화가.
21 고대 로마에서 유행한 3미신(美神, 비너스·쥬노·미네르바)의 전라극.

1457년 필립(Philippe)공(公)은 강(Gand) 시(市)에 입성할 때 〈전라(全裸)의 인어가 긴 머리를 흩날리며 물속에서 놀고 있는〉(수중 활인화를 의미함) 모습을 보았다.

1461년 루이11세가 파리에 입성했을 때 〈물의 요정으로 분장한 전라의 미녀가 영접했고, 사람들은 그들의 위로 솟은 탄력 있고 풍만한 유방을 바라보며 넋을 잃었다〉고 한다.

1494년 필립 왕이 앙트와프에 입성했을 때에는 〈파리스의 심판〉을 가장 열심히 관람했다. 그중에서도 전라의 부인이

파리스의 심판. 1529년.

칼리테스[3미신(美神)]로 분장하는 것을 즐거워했다. 위에 실린 그림은 앙트와프 입성 때의 활인화를 크라나하(Cranach, 1472~1553년)[22]가 후에 그린 것이다.

영국의 여왕 엘리자베스1세도 「어디를 가더라도 항상 정원에서 물의 요정·바다의 신·꽃의 여신들로 분한 전라의 미녀들로부터 환영을 받았다」고 『연대기』가 전하고 있다. 이 칼리테스 극은 독일을 제외한 서양 여러 나라에서 공연되었다. 이것은 인간을 위선으로부터 해방시키고, 미의 환희를 주는 것이었다.

22 독일 최고 궁정화가.

10 | 보카치오, 초서, 에라스무스

14세기 초 피렌체를 중심으로 일어난 인문주의는 중세 금욕적 기독교 신학이나 스콜라 철학을 경시하고 자연을 그대로 받아들여, 인간이 가장 인간다운 생활을 영위할 권리를 주장했으며, 쾌락을 선호하고 육체를 사랑했다. 그리하여 다가올 르네상스를 준비했던 것이다. 염소(艶笑)문학[23]의 원조라 할 수 있는 보카치오(Boccaccio, 1313~75년)[24]는 『데카메론(10일 이야기)』에서 대담하게도 귀부인의 말을 빌려 이렇게 위선의 껍질을 벗겼다.

신은 그 어느 것도 쓸데없이 만드시지 않아요.
신이 우리에게 이와 같은 존귀한 것을 주신 것은 그것을 사용하기 위한 것이지요.
빈둥빈둥 놀게 하기 위한 것이 아니란 말이에요.

영국의 초서(Chucer, 1340~1400년경)[25]도 『켄터베리 이야기』에서 중세 승려들의 위선적 가면을 가차 없이 벗겨 쾌락을 찬미했다. 초서는 〈바스 부인〉에게 이렇게 말을 시키고 있다.

---

23 성적 모티브가 가미된 희극.
24 이탈리아 문학자, 최고의 라틴 문학자, 인문주의 시인. 「데카메론」은 호색문학의 효시.
25 영국 국민문학의 시조로 불리는 문학자, 시인.

먼저, 처녀 자신은 어떻게 태어나는 것일까요.

역시 처녀는 처녀를 지키지 않고 종자를 뿌렸기 때문이지요.

또 무슨 목적으로 생식기가 만들어졌을까요. 무슨 이득이 있어 만들어졌을까요.

아무런 목적이 없다고는 말할 수 없지요.

실제로 제 체험에서 말씀드리면, 생식과 쾌락을 위한 것이지요.

어차피 저는 저질의 여자니까 아내로서 창조주가 주신 도구를 아낌없이 사용하겠어요.

마찬가지로 종교 개혁의 아버지로 존경받는 에라스무스(Erasmus, 1466~1536년)[26]는 『노망한 신 예찬』[Enconium Moriae(Laus stultitiae), 1509] 중에서 쾌락의 여신 모리아(노망한 신)에게 이렇게 주장했다.

신들이나 인간들은 도대체 어디서 생긴 걸까요? 얼굴이나 유방에서입니까? 그렇지 않으면 손이나 귀 같은 품위 있는 기관에서입니까? 아니요, 웃지 않고서는 그 이름을 말할 수 없는 실로 광기어린, 웃기는 색다른 기관에서 생겨났지요.

에라스무스는 「쾌락이야말로 행복하게 사는 출발점이자 도달점이며, 쾌락은 태어나면서 갖추어진 선(善)이다」라고 금욕주의 사상을 불태워 버렸다. 그는, 여자는 〈원숭이 골수〉로 만들어진 바보이지만 이것을 사랑하라고 우리에게 설교하고 있다.

에라스무스의 초상화. 16세기.

26 네덜란드 종교 철학자.

11 | 왕비들의 쾌락의 성(城) 넬 탑

옛 파리 세느 강 왼쪽 강가에 〈넬 성(城)〉이라 불리는 오래된 카페 왕조의 저택이 있었다. 성에는 높이 25m나 되는 탑이 우뚝 서 있었다.

1313년 가을, 냉랭한 어둠이 파리 시내를 덮어 세느 강 수면에는 하얀 베일처럼 아지랑이가 올라왔다. 그 하얀 어둠 속에서 홀연히 수려한 용모를 감춘, 언뜻 보기에 기품이 있어 보이는 여자가 나타났다. 그녀의 가슴팍에는 생동감 넘치는 유방이 그대로 들여다보여 남자들의 시선을 끌었다. 여자는 망설임 없이 지나가는 남자를 유혹하여 탑 안으로 안내했다. 탑 안의 거실에는 난롯불이 훨훨 타고 있으며, 식탁에는 요리가 놓여 있고, 고브렛(goblet, 부인들의 맥주잔)에는 술이 가득 부어져 있었다. 남자들에게는 꿈같은 향연이었다.

그리고 밤은 길었다. 남자들은 각각 귀부인의 손에 이끌려 열락의 밤을 보냈다. 새벽이 다가오는 어두운 밤의 일이었다. 탑 꼭대기 창으로부터 큰 마대자루가 세느 강에 던져졌다. 자루는 서서히 가라앉으며 멀리 흘러갔다……

나른한 애욕의 잠에서 깨어난 여자들은 루이10세(1289~1316년)[27]의 왕비 마가렛 부르고뉴, 샤를르4세(1294~1328년)[28] 미남 왕의 왕비 브라슈 부르고뉴와 그 시녀들이었다. 파리 시내에서는 불미스러운 소문이 퍼졌다. 매일 밤 젊은

---

27 마가렛 왕비 사이에 딸을 하나 둠. 이혼 후 헝가리 왕가의 크레멘스와 재혼.
28 카페 왕조 영토 확장에 전력했음.

남자들이 유괴되어 사라진다는……. 비밀리에 수사가 개시되었다. 이후 놀랄만한 사실이 밝혀졌다. 루이10세와 샤를르 4세의 왕비와 시녀들이 남자들을 닥치는 대로 넬 탑으로 끌어들여 정사를 즐기고, 일이 끝나면 마대 주머니에 돌을 채워 남자들을 강으로 던졌던 것이다.

왕비들에게도 이유는 있었다. 그들은 결혼한 지 얼마 되지 않아 전란 때문에 규방을 홀로 지켜야 했다. 성욕으로 달아오른 흥분을 가라앉힐 수가 없었던 것이다.

영화 〈넬 탑〉. 1937년 프랑스 영화.

한편 왕들은 전장에 나갈 때 마음에 드는 애첩을 데리고 다니며 성욕을 채웠다. 어쨌든 이 사건은 정욕이 왕성한 젊은 여자의 욕구불만이 폭발한 것이었다.

1314년, 왕비와 시녀는 체포되어 게이야르 성에 유폐되었다. 마가렛은 남편 루이10세에게 이불로 덮인 채로 압살당했다. 후에 저 유명한 듀마[29]가 이것을 희곡화했고, 아벨강스[30]가 1937년 영화화했다.

---

29 Dumas, 1802~70년, 프랑스 작가.
30 Abel Gance, 1889년 출생, 프랑스 영화감독.

12 | 결혼 피로연은 목욕탕에서

독일의 목욕 습관은 고대 게르만 민족 때부터 있었다. 독일인은 목욕을 좋아하는 민족으로, 스칸디나비아 지방에서 알려진 사우나 목욕, 온수욕, 냉수욕은 건강상 서민 계급 사이에서도 널리 애용되었다. 보통은 주2회 정도였다. 보통 공중탕이며, 남녀혼욕은 14세기 초부터 시작되었다.

에드워드 훅스의 『그림 풍속사』에 의하면, 당시 입욕 풍속은 남녀 모두 전라 또는 허리에 헝겊조각을 감는 정도였는데, 물속에 들어가면 헝겊이 떠올라 가리는 역할을 하지 못했다. 물에서 나올 때에는 보라색 나뭇가지로 앞을 가렸다. 마찬가지로 여성도 앞가리개로 성기 부분만 가릴 뿐이었다. 이 목욕 풍습은 건강이라는 명목 하에서 성적 호기심을 불러일으키기에 충분한 극히 자연스러운 일이었다. 매사에 조야하고, 동물적인 충동이 강했던 중세시대에 공중목욕탕은 바로 음탕의 장소로 전락했다. 남자들의 대화는 외설적이며, 여자 품평회가 되어버렸다. 여자도 완전한 나체로는 왠지 허전한지 입욕할 때에는 금목걸이나 팔찌 등으로 나체를 돋보이게 하며 비너스의 미를 자랑했다.

14세기 초 뮌헨이나 레겐스부르크 등의 게르만 지방 남부에서는 결혼식 피로연이 목욕탕에서 행해졌다.

훅스는 「신랑신부는 축하객과 함께 또는 연예인을 데리고 목욕탕에 갔으며, 모두가 결혼탕에 들어갔다. 겉으로는 몸을 깨끗하게 하기 위한 것이었지

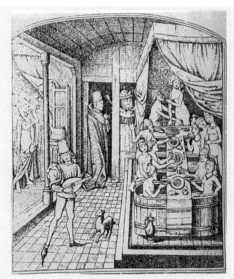

목욕탕 결혼식 풍경. 15세기 동판화.

만, 그것은 구실에 불과했다. 아담의 모습으로 술잔을 기울이고, 합창과 환호로 결혼식을 경사스럽게 장식하기 위한 것이었다」고 당시의 풍속을 묘사하고 있다. 이것은 격식 없는 에로틱한 주연(酒宴)이며 바카스(Bacaahus)[31]의 난무였다. 정부 당국은 이러한 결혼 목욕탕 향연을 탐탁지 않게 생각하고 있었다. 뮌헨에서는 「신랑신부 측에서 각각 6명씩 12명의 남녀만 동석할 것」으로 제한하기도 했다.

결혼탕 혼욕이 성행하자 공중목욕탕은 남녀 사교장이 되었고, 목욕탕은 유녀들을 수용하기 시작하면서 창가로 변했다. 특히 르네상스 시기에는 그 번창함이 극에 달했다.

---

31 로마 신화의 술의 신.

13 | 호화로운 아랍의 후궁

할렘(후궁)이라 하면 『아라비안나이트』 속 아라비아 왕족들의 궁정생활과 동의어처럼 들린다. 사실 할렘이라는 말은 아랍어로 후궁을 의미하지만 원래 어원은 〈금지된 것〉〈손이 미치지 않는 것〉〈신성한 것〉이란 의미였다. 중세 아랍의 할렘은 고대 페르시아 궁정사회 풍속을 모방하는 것에서 생겨났다. 특히 경제적으로 번영했던 압바스 왕조(Abbasah, 750~1258년경)[32]의 호화스러운 왕으로 알려진 제5대 교주(calif) 하룬 알 라시드의 후궁에는 400명의 첩(규방녀)이 진을 치고 있었다. 어리석고 음탕한 18대 교주 알 무크타딜은 애첩 3,400명, 백인 환관 11,000명을 거느리고 있었다. 수의 차이는 있지만 역대 교주들은 후궁에 다수의 규방녀를 거느리고 있었고, 또 고위 고관, 부호도 그 경제력에 비례하여 많은 첩을 데리고 있었다.

17세기 여행가 샤르댕(Chardin, 1643~1712년)[33]이 전하는 바에 의하면 터키 황제의 후궁에는 백인, 유색인종 등 여러 인종의 후궁녀가 있었다. 백인은 폴란드인, 러시아인, 사카시아인, 미그레리아인, 죠지아인 등이었고 유색인종은 주로 터키, 몽고, 홍해 연안의 여자들이었다. 이 애첩들에게도 계급이 있었다. 미모, 연령, 성애술의 노련미 등으로 등급화 하여 각각에게 방이 지급되며, 흑

---

32 사라센 제국 카리프를 옹위한 제3차 왕조. 광대한 영토를 가지고 동서교역이 활발하고 이슬람 문화가 번성한 왕조.
33 프랑스 여행가. 1664~77년에 걸친 여행 기록 『견문록』을 참조.

인여자와 백인여자 노예가 시중을 들었다.

16세기 초 이스탄불에 있었던 오스만 터키 황제의 후궁은 바그다드의 아랍 교주 후궁보다 한층 호화로웠다. 정실을 최상위에 두고, 황제 옆에서 시중하는 측실(側室)이 두 번째 위치이며, 총애 받는 첩을 시녀라 하고, 오로지 침실용으로 취급했다. 그 이하는 하인, 그리고 최하위인 여자 노예가 모든 후궁녀의 허드렛일을 했다. 측실 이하의 후궁녀들은 거의, 오스만 터키의 지배하에 있었던 오리엔트 여러 나라가 이슬람교에 귀의하여 복종을 증명하기 위해 많은 공물과 함께 바쳐진 소녀들이었다. 그들은 황제 소유물이었고 만약 황제의 총애를 받을 수 없으면 죽음을 기다리는 살아있는 시체에 불과했다.

할렘 정경.
인도 세밀화 분디화파 17세기.

14 | 카트리느 드 메디치의 사생활

1533년 메디치가(家)에서 출가할 때의 카트리느는 13세 소녀였다. 신랑 앙리2세는 22세. 앙리2세는 부왕인 프랑수와1세(Francois, 1494~1547년)[34]의 애첩 디아누 보와체(1499~1566년)[35]를 물려받아 8세 연상인 미모의 미망인을 애첩으로 20년이나 총애했다. 그리고 두 사람 사이에 세 명의 아이까지 두었다.

카트리느는 아이가 생기지 않아 앙리2세로부터 점점 외면당하게 되어, 그 성적 불만을 해소하기 위해 동성애에 탐닉했다. 브랑톰은, 프랑스의 동성애, 즉 여자 대 여자의 동성애는 카트리느 드 메디치가 이탈리아로부터 화장품과 함께 들여온 것이라고 기술하고 있다.

그녀는 초조했다. 그녀는 유럽 각지에서 마술사, 연금술사, 점성술사 등을 불러 모았다. 그중에는 점성학에 권위 있는 예언자 노스트라다무스도 있었다. 요술사, 마술사들은 그녀를 위해 아이가 생기는 비약을 조제하여 마시게 했다. 효과는 있었다. 그녀는 결혼 10년 만에 장남 프랑수와2세를 낳았고, 이후 14년간 6명의 아이를 낳는 왕성한 출산력을 과시했다.

그리고 앙리2세가 창 시합에서 횡사하자 디아누 보와체를 즉시 샤몽트 섬

---

34 1515년 즉위. 이탈리아 침공, 밀라노 약탈 후 스페인과의 전쟁에 패하여 포로가 되어 굴욕적 조약을 체결. 많은 애첩을 거느렸고 매독에 걸려 사망. 프랑스 미술의 기조를 마련하였고 예술 애호가로서 공적이 있음.
35 1531년 미망인이 되어 프랑수와1세의 애첩. 후에 앙리2세의 첩이 됨.

카트리느 드 메디치의 초상. 16세기.

으로 추방하고, 죽은 선왕으로부터 받은 왕관과 보석류를 반납하게 하는 등 치졸한 방법으로 수년간 쌓아 두었던 질투의 한을 풀었다. 카트리느가 낳은 7명의 자식들은 각각 성장은 했지만 정상이 아니었다.

장남 프랑수와2세는 정력이 매우 약했고 즉위 후 1년이 되던 해, 카트리느는 생각다 못해 어쩔 수 없이 그를 독살시켰다. 둘째인 샤를르9세는 나약하고, 심한 조울증 때문에 불과 23세로 사망했다. 셋째인 앙리 3세는 프랑스 희대의 바보 왕이며 성도착자였다. 또 딸 마가렛(후의 나바르 여왕)은 고대 로마의 음부(淫婦) 멧살리나의 화신이라고까지 할 정도로 음란한 여자였다.

다섯째 아들 알랑송(Alenson)공(公)은 선천적으로 추남이었고, 정부에게 독살당했다. 이리하여 바로아 왕조는 붕괴되고 열부이자 맹녀(猛女)인 카트리느도 실의에 찬 세월을 보내다 70세의 생애를 마쳤다.

15 | 카트리느 왕비의 세련된 여 친위대

1572년 성 바르텔르미(Barthelemy, Saint)[36]의 축제의 밤, 파리 시내의 신교도 만 명을 송두리째 학살한 주모자는 앙리2세의 왕비였다. 그녀는 피렌체를 다른 나라의 침공으로부터 막기 위해 프랑스와의 군사동맹 때 인질로 시집오게 된다.

그 호화로운 결혼은 화장품점과 양장점이 대이동 할 정도의 대단한 행사였다. 파리에서는 이 메디치가(家)의 공주에 의해 화장혁명이 일어났다. 세련되지 않은 바로아 왕조 궁정의 파리젠느들은 향수 뿌리는 것을 배웠고, 홍·백분 등의 새로운 화장품을 사용하게 되었다. 또 명주 레이스의 아름다움도 알게 되었다. 파리는 이탈리안풍에 완전히 지배되었다.

카트리느는, 라 파이에트(La Fayette, 1634~93년)[37] 부인이 소설 『크레브의 귀부인』에서 〈아름다운 부인〉이라고 평하고 있지만 사실 그다지 놀라운 미모의 소유자는 아니었다. 약간 뚱뚱한 편이며 코가 큰, 결코 미인이라 할 수 없는 상이었다. 남편 앙리2세가 야외시합에서 머리에 창을 찔려 1560년 횡사하자 그녀는 왕태후가 되어 왕권을 장악, 바로아 왕조 말기의 프랑스를 혼란케 했다.

카트리느가 살고 있던 루블 궁전은 그녀의 여자 친위대가 경계하고 있었다.

---

36 매년 8월 25일 밤에 열리는 신교도 제일(祭日).
37 17세기 작가. 『크레브의 귀부인』(1678)은 심리분석의 표현으로 프랑스 문학사에서 빛나는 한 페이지를 장식하였음.

그녀가 디자인했다는 군복은 그야말로 대담한 시도였다. 상의는 사관복처럼 신체에 딱 맞게 하고, 앞가슴 부분은 유방 크기에 맞춰 잘라내어 양쪽 유방은 그대로 노출되었다. 그리고 젖꼭지에는 엷은 분홍색으로 화장까지 하고 있다. 스커트는 무릎을 덮을 정도의 길이로 허리부터 아래는 갈라져 있고, 두세 곳에만 단추로 잠그게 되어 있을 뿐이었다. 물론 아래쪽은 속옷을 입지 않아 매끄러운 속살과 허리가 그대로 노출되어 보였다. 당시 루블 궁전에 초대받은 왕족·귀족 남자들은 한결같이 눈이 휘둥그레지며 경탄했다.

카트리느는 통치자로서는 무능했지만 미술공예품[38] 수집에 있어서는 날카로운 심미안의 소유자였다. 오늘날 볼 수 있는 루브르 미술관 수집의 기조를 이루는 갖가지 미술품은 그녀의 손에 의한 것이었다.

---

38 그녀는 벽걸이, 칠보, 도기, 회화, 조각 등 당시 공예문화의 진수를 모두 수집했음.

프랑수와1세의 누나 마가렛 드 발루아는 1527년 24세 때 정략결혼으로 나바르 왕(後의 앙리4세)에게 보내졌다. 선천적으로 허영심이 많고 경솔하며, 색을 좋아하기보다는 음분(淫奔)하고 활달한 여자였다. 게다가 사치를 즐기며, 향수를 광적으로 좋아했다. 명문 출신의 귀공자들은 값비싼 선물 공세를 했는데, 예를 들면 보석을 박아 넣은 명주 손수건을 보내고 그녀와 잠자리를 같이 했다. 그녀는 지칠 줄 모르는 귀부인이었으며, 그 정사는 상대의 정기를 완전히 고갈시킬 정도로 격정적인 것이었다고 한다. 프랑스 역대 왕 중에서 둘째 가라면 서러워할 호색한으로 불리었던 앙리4세조차도 아내 마가렛의 왕성한 성욕에 손을 들 정도였고, 반복되는 수많은 추문과 염문을 건디다 못해 1560년 이혼을 결심했다. 그녀가 쓴 『7일 이야기』는 그녀 자신의 애욕과 남성 편력을 이야기한 것이다. 브랑톰의 『염부전(艶婦傳)』도 그녀로부터 많은 자료와 정보를 제공받아 저술한 것이다.

부르봉 왕조를 세운 앙리4세는 분열된 프랑스를 통일시키고 그 유명한 「낭트칙령」을 내려 신·구 양파의 종교전쟁에 종지부를 찍어 현명하고 비범한 왕으로 존경받았던 반면, 늙은 호색한이라고 불릴 정도로 색을 즐겼다. 애첩은

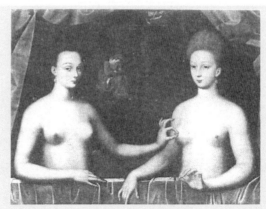

가브리엘 데스트레와 그 자매(젖꼭지를 만져 임신 여부를 진단하고 있는 모습).
퐁텐블로화파 16세기.

56명을 헤아리며 그중에서도 가브리엘 데스트레(1564~88년)[39]를 열렬히 사랑했다.

왕은 그녀와 결혼할 것을 강력히 희망하였지만, 그녀의 신분이 낮은 관계로 포기했다. 왕과 그녀 사이에 3명의 자식이 있었으나 그녀는 첩의 신분으로도 만족했다. 퐁텐블로 화파(畵派)의 작품 〈가브리엘 데스트레와 그의 자매〉의 나체화는, 카브레 성에서의 왕과 데스트레의 아름다운 사생활을 반영한 것이었다. 그녀는 1588년 임신 중독증으로 세상을 떠났다.

일설에는 앙리4세의 재혼 상대였던 메디치가(家)의 대 은행가의 딸, 마리드 메디치가 결혼식 때 독살했다고도 전해지고 있다. 1610년 앙리4세는 가톨릭 광신자에 의해 암살당해 그가 「농업과 목축은 프랑스의 두 개의 유방」이라고 주장했던 경제부흥정책도 중도에 좌절되었다.

---

39 앙리4세의 애첩이 된 것은 19세 때로, 앙트와네트 데스트레의 딸이며 스스로 카브레 공작이라 칭함. 당시 절세 미녀였으며 기품 있는 여성이었음.

17 | 조각가 벤베누토 체리니

16세기 중엽 이미 레오나르도 다빈치, 라파엘, 티티아노가 타계하고, 르네상스의 거장으로는 늙은 미켈란젤로만이 살아있을 뿐이었다. 그 노거장의 제자 벤베누토 체리니(Benvenuto Cellini, 1500~71년)[40]는 이탈리아 르네상스의 최후를 장식한 조각가였다. 그에 의해 프랑스 폰텐블로파 예술이 확립되었고, 이는 프랑스 르네상스에 활기를 불어넣었다.

당시 체리니풍이라 하면 호색의 미술이라는 것을 암유하고 있을 정도로 체리니의 금속세공은 에로틱한 작품이 많았다. 알랑송(1554~84년)[41] 등은 체리니에게 제작하게 한 에로틱한 조각 모습을 그대로 애첩에게 연출시켜 황홀감에 빠지기도 했다.

젊어서 조각가로 명성을 날린 체리니는 로마 법황 크레멘타7세의 충신이 되어 프랑스 문학의 아버지라 불리었던 프랑수와1세의 비호를 받았고, 죠반니 메디치의 보호를 받았다. 그러나 그의 사생활은 사이몬[42]의 말을 빌리면, 「그의 성격과 정력은 동시대인의 생활 그 자체였다」라고 한다.

평소 허리에는 단검을 차고 자주 결투를 했으며 상대를 살상하기도 했다.

---

40 피렌체 명문가에서 성장, 15세 때 금세공사 마르코네의 제자가 되어 후에 미켈란젤로의 제자가 됨. 말년은 65세 때 결혼을 하여 조용한 여생을 보냄.
41 앙리2세와 카트린느 왕비 사이에서 태어난 다섯 번째 아들.
42 J.A. Symonds, 1840~93년, 영국의 문학자, 시인, 체리니의 자서전을 번역했음.

이처럼 결투는 그를 항상 붙어 다녔다. 무어인(人) 해적과 싸웠고, 로마의 산탄 젤로 공방전 때에는 저격수로 적장을 쏘아 맞혀 무공을 세우기도 했다.

그의 아트리에(atelier, 작업실)에서는 전라인 모델의 아름다움에 반해 갑자기 달려들어 강간하는 난폭한 짓도 태연하게 했다. 한번은 카테리나라는 모델을 범했는데, 그녀는 「그는 아이가 생기는 입구와는 다른 입구를 사용했다」고 하여 재판소에 고발했다. 그러나 그는 「나는 이탈리아식으로 한 것이다」라고 항변했다. 그는 다시 카테리나를 모델로 고용하여 〈그녀를 성의 만족을 위해 사용하고〉, 버릴 때에는 그녀의 〈머리채를 잡아 방 안을 끌고 다니며〉, 팔을 부러뜨렸다.

체리니에게 있어서 성 쾌락은 샘솟는 정력의 방출 현상이며, 억제하는 것은 위선이었던 것이다. 그것이 바로 르네상스의 생활 그 자체였다.

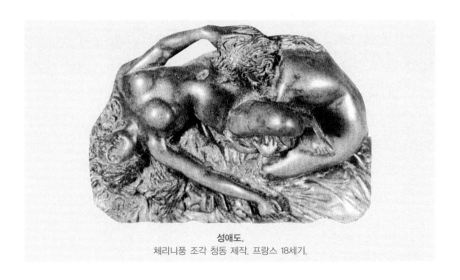

성애도.
체리니풍 조각 청동 제작. 프랑스 18세기.

18 | 이슬람 승려 파킬의 주술

중세 아랍에서는 고대 오리엔트에서 언급한 신전음매(신전매춘)는 없었다. 그러나 이슬람 파킬(걸식승)이라 불리는 탁발승의 존재는 조금 색달랐다. 파킬은 흡사 성의 행상인처럼 모홀름이나 라마단 등의 제례[43] 때에는 여자라면 누구든 불문하고 성관계를 가졌다.

그들은 파킬과 성관계를 맺으면 체내의 역병을 없애고, 나쁜 기운을 물리친다고 믿었다. 또한 천재지변으로부터 몸을 보호해 준다는 〈성스러운 존재〉로서 주술처럼 여겨졌다.

따라서 제례일에는 처녀나 정숙한 유부녀도 파킬과 마주치면 자청해서 몸을 맡기고, 파킬의 희생물이 되었다. 대개 파킬은 아지무(지속성 발기증)에 걸려 있었으며 강하고 비대한 양근의 소유자였다. 그는 갑자기 성욕이 오르면 큰소리로 「나는 정욕에 불타 있다!」라고 외치고, 그 비대한 남근을 발기시키며 걸어 다니면 여신도들은 그의 주위에 모여 욕정을 잠재웠다.

또 파킬들은 탁발 도중 밤이 되어 잠잘 곳을 찾게 되는데 잠자리를 제공하는 집주인은 그들에게 처녀인 딸을 잠자리에 보냈다.

그러나 파킬의 진짜 활동무대는 천재, 유행병, 전쟁 등 혼란한 때였다. 그들

---

43 회교도의 축제일 명칭. 단식이 끝났을 때의 제례.

은 절대적 권력을 행사하며 마음이 흔들리는 사람의 약점을 잡아 육욕을 탐했다.

무덤 앞에서 검은 상복을 입은 여자들이 머리를 뜯고 몸부림치며 우는 모습을 보면, 파킬은 눈을 번뜩이며 마치 독수리나 하이에나처럼 달려가 그 기름진 육체로 여자들의 비통한 울부짖음을 달래주었던 것이다.

이것은 이슬람교가 낳은 사막의 주술법이었다. 파킬은 진(jinn, 악귀)을 쫓는 주술자였다. 성은 쾌락이기도 했지만 주술·마법으로도 받아들여졌다. 성은 영혼의 연금술이기도 했던 것이다.

19 | 잔혹한 거세술

환관·궁형(宮刑)이라는 것에는 거세의 의미가 포함되어 있다. 이미 고대 이집트에서 행해졌고, 후궁에 종사하는 사람은 모두 거세됐으며, 노예도 거세되어 후궁의 하인으로 일했다.

고대·중세 아랍에서는 이러한 거세 풍습이 대단히 발달했다. 물론 고대 라틴 세계(그리스 로마)에서도 거세 풍습이 있었다.

고대 중국에서도 후궁에 종사하는 남자들은 거의 거세하여 규방녀를 손대지 않도록, 호색이 일으키는 불상사의 미연 방지책으로 거세 풍습이 존재했던 것이다.

거세법도 그 용도에 따라 여러 가지 방법이 고안되었다. 완전한 거세는 성인이 되기 전에 남근을 송두리째 절제하여 여성화시키는 방법이다. 겨우 소변을 볼 수 있을 정도로 구멍을 내서 요도 입구에 갈대 봉이나 은으로 만든 가는 관을 박아 수도꼭지처럼 소변 분출을 조절하게 하는 방법, 성인이 된 후 고환만을 제거하고 다른 부분은 남겨두는 방법은 생식력은 없지만 발기 능력이 충분히 있어 후궁의 규방녀들의 애완동물이 되었다.

고대 로마에서는 전자를 철음용(啜陰用, 여자의 음부를 애무하는 용도)으로, 후자를 규방녀가 아닌 남자로서 이용했다. 아랍도 마찬가지로 〈꼬리 없는 자〉, 〈고환 제거자〉로 나뉘어졌다.

거세는 실제로 많은 노예를 대상으로 인체 실험을 한 결과, 고환 제거가 가장 위험이 없으며 성공 확률이 높은 거세술이었다. 이 방법에는 소절법(燒切法)과 괄약법(括約法)의 두 가지가 있었다. 소절법은 빨갛게 달군 가위로 일순간에 고환을 태워 자르는 방법이었고, 괄약법은 음낭에 실을 묶어 혈액순환을 막고 며칠간 방치해 두면 음낭에 피가 고여 썩게 되어 자연적으로 고환이 떨어지게 하는 방법이다. 이 방법은 서양의 교회 소년 합창단원에서도 이용되었다. 이로 인해 소년들은 일생 소프라노가 되어 버렸다. 그중에서도 특히 바티칸 법황 예배당에서 노래한 히에로님스 로시누스라는 소프라노 가수가 유명했다.

19세기 초까지 빈 성가대 소년 중에는 거세하여 소프라노화 된 대원들이 있었다. 미성(美聲)의 소유자였던 대작곡가 하이든[44]도 자칫하면 거세당할 뻔했다고 스탕달이 그의 전기에서 전하고 있다.

---

44 스탕달 저 『하이든의 생애』(1854년).

20 | 감아올린 머리와 사이프러스(Cypress, 상록수) 그리고 장미

향긋한 향기를 풍기며
두 개의 눈썹은 현을 그리고
양쪽의 나선형으로 감아올린 머리는 고리처럼 서로 이어져
사이프러스 같은 요염한 용모의 아가씨가 들어왔다.

중세 페르시아 미인의 용모를 묘사한 페르도스이(940~1025년)[45] 시의 한 구절이다.

중세 아랍, 인도 미인화의 옆모습을 보면 반드시 귀 언저리부터 볼에 걸쳐 나선형 머리가 매달려 있다. 지금도 가끔 그러한 헤어스타일의 미녀가 눈에 띄기도 하는데, 그러한 나선형 머리의 미인은 중세 페르시아가 발상지였다. 신비주의 시인 하피즈(Hafiz, 1326~89년)[46]도 그의 서정시에서 「이성을 잃을」 정도의 신비한 매력으로 「아침의 미풍처럼 향기롭다」고 찬사하며 흐트러진 머리카락이 볼에 닿는 아름다움을 「사랑의 집」이라고 노래하고 있다.

또 오마르하이얌(1326~89년)[47]도

---

45 페르시아 민족시인.
46 중세 페르시아 최고의 서정시인.
47 중세 페르시아 최고의 서정시인으로 세계적으로 유명함.

이 세상 선악의 굴레에서 벗어나 손에는 술, 그리고 미녀의 나선형 머리카락에 파묻혀라.

라고 노래하였듯이 감아올린 머리는 여성만의 신비스러운 유혹적인 매력이었다. 페르시아어 세르브(상록수의 일종)도 미인을 형용하는 말이다.

하피즈 시(詩)에

튤립의 볼 없이는 즐겁지 않다. 상록수의 무용, 장미의 황홀감도 밤 꾀꼬리의 노래 없이는 즐겁지 아니하리.

에서의 「상록수」는 이해심 많고 여유 있는 미인을 은유하고 있다. 상반신은 날렵하고 하반신은 탄력 있고 풍만한 느낌의 자태이다. 장미는 처녀의 의미, 튤립은 미소년의 음어이다. 중세 페르시아에서는 그리스에서 유행했던 플라토닉 러브(남색)가 여색과 마찬가지로 감미로운 쾌락이었다.

사키라 불리는 술집 접대부 중에는 아가씨도 있었지만 미소년도 많이 있어 남자들의 애인이 되어주기도 했다. 고대에서 중세에 이르기까지의 페르시아 성풍속 혹은 성문화는 이윽고 아랍왕조 문화에 용해되었다. 만약 중세 페르시아가 헬레니즘 문화를 수용하지 않았더라면 서양은 르네상스도 없고 그저 불모한 게르만 야만족의 나라로 머물렀을 것임에 틀림없다. 또한 십자군의 침략은 동서문명의 장려한 피의 교류였다.

성애도. 페르시아 세밀도. 19세기.

21 | 여름에는 젊은이를, 겨울에는 여인을 사랑하라

잘 들어라, 내 아들아. 혹시 누군가를 사랑한다면 술에 취했든 안 취했든 분별없이 정욕에 빠져
서는 안 된다.

너의 육체에서 나오는 액체는 혼이며, 심하게 취해서는 안 된다. 취해 있으면 몸에 해롭다. 술에
서 깨어난 후가 적당하다. 욕정대로 행동해서는 안 된다. 그것은 짐승의 행위이다.

욕정이 일어나든 일어나지 않든 폭염과 혹한 시에는 삼가야 한다.

계절 중에는 봄이 가장 적당하다. 여름에는 젊은이를, 겨울에는 여인을 사랑하라.

「군주의 귀감」으로 저명한 『카브스의 서(書)』의 1절이다. 10세기 초 흑해 연
안의 여러 영토를 통치하고 있었던 페르시아 즈이얄 왕조[48]의 군주인 카브스
(재위 978~1012년)[49]가 아들에게 준 교훈의 글이다.

이러한 성애관은 고대 그리스 스토아 학파의 영향을 받아 나름대로 발전시
킨 페르시아의 신비주의에 의한 것이었다. 성을 자연의 섭리로 이해하고, 그
것을 왜곡하지 않고 조화로운 욕구로 바꿔 품위와 이성을 부여했다.

여름에는 젊은이, 겨울에는 여인을 사랑하라 함은 한여름 더울 때에는 육체
적 피로가 배가(倍加)되기 때문에 식은 육체에 몸을 맡기고, 혹한의 겨울에는
따뜻한 지방질의 젊은 여자와 관계하라고 규방의 생리학을 설명하는 것으로,

---

48   929~1077년경까지 번영했던 카스피 해 남해안 지방의 이란 왕조.
49   즈이얄 왕조 4대째의 영민한 왕으로 알려짐. 시인이며 학예를 중시했음.

회음(誨淫, 음탕한 짓을 가르침)을 권장하는 것이 아니다.

　카브스는 또 아들에게 말하고 있다.

아내를 맞이하여 깊이 사랑하고 무상(無上)한 존재로 생각하더라도
밤마다 몸을 섞어서는 안 된다.
만약 그리지 않으면,
그녀는 누구나 다 그렇다고 생각하여,
네가 거부하거나 여행을 떠났을 때,
성욕을 참기 어려워진다.

자기보다 신분이 높은 여자를 얻지 말라. 처녀를 얻어라.
양가집 처녀를 아내로 맞이하라.
아내는 주부로 맞이하는 것이지, 열락을 위해서가 아니다.
정욕을 위한 것이라면 시장에서 여자 노예로 채우면 된다.
아내는 건강하고, 성숙하고, 현명하고, 양친의 집에서 가정교육을 잘 받은 자이어야 한다.

　이러한 교훈은 지금의 시대에도 충분히 통용되는 내용이다. 현대인은 자칫하면 미모에 현혹되고 재물을 탐하기 쉽다. 성 쾌락을 추구하는 애욕만의 관계라면 그것은 부부가 아니다.

할렘의 여자. 인도의 세밀화. 18세기.

22 | 기묘한 사랑의 율조, 『왕서(王書)』의 시(詩)

부부의 가약을 맺었을 때
밤이 길다는 것을 느끼지 못했다.
청순한 새싹은 이슬에 젖어
루비상자는 하얀 구슬로 가득차 있었다.
진주조개는 한 방울의 물방울이 떨어져
하얀 진주 한 알이 탄생했다.
로스탐은 양팔로 그녀를 꼭 껴안고
대적할 자 없는 용사는 진심으로 그녀를 연민했다.

페르시아가 자랑하는 민족시인 페르도스이의 『왕서(샤나메)』의 축혼가 1절
이다. 그 얼마나 아름답고 상징으로 충만한 에로티시즘인가. 『구약성서』의 솔
로몬의 풍아한 노래에 비할 만하다. 로스탐이라는 영웅이 사만간의 왕녀와 신
혼 초야를 맞이할 때의 정경묘사이다. 이러한 성의 상징시는 시라즈의 하피즈
에 의해 더욱 요염함과 아름다움이 더해진다.

덧없이 청순한 아름다운 달이여
그 옷을 벗으면 사향내음 향기로운 보춘화
투명한 엷은 명주에 비치는 가슴은 마음까지 보이고
맑은 샘물 속의 돌과 바위처럼

성애도. 인도 세밀화. 18세기.

여체의 나신(裸身)을 표상한 시구이다. 더욱이 그는 성기 형용에 있어서 〈신비의 번역자〉로 추앙받았을 정도로 그 수사법이 아름답다. 〈돌의 마음〉〈은의 유방〉〈왕자〉〈달〉〈왕의 미〉〈요정의 얼굴〉〈중국 비단의 얼굴〉〈마음의 들짐승〉〈힐끗 보이는 화살〉〈백합꽃〉〈흐트러진 머리〉 등의 상징과 은유에 의해 표현되었다.

14세기에 완성된 그 유명한 『아라비안나이트』도 이처럼 우아한 중세 페르시아 신비주의 문학의 토양이 있었기에 탄생한 것이다. 『아라비안나이트』는 페르시아의 고서 『하자르 아프사나』[50]를 모체로 하여 만들어진 것이었다. 하피즈와 오말하이얌의 서정시, 신비주의 미학이 『아라비안나이트』에 품위, 우아함을 가미시켜 애욕에 청렬한(아주 맑고 차가운) 기품을 느끼게 했던 것이다.

---

50 페르시아어의 『천일야화』를 의미하는 말. 가즈니 왕조기(9세기) 초에 라스티에 의해 번역되어 아랍에 전해짐.

중국의 환관과 전족은 고대 중국이 낳은 인간 완구의 폐풍이었다. 전족의 기원은 통설로는 10세기의 시인으로 저명한 이욱(李煜)이 궁녀 용랑(睿娘)의 발을 명주로 싸서 황금 연꽃의 대좌 위에서 춤을 추게 한 것이 그 효시로 되어 있다.

전족은 〈금련(金蓮), 단련(瑞蓮)〉 등으로도 미칭하는데, 궁혜(弓鞋, 중국 여인의 신발)를 신은 요염함은 과연 연꽃 위를 걷는 화사한 아름다움이었다. 『중국의 기습(奇習)』[51]이라는 연구서에 의하면, 전족은 여자가 어렸을 때 발을 헝겊으로 졸라매고 작은 신발을 신겨 후천적으로 교정·기형화시켜 어른이 되어도 발이 10cm 정도밖에 되지 않아 보행하는 것은 위험할 정도였다. 그러나 그 단아한 모습이 무척 매력적이었다고 한다.

이 전족 시술은 잔혹무도 할 정도여서 남자의 거세와 대비된다. 〈시전(試纏), 시긴(試緊)〉이라 하는 시술은 두 번째 이하의 발가락 관절을 발바닥에 붙을 때까지 꺾어서 헝겊으로 싸서 묶는다. 절세의 미녀 비연(飛燕)과 양귀비는 신발이 10cm도 되지 않은 전족을 하고 있었다. 그것이야말로 손바닥 위에서 춤을 출 수 있을 정도였다. 또 이 전족에는 3귀(貴)의 미, 즉 비(肥), 연(軟), 수

---

51 岡本隆三 著.

(秀)가 갖추어진 것이 최고 양질의 것으로 인정되었다. 〈비〉는 지방질이 적당하고 피부가 윤택한 것, 〈연〉은 부드럽고 살이 적당히 붙어 있는 것, 〈수〉는 모양이 수려한 것의 의미이다.

이러한 전족은 규방에서 여성을 인공적으로 바꿔 쾌락의 혼유(婚遊)를 한층 더 탐미할 목적이기도 했다. 여자의 발이 가늘고 작은 것은 고귀의 상징이며, 발이 작은 것은 성기도 상품(上品)임을 암시했다. 또 보행 시에 허리 부분을 단련시켜 강철 같은 완력을 길렀다. 또한 발을 기형화하는

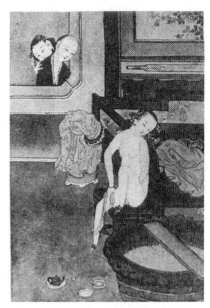

부인 **입욕도**. 18세기 중국회화.

것은 규방에 가두어 놓고 여자가 외출할 수 없도록, 그래서 바람 피우지 못하도록 하는 남성의 질투심에서 비롯됐다고도 전해진다.

고대 이집트에서도, 플루타크(Plutarchos)가 기술하고 있듯이 처첩에게는 신발을 주지 않고 암암리에 외출을 금해 하루 종일 집에 가두어 놓고 있었다. 대개의 여자는 금 장식이 붙은 신발을 신지 않으면 외출을 하지 않았다. 전족도 남자의 의심이 낳은 자물쇠가 채워진 발이었다.

24 | 전족의 에로티시즘

서문경(西門慶)은 금련(金蓮)의 붉은색 신발을 벗기고 발끝에 감긴 헝겊을 풀어, 그것으로 금련의 양발을 묶어 금룡탐조(金龍探爪)[52]의 모양으로 포도 넝쿨대에 매달았다.

소설 『금병매(金甁梅)』에 묘사되고 있는 것은 바로 현(懸)이라는 전족의 성애 기교이다. 전족에는 그밖에 연(吮), 지(舐). 교(嚙), 탄(呑), 악(握), 날(捏), 소(搔), 염(捻), 조(挑), 옹(擁) 등으로 불리는 기교가 있다. 이는 페티쉬(Fetish)하고 도착적인 에로티시즘의 산물이라 할 수 있다.

〈연〉은 빠는 것으로 전족에 입을 맞추는 의미, 〈지〉는 핥는 것, 〈교〉는 깨무는 것, 〈탄〉은 삼키는 것, 〈악〉은 세게 쥐는 것, 〈날〉은 꼬집는 것, 〈소〉는 긁는 것, 〈염〉은 비트는 것, 〈조〉는 전족의 한쪽 다리를 어깨에 올려놓고 다른 한쪽 발을 쥐는 것, 〈옹〉은 가슴에 안는 것 등의 기교를 말한다. 하나같이 모두 관능적인 기쁨과 즐거움을 나타내며, 도착적인 성 쾌감을 환기시키는 기교이다. 또 완(玩), 롱(弄)이라 불리는 기교는 족음(足淫)이다. 즉 〈완〉은 남근을 전족에 마찰하는 적극적인 방법, 〈롱〉은 수동적 기교로, 양쪽 발을 붙였을 때 생기는 조그마한 틈새에 성기를 삽입하는 방법을 말한다. 서양 여성들의 풍만

52　양발을, 전족을 감았던 헝겊으로 받침대에 달아매고 하는 체위. 금룡은 남자 성기를 의미. 탐조는 성기로 여자 음부를 자극하는 기교를 말함.

明本「金瓶梅」삽화. 목판화.

한 유방 사이의 패인 곳에다 유사한 성행위를 하는 기교와 일맥상통한다.

이러한 족음이 12종류나 고안되었다 하니 놀랄 일이다. 모두 발가락이 없는 부드러운 육괴(肉塊)와의 찰음(擦淫)이어서, 말단신경이 의외로 흥분한 상태가 아니면 관능을 자극하지 않는 것이다. 전족은 언제나 붕대 같은 천으로 단단하게 감겨 있으며, 그 맨발에는 꿀을 바르고, 향 가루를 뿌려 향장(香粧)을 했다.

또 신발에는 춘향을 피워놓았고, 금·은, 보석, 혹은 연꽃이나 목단 자수를 놓아 아름다움과 화려함을 과시했다고 자료[53]는 전하고 있다.

당시 중국의 여인들은 성기를 두 개 갖고 있었다고도 할 수 있겠다.

53 「중국의 기습」

인도 벵갈 만에 있는 파도소리에 둘러싸인 코나라크 태양 신전의 장려한 유적은 염미(艶美)한 연회와 비슷했다. 반 정도 폐허화된 유적물이지만 그 사원의 벽면 전체에 조각된 수많은 미투나[54]라는 성애의 환희상은 대지에 메아리치듯, 사랑의 환락시(詩)를 노래하는 듯했다.

코나라크 태양 신전은 1250년, 20년에 걸쳐 건설된 인도 최대의 신전이다. 건립자는 동갠지스 왕조의 사자 왕이라 불리었던 데프1세(재위 1238~64년)였다.

주위 1km 석루에 둘러싸여 무악전(舞樂殿), 배전(排殿), 본사(高塔), 신기전(神紀殿), 기념당이 그 안에 세워져 있었다. 그리고 본사의 탑 높이는 63m나 달했는데 현재는 절반 이상 부서져 기단부 장식 벽면만 남아 있다.

『카마수트라』의 성애 기교가 그대로 벽면에 조각되어 입체회화처럼 보인다.

무악(춤곡)을 연주하는 선녀 무리 속에서 남녀 짝을 이루는 미투나들은 성애의 환희에 충만해 성의 축연을 찬양하고 있다. 커다란 눈동자, 두꺼운 입술, 높고 탄력 있는 풍만한 유방, 음모로 풍성한 음부 주위, 그 어느 것이나 매우 관능적이고 성력이 넘치는 여신상이다.

신전은 힌두 신화의 비쉬누(태양의 신)에게 바쳐진, 샤크타(성력)파 신앙의

---

54 남녀의 우주 이법을 관장하는 신. 여신을 미투나, 남신을 바루나, 즉 달의 신, 사자(死者)의 신이라 함. 이 남녀 신이 교접함으로써 인간의 생명을 재생한다는 의미가 숨겨져 있음.

구현이었다. 따라서 이들 미투나상(像)은 태양 신의 권위를 과시하는 성력 = 창조력을 상징하는 것이었다. 결코 음탕하고 문란한 애욕을 형상화한 것은 아니다. 베다(Bede) 찬가의 일부분에 「환희와 환락과 열락과 향락이 모여 있는 곳, 사랑의 열망이 충만한 곳, 그곳에 영생을 얻게 해 주소서」로 되어 있는 세계가 태양 신전이었다.

이렇게 애욕의 자태를 형상화한 미투나상의 태양 신전은 코나라크 외에 북부 라자스탄 주의 카쥬라호[55], 서부 그자라트 주의 모데라[56], 카시미르의 마르탄드[57] 등에 산재해 있다.

인도, 코나라크 태양 신전의 릴리프. 13세기.

55 10세기의 태양 신전이 있음.
56 1025년에 건립된 태양 신전이 있고, 소규모이지만 가장 섬세하고 아름다운 조각임.
57 9세기의 태양 신전이 있었으나 현재는 폐허화됨.

26 | 사랑의 보금자리, 포근한 침대의 변천사(1)

나사렛의 예수는 짚이 들어 있는 꼴 구유 안에서 태어났다고 한다. 고대 이집트나 수메르인들은 갈대 잎을 묶은 새둥지 같은 침상에서 잤다. 왕족이나 귀족들은 공중에 매달린 침상에서 잤다.

알렉산더 대왕(B.C. 356~323년)[58]은 황금 지붕이 달린 거대하고 호화로운 침대를 갖고 있었다고 『플루타크 영웅전』에 기록되어 있다. 그리고 대왕은 침대에 편하게 누워서 장군들과 작전회의를 열고 진두지휘에 임했다.

고대 그리스에서는 신혼부부가 큰 나무를 잘라 그것으로 신혼 침대를 만들었다. 유녀들도 예쁜 침대를 가지고 있었다. 베개도 침대도 모두 대리석으로 만든 것이었다. 또 목재로 도르래 개폐장치를 하고 상감세공(象嵌細工)을 한 침대도 있었다. 침대 다리는 아프리카 상아로 만들었고, 요는 미레토스 제, 커버는 코린토(Korinthos) 산 얇은 마, 베개는 카르타고 제품을 사용했다.

고대 로마인도 침대에 신경을 썼다. 단순히 잠자기 위한 침대, 부부용 침대, 환자용 침대, 식사용 침대까지 용도별로 갖추고 있었다. 식사용 침대에는 바빌로니아 산 주단을 깔고, 금·은, 상아, 거북껍질 세공으로 장식했다. 섹스용 침대에는 작은 베개와 방석을 많이 준비해 두었다.

---

58 고대 마케도니아 정복자. 그의 영역은 멀리 인도, 파키스탄에까지 미쳤음.

십자군 시대의 침대. 12세기경.

　중세의 침대는 허술했다. 십자군이 아랍에서 지붕 달린 보석함 모양의 침대를 전리품으로 가져올 때까지는 가죽을 엮은 침대에 짚방석을 까는 정도였다. 지붕 달린 침대는 〈십자군 시대의 침상〉이라고 불렸고, 온통 금색으로 찬연했으며, 거의 옥외에 두어 왕비나 귀부인들이 침대에 누운 채로 십자군 병사들을 접견하고 치하했다.

　이러한 동양풍의 침대가 서양 침대의 모델이 된 이래 귀족들은 지붕이 있고 커튼을 친 침대를 즐겨 애용했다. 그것은 언뜻 보기에는 독립된 아름다운 천막집이었다. 커튼을 내리면 거기서 무슨 짓을 하더라도 절대로 타인이 들여다볼 수가 없었다. 침대는 마치 헤어졌다 다시 만난 애인처럼 친밀하고 은밀한 세계를 만들었다.

27 | 사랑의 보금자리, 포근한 침대의 변천사(2)

『중세에 사는 사람들』[59]을 읽으면, 여름에는 침대에 벼룩과 빈대가 모여들어 침대 다리에 물이 담긴 접시와 물 받침을 끼워 방지했다고 한다.

서민들의 가정에서는, 요는 마대에 짚을 채워 넣어 만들고, 이불은 헝겊조각을 여러 겹으로 겹쳐 만들었다. 그래서 추울 때면 몸을 구부리고 떨면서 잤다. 또는 짐승 가죽을 덮었는데 너무 비쌌기 때문에 일반 서민들은 구입하기 힘들었다. 16세기에는 오리털 이불도 만들어졌지만 그것도 서민들에게는 그림의 떡이었다. 추위를 피하기 위해 침대에 개나 고양이를 여러 마리나 껴안고 잠을 자는 사람들도 많았다고 한스올의 『침상예찬』에 소개되어 있다.

왕국 귀족들의 침상은 16세기가 되자 한결같이 지붕이 달리고 제단 같이 화려한 금속제 침대로 바뀌었다. 빌 로드 천막에 가려져 안에는 램프가 매달려 있고, 베개 머리 쪽 벽은 성모상과 고브린(goblelins)직물 벽걸이로 장식했다. 사이즈도 초대형이었다. 세로 2.5m, 가로 2m의 크기였다. 14세기경까지는 침대 커버를 큰 사이즈로 짜는 기술이 없었고, 언제 어디서 도적이나 암살자에게 잠든 사이에 습격당할지 모른다는 불안감도 있어서 침대 사이즈는 16세기 것의 절반밖에 되지 않았다. 대개 상반신은 대충 베개에 의지하고 잤다. 일단

---

59 아이린 파우어 저(著).

유사시 순간적으로 일어날 수 있도록 방비도 게을리하지 않았다. 침상 주변에는 램프를 켜 놓았으며, 침대 목책을 높게 하고 있었다.

침대가 화려한 명주요로 단장하게 된 것은 루이14세(태양 왕) 때부터이다. 베르사이유 궁전의 애첩들에게 그 명주 침대는 영광스러운 무대였으며, 최고의 연기를 피로(披露)하는 핑크빛 장소였다.

자기 현시욕(과시욕)이 강했던 나폴레옹1세는 황제 권위에 어울리도록 침대에 금 투구와 월계수 가지로 장식한 〈N〉의 이니셜 문자를 장식으로 붙였다.

침대가 쿠션식으로 바뀐 것은 영국의 산업혁명 이후인 19세기 말부터였다.

근세
modern

01 | 안정 그리고 순결한 결혼

  기원전 1세기 로마시대에 현대 결혼의 모델이라 불리는 일부일처제의 혼인법 〈성스러운 결혼〉이 제도화되었는데, 동시에 자유이혼제도도 존재했고 축첩 풍습도 공공연하게 인정되고 있었다. 이러한 로마시대의 결혼 형식에 종지부를 찍은 것은 16세기 트리엔트(Trient) 종교회의에 의해 새로운 기독교 혼인법이 실시되고부터였다. 현대의 혼인 형식에서 볼 수 있는 일부일처제 확립과 법제화는 이 종교회의에 의해 정착된 것이다.

  결혼식은 세례, 견진[1], 성체, 개전(悔悛), 종유(終油) 등과 동격의 비적(秘蹟, Sacrament)으로 인정받았다. 신 앞에서 서약한 결혼은 〈안정과 동시에 순결한 결혼〉, 즉 〈성스러움의 지속〉이라는 의미에서 성스럽게 구별되었던 것이다. 따라서 한 번 결혼하면 일생 이혼은 인정되지 않았다. 지금도 이탈리아 등의 가톨릭교 국가에서는 자유이혼은 용인하지 않고 있다.

  이 트리엔트 종교회의[2] 결의와 회칙(回勅)[3]은 신·구 종파를 불문하고 법제화되어 기독교국의 결혼제도의 기초를 이루었다.

---

1 Confinmation 가톨릭의 7성사 중 하나. 영세 받은 신자에게 주교가 성신의 은총을 주기 위해 신자 이마에 성유를 바르는 성사.
2 1545~63년에 걸쳐 이탈리아 트리엔트의 보로냐에서 개최된 로마 가톨릭 종교회의. 계율개혁 및 로마법황청 내의 풍속 음란을 수정했다.
3 encyclica, 가톨릭에서 로마교황이 온 세계의 주교에게 보내는 내용의 말.

이슬람교를 믿는 아프리카, 아랍 등은 지금도 일부다처제이며, 동남아시아의 여러 나라는 원칙적으로 일부일처제이지만 축첩제도가 법제상 금지의 대상은 되지 않는다.

구(舊) 소련, 중국, 동유럽 등의 사회주의 국가에서는 일부일처제를 엄격히 제도화하고 있다. 같은 기독교 국가에서도 프로테스탄트(신교)의 영국, 북유럽 여러 나라, 서독, 미국 등에서는 이혼에 관대하다. 영국의 경우 결혼생활의 기본을 성생활 면에 비중을 많이 두고 있다. 1947년 상원에서 가결된 혼인법 개정안에 의하면, 배우자 사이에 육체적으로 성행위가 이루어졌을 경우에만 결혼이 유효로 인정되며, 배우자 중 어느 한쪽이 성행위를 거부하거나 남편이 성불능자이면 결혼은 무효가 된다. 또 성행위에 있어서 피임구를 사용해도, 다시 말해 아이를 가질 의사가 없어도 성행위가 이루어지면 결혼생활이 원만하다고 인정된다. 불임증, 무정자증은 이혼 사유가 되지 않는다. 서로가 만족스러운 성감을 얻을 수 있으면 그것으로 충분하다고 인정하고 있다.

결혼식. 15세기 목판화.

02 | 세 번은 숙녀의 의무, 네 번은 아내의 권리

때는 1499년 5월. 프랑스에서 아라곤 왕녀 카르로타 공주와 로마 법황의 아들 보르지아가(家) 체자레 공작이 화촉을 밝혔다. 신부는 16세, 신랑은 24세였다. 신혼 첫날밤에는 루이12세가 임석하여 증인이 되었다. 신랑 체자레는 한 번 끝날 때마다 왕에게 신호를 보냈는데, 그것이 6회째가 되었을 때 섹스에는 일가견이 있다고 자부하던 왕도 자신보다 멋있는 남자라고 웃었다 한다. 물론 성교의 횟수를 의미하는 것이다.

앙드레 모로아(Andrē Maurois)는 『프랑스사(史)』에서 르네상스의 남녀는

동물적인 과격함을 가지고, 마음의 배려가, 육체의 움직임을 결코 제압하는 일이 없었다.

라고 전하고 있다. 몽테뉴도 『수상록』에서

아라곤 공주는 판결을 내렸다. 그것은 정당한 결혼에 필요한 절제나 규범을 후세에 전하기 위해 정상적으로 필요한 한계로서, 섹스의 횟수를 6회로 정했다.

고 쓰고 있다. 이 판결에 카타로니아의 의사들은 아연했으며, 여성의 욕망은 가늠할 수 없다고 했다.

고대 그리스 입법가 솔론(Solon)마저도, 학교에서 부부의 의무를 게을리하지 않기 위해서 한 달에 단 세 번이면 된다고 가르쳤고, 종교개혁가 마틴 루터

간통 현장 발각. 1648년 동판화.

(Martin Luther)는 「주2회가 여성의 의무, 1년이면 104회, 이 정도면 나도 당신도 해는 되지 않는다」는 규칙을 만들었다. 그러나 이것은 루터가 초로의 나이 42세 때였다. 그가 20세였다면 횟수는 더 많았을 것이다.

르네상스 속담에 〈1회는 시식, 환자 식사에 지나지 않는다. 2회는 신사의 예의, 3회는 숙녀의 의무, 4회는 아내의 권리〉라는 말이 있다.

브랑톰은 『염부전(艶婦傳)』에서 과거 궁녀의 〈규방의 한탄〉을 이렇게 소개하고 있다.

저의 주인은, 항상 풍류인·무쌍의 정력가라고 자랑하더니 겨우 네 번밖에 못해요.

「킨제이(Kinsey)보고」 등의 통계에서는 20대에서 30대까지는 주 2.5회가 평균치이다. 40대에는 주1회이다. 원래 성교 횟수는 한계가 없다. 개인 건강과 대뇌생리와 관계되는 것이다.

03 | 르네상스적인 법황 보르지아(Borgia)

15세기 로마 법황에 등극한 스페인 귀족 로드리고 보르지아는 역대 법황 중에서도 가장 타락하고 위선과 권세욕이 강한 법황이었다. 그러나 그것이 르네상스적인 인간의 초상화인 것이다. 부(富)를 힘으로 바꾸고, 미(美)로 승화한 강대한 권력을 가진 인간(법황이나 국왕)이 존재하지 않았다면 이렇게 장려한 르네상스 미술은 탄생하지 않았을 것이다. 보는 이로 하여금 영혼의 기를 꺾고, 경외심을 불러일으키게 하는 강력한 미의 창조물인 것이다.

로드리고 보르지아는 성명(聖名)을 알렉산더6세라고 자칭하고, 1492년부터 독살당하는 1503년까지 11년간 법황의 권력을 최대한 이용하여 온갖 짓을 다했다. 상대를 바꾸어 가며 여색을 탐하는 생활도 과거의 황제들과 비교해도 손색이 없었다. 로마 근교 치비타 베키아(Civita Vecchia)에 거대한 저택을 구입하여 항상 4, 5명의 창부 같은 시녀를 두고, 시녀들에게는 전라 또는 속옷을 입히지 않고 얇은 명주로 만든 튜닉(상의)을 입혀 마치 아랍의 후궁 같이 만들었다. 그가 주최한 연회에는 「절친한 사교(司敎)나 고위 성직자와 짜고 그 지방의 상류계급 부인이나 딸을 초대하고는, 그들의 남편이나 부모는 한 사람도 접근시키지 않았다」[4]고 한다.

---

4   W. Fuchs의 『풍속의 역사』.

또 그는 자신의 지위를 지키기 위해 그의 아들 체자레와 공모하여 정적(政敵)들을 닥치는 대로 암살·독살시켰고, 딸 루크레치아도 정략의 도구로 삼아 다섯 번이나 결혼을 시켰다.

그러나 그는 법황으로서 결코 무능하지 않았다. 나폴리를 침략한 샤를르8세 군대를 신성 로마 제국 동맹을 결성하여 매독을 퍼뜨려 쫓아 버렸고, 법황령(法皇領)을 확대했다.

1503년 8월 아들 체자레와 함께 추기경 아드리아노 코르네트가 마련한 주식연회석에서 독을 넣은 포도주를 마시고 독살당했다. 그 당시 그의 모습은 「입은 흡사 끓고 있는 냄비처럼 거품을 물고, 형체를 알 수 없을 정도로 시체는 팽창해 있었다」[5]고 한다.

---

5   만토바 후작이 그의 처 이사벨라에게 보낸 편지 내용.

04 | '호색(好色)은 부(富)이다.' 로마 법황의 생활

르네상스의 로마 법황들의 생활에 대해 마틴 루터는 분개하여 이렇게 말했다. 「그것은 그야말로 퇴폐하고 병독에 오염되어 있으며 음란, 식도락, 사기, 권세욕, 신을 비방하는 모독의 혼돈이다.」

르네상스 로마 법황들의 퇴폐 행위는 1455년 알폰소 보르지아(Alfonso Borgia, 1378~1458년)[6]가 법황으로 선출되었을 때부터 본격적으로 시작되었는데, 그 이전의 법황들도 과거 고대 로마의 어리석은 황제나 마찬가지였다.

요하네스23세는 보로냐 추기경 시대에 유부녀, 미망인, 딸, 여승 등 200여 명에 달하는 여자들을 범했으며, 알렉산더6세(1431~1503년)[7]는 예외라 하더라도 그의 후계자 유리우스2세 등은 매독에 걸려 코는 헐어 떨어져 나가고, 다리는 궤양으로 썩어 휠체어 모습으로 미사에 임했다. 그 뒤를 이은 메디치가(家) 로렌조(Lorenzo)의 아들 죠반니도 프거(Fugger)은행과 결탁하여 면죄부를 발행하고 거대한 재산을 모아 낭비하다가, 남색·여색의 어색(漁色, 상대를 바꾸어 가며 여색을 즐김)생활로 매독에 걸려 죽었다.

파울루스(Paulus)3세는 「성직에 상당하는 도덕에 부합되는 면이 하나도 없

---

6   카리토우스3세의 속칭.
7   로드리고 보르지아.

는」[8] 법황이었다. 그는 안코나(Ancona)의 법황 사절 시절, 귀부인을 강간하고 도망쳤고, 또 추기경 지위를 사기 위해 알렉산더6세에게 금품을 주고 자신의 여동생을 법황의 첩으로 제공했다. 또 그는 자신의 둘째 여동생과 정을 통했다.

늙은 법황 인노켄티우스(Innocentius)8세는 소년애 취미여서, 14세 소년을 추기경으로 임명하고 남색을 즐겼다.

알렉산더6세는 파렴치함을 넘어선 철저한 파계승이었다. 상 피에트로 성당에서 거행된 처녀 수태절 제전 때, 로마 빈민의 딸 150명에게 신부 의상을 주어 그중에서 미모의 소녀들을 선발해 접견을 사칭하고 처녀성을 잃게 했다. 그러나 한편으로는 이런 음탕한 법황의 시정 하에서 오늘날의 장려한 바티칸 대성당이 개축되어 준공을 본 것이다.

색을 즐기는 승려. 16세기 회화.

8 「가톨릭의 역사」 J. B. 듀로젤 저(著).

05 | 신과 같은 사람, 아레티노의 초상

박학다재한 시인이며 문필가인 피에트로 아레티노(Pietro Aretino, 1492~1556
년)⁹는 그야말로 16세기 이탈리안 르네상스 시대의 총아였다.

그는 펜을 비수로 하여 살아간 르네상스적 인간이었다. 외설물이 잘 팔린
다는 것을 알고 당시 검열이 없었던 베네치아로 가서 문예 작업실을 마련하
여 포르노를 난발했다. 당시 저명한 궁정화가 줄리오 로마노(Giulio Romano,
1499~1546년)¹⁰와 함께 『음락의 14행시(詩)』를 로마노의 동판화(춘화)에 붙여
간행하거나, 루키아노스의 대화집 『유녀의 대화』를 모방하여 『대화의 강의』
『논의집』 등의 외설판을 발행하기도 했다. 그러나 대부분 문학성은 결여되어
있었고 단지 외잡한 것뿐이었다.

『음락의 14행시(詩)』는 법황 파울로스(Paulos)4세의 분노를 사 아레티노, 로
마노, 동판화가 라인몬디는 도주를 했는데, 운 나쁘게 라인몬디는 체포되어
감옥에 갇히게 되었다. 그러한 일 등은 아랑곳하지 않았던 아레티노는 작가나
화가들로부터 작품 평가 의뢰를 받으면 금품을 노골적으로 강요하고, 그 필설
(筆舌)로 영광과 이익을 착실하게 쌓아 올렸다.

화가 미켈란젤로도 아레티노에게 뇌물을 주지 않아 시스틴 성당 천정화의

---

9   이탈리아 저술가, 저널리스트, 시인, 극작가.
10 이탈리아 화가, 건축가, 라파엘의 제자.

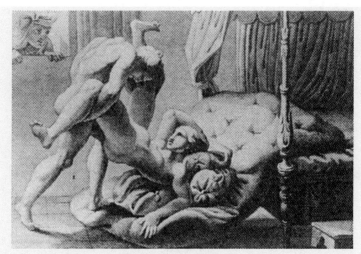

〈음락의 소네트(14행詩)〉의 삽화.
1525년. 줄리오 로마노 작품. 동판화.

아담과 이브를 제외한 모든 나체상에 하반신을 가리는 수정이 가해졌다. 아레티노는 기독교 성화(聖畵)에 나체는 부도덕에 이를 데 없는 행위라고 강하게 주장했던 것이다. 그는 또 국왕들을 상대로 권력을 휘두르기도 했다. 독일의 국왕 카를르5세와 프랑스 국왕 프랑수와1세에게 서로에 대한 비난의 글을 쓰겠다고 협박하여 두 왕으로부터 연금을 지불케 했다. 그의 발언력은 당시 절대적인 권위가 있었다. 그의 독설에는 누구나 두려워 떨지 않는 자가 없었다.

또 그는 베네치아의 그랜드 코코트라 불리는 고급 유녀들의 뚜쟁이까지 되어, 그의 소개 없이는 어떠한 높은 신분의 왕족이라도 유녀들과 즐길 수 없었다. 사람들은 그를 〈신과 같은 사람〉이라고 존경했다. 1556년 베네치아 자택에서 친구로부터 누이들의 정사담을 듣고 박장대소하다가 급사했다.

06 | 탕치(湯治)는 생명의 세탁

서양 온천의 발달은 로마 문화의 영향으로 박차를 가하게 되었는데, 그것을 본격적으로 연구한 것은 16세기 독일에서였다. 이미 기술했듯이 공중목욕탕은 흑사병(페스트)의 유행과 더불어 욕탕에서도 전염된다는 이유로 16세기 말에는 급속히 쇠미해졌다. 그 대신 온천, 탕치(湯治)가 유행하게 되었다. 독일 남부 지방 할가스타인, 비스바덴 등이 당시 유명한 온천장이었다. 모두 광천이나 탄산이 많이 함유된 자연탕으로, 사람들은 〈노천 욕장〉이라 하며 즐겨 이용했다.

그러나 장소가 마차를 사용해야 할 산간벽지에 있어서 부유한 사람들밖에는 이용할 수 없었다. 공중목욕과 탕녀(매춘부)가 있는 목욕탕이 서민용이라 한다면, 온천은 부유층의 오락장, 레저시설이었다.

탕치는 피부병이나 골절상에 효험이 있었으며, 목욕탕과 마찬가지로 남자들의 휴식처가 되었다. 온천장에는 부자를 상대하는 창부들이 돈을 노리고 진을 치고 있었다. 개중에는 유녀를 동반하고 몰래 온천으로 오는 자도 있었다. 여자들에게도 온천은 절호의 휴식처로, 온천장의 젊고 잘생긴 남자들에게 열을 올렸다.

온천장에서는 노천온천 주변에 관망대 같은 긴 복도를 만들어 귀부인, 고급 유녀들이 알몸뚱이로 온천욕을 즐기는 모습을 구경했다. 여자들은 세련된 머리, 금·은, 보석 목걸이로 장식하여 자신을 과장되게 공개하고 있었다고 당시의 『추문연대기』와 훅스 등이 기술하고 있다. 당시의 속담에 「남편은 땀을 흘리고, 아내는 탕(湯, 온천물)을 흘린다」는 말이 있듯이, 얼마나 온천장이 유탕의 환락장이었는가를 알 수 있다. 또 「온천과 탕치는 모든 인간을 건강하게 한다. 왜냐하면 어머니도, 딸도, 하녀도, 개도 임신하기 때문이다」라는 염소(艷笑, 색정과 익살)적인 속담도 유행하였다.

18세기 이러한 풍기문란에 귀부인들의 불평도 있어서, 당국은 온천 탕치에는 반드시 처와 딸을 동반하도록 했다. 그러나 이것에는 남자들의 지출이 과중되어 이윽고 온천장은 쇠퇴해 갔다.

탕치욕장 풍경. 17세기 동판화.

07 | 화려한 장식침대 위의 창부들

라틴문학의 석학이자 목사인 바튼(Borton)은 이렇게 지적했다.

로마, 베네치아, 피렌체에서는 주민 9만 명에 만 명의 창부가 있었다고 한다. 그러면서도 대부분의 신사는 개인적으로 정부(情婦)를 소유하고 있고, 밀통·간통은 흔한 일이어서 도시 전체가 커다란 요정이라 해도 과언이 아니다.[11]

또 로마나 베네치아에서는 왕족·귀족들을 상대하는 고급 유녀들을 그랜드 코코트[대유녀(大遊女)]라 불렀고, 때론 뮤즈[미신(美神)]라 하여 동경했다. 베로니카 프랑코, 레오노라 콘타리나, 토리아 다라고나 등의 유명한 가인(佳人)들은 대귀족 아녀자들을 능가할 정도로 현란하고 호사스러운 생활을 하면서 그 요염함을 과시했다.

몽테뉴의 『수상록』에 의하면 베네치아만 해도 이러한 대유녀가 150명이나 있었다고 한다. 그들의 뚜쟁이 역을 맡은 자가 바로 아레티노였다. 그중에서도 베로니카 비앙카는 우아한 규수시인으로도 알려졌으며, 프랑스 왕 앙리3세(1551~89년)[12]의 애인이 되었다. 몽테뉴도 베네치아에서 그녀의 장식침대 위에서 하룻밤을 보냈다. 또 이 미모의 대유녀들은 티지아노(Tiziano), 틴토렛토

---

11 『메랑코리의 해부학』.
12 바로아 왕조 프랑스 왕. 신·구 종교 분쟁에 의해 암살당함.

창부와 손님.
사진. 17세기 초. 독일 동판화.

(Tintoretto) 등 베네치아파 거장들의 모델이 되기도 했으며, 애첩이기도 했다. 그녀들의 대담한 알몸뚱이 없이는 르네상스의 염미(艶美)한 나체미술은 빛을 잃을 정도이다.

그녀들의 화대는 『빌더 렉시콘』에 의하면, 르네상스기 창부 중에서도 베네치아의 유명한 유녀들, 앙게라 트아페타 등은 20내지 30듀카트[13], 토리아 다라고나는 10듀카트, 베로니카 프랑코는 키스 한 번에 1듀카트, 완전히 만족시키기 위해서는 5듀카트를

요구할 정도로 매우 비싼 화대였다.

이러한 대유녀들의 사치 풍속은 당시 궁정 귀부인들의 본보기가 되고 유행의 원천이 되었다. 또 남자들은 대유녀들에 의해 세련된 미혹술(媚惑術)을 몸에 익히고, 성애 기술의 깊은 맛을 경험했다. 대유녀들은 고대 그리스의 헤타이라(遊女)처럼 사랑과 미의 전도사이며 연애의 스승이었다.

13　1202년에 주조된 베네치아 국제 유통 금화의 단위. 1듀카트는 약 3.5g 함유의 금화.

08 | 파렴치한 수도승들의 생활

베네딕트파 수도원 쇼텐에서는 9명의 수도사가 7명의 첩, 2명의 본처, 8명의 아이를 거느리고 있었다.
가르스텐의 베네딕트파 18명의 수도사는 12명의 첩, 12명의 본처, 19명의 자식을….
크로스터노이브르그 수도원에서는 승려 7명이 7명의 첩, 3명의 본처, 14명의 아이를 각각 거느리고 있었다.
또 아그랄 여수도원에서는 40명의 수녀들이 19명의 아이를 데리고 있었다.

이상의 기술[14]은 1563년 오스트리아 세습령 내 다섯 곳의 수도원을 감사했을 때의 보고서 기재사항이다. 이와 같은 사례는 당시의 로마·가톨릭 수도원과 여수도원 어느 곳에나 있었다. 여수도원이라고 해서 예외는 아니라서 마치 귀족들의 매춘집으로 바뀌는 것이 현실이었다.

일찍이 수도사는 신과 자신의 영혼을 일체화시키기 위해 스스로 엄격한 계율을 부과하고 금욕생활을 영위하고 있었으나, 16세기경에는 로마 가톨릭 자체가 부패하여 풍속이 문란하고 신앙의 열의도 희박해져 세속적인 인간으로 타락했다. 또 이전에는 신앙심에서 세속과 단절하여 영혼을 신과 가까운 곳에 두었는데, 16세기경 수도사들의 대부분은 유산 상속권을 갖지 않은 귀족들의 차남, 삼남으로, 의식주를 해결하기 위해 신을 섬기는 몸이 되어 지극히 세속

---

14 「풍속의 역사」, 훅스 저(著).

적 성향이 강한 자들이었다. 게다가 참회실 장막 안에서 젊은 여자나 유부녀들의 성적 내용을 담은 고백을 들으며 자기도 모르는 사이에 성에 관심을 갖게 되어 성적 욕구불만이 커져갔다.

당연히 수도사에게는 결혼을 엄하게 금했으므로 성적 분출구가 전혀 없었다. 1538년 헨리8세 치하의 영국에서도 「수도원에 남창·미소년·어린아이 등이 나타났다. 저 고모라(Gomorrah)에서도 저랬을까 할 정도였다」고 신학자가 당시 조사보고서[15]에서 개탄할 정도로 유럽 각국의 수도원은 음탕의 극을 달리고 있었다.

여수도원도 마찬가지였다. 수도원의 화장실에서는 낙태가 행해졌으며, 태아는 벽에 짓눌러져 있었다. 그야말로 〈상반신은 성모, 하반신은 창녀〉였다.

색을 즐기는 수도승. 17세기 회화.

---

15 신학자 토마스리의 조사보고서.

09 | 몬차의 비구승, 마리아의 배덕

이탈리아 밀라노 근교 몬차(Monza)는 카레이스 경기장으로 유명하지만, 16세기에는 체자레 보르지아 공작이 소유한 로마냐 령(領)이었다. 이곳 몬차에 베네딕트파의 성 마르게리터 여수도원이 있었다.

1589년, 스페인계 귀족의 딸 마리안느 드 레바가 신앙심 깊은 모친의 권유로 14세 때 비구승이 되어 입신했다. 3년 후 그녀는 견습 승려과정을 마치고 빌지니어 마리아라는 승명으로 바꿔 수도승으로서 경건한 봉사생활에 열중했다.

어느 날의 일이었다. 그녀는 수도원의 자신의 방 창가에서 이웃의 권문세가인 오시오가(家)의 아들 쟝 파울로가 정원에서 수도원 여생도 이자벨을 유혹하여 성적 유희를 즐기고 있는 광경을 목격하게 되었다. 신앙심 깊은 마리아는 이자벨을 엄벌에 처하고 파울로에게도 심하게 꾸짖었다. 파울로는 이때 마리아의 대리인을 자신을 꾸짖은 대가로 살해했다. 그러나 파울로는 귀족이라는 이유로 무죄 석방되었다. 그리고 1년 후 마리아는 파울로의 매력에 끌려 몰래 밀회를 거듭하며 깊은 관계에 빠져 버렸다.

이후 마리아는 창부처럼 파울로와의 애욕 생활에서 빠져나올 수가 없었다. 파울로는 1, 2주 동안이나 수도원에 계속 기거하면서 마리아로부터 동침을 거절당하면 다른 수녀와 닥치는 대로 정을 나누었다. 후의 종교재판의 진술서에서 파울로는 「수녀들은 마치 암컷 짐승 같았다」고 수녀들의 음탕함을 고백하고 있다. 마리아는 파울로와 밀통을 거듭하다가 임신하면 태아를 사산시켰다.

1603년에는 또다시 파울로의 자식을 갖게 되어 낙태약을 복용하고, 배를 벽에 부딪쳐 유산시키려 했으나 실패했다. 이 상황을 알고 있던 조수녀와 낙태약을 판 론치노라는 상인을, 마리아는 파울로와 짜고 살해했다. 이윽고 마리아의 긴 세월에 걸친 배덕생활은 대사교 귀에 들어가 두 사람은 종교재판에 회부되어 마리아는 밀라노 감옥에 14년간 유폐되었다.

1622년 47세로 석방된 그녀는 〈허리는 구부러지고 머리는 백발이 되어 늙어 초췌해진 노파 같은 모습으로 바뀌어 있었다〉[16]고 전해진다.

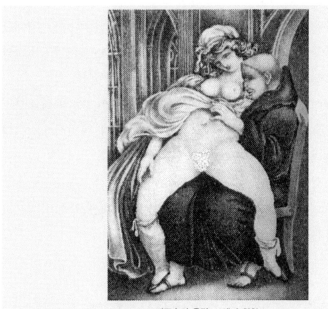

비구승의 음락. 17세기 회화.

16 「몬차의 비구승」 마리오 마츠케리 저(著).

10 | 여성잔혹사, 마녀사냥

16세기 유럽 황야에 불어닥친 마녀사냥의 바람은 성의 광기였다. 마녀숭배 요술은 13세기경부터 생겨났는데, 유럽 전역에는 16세기에서 17세기에 걸쳐 발생하였다. 그것도 농촌지대에서도 가장 황폐한 지역에서 발생했다.

마녀신앙은 이교의 신 판(pan)숭배의 요술적인 종교였다. 그것은 기독교에 대립하는 악마의 신앙으로 단죄되어 마녀는 그 자리에서 처형되었다. 그러나 마녀숭배에 사로잡힌 여자들은, 악마숭배의 철학적 사상인 카바라[17]의 비의(秘儀)·밀주(密呪)도 알지 못하는 무지한 서민 출신 여자들이었다.

16세기 관능의 시대에 빈곤한 농촌 여자들은 현세 향락의 범주 밖에서 오로지 살기 위해서 노예나 동물과도 같은 처지에 놓여 있었다. 마녀신앙은 그러한 빈곤한 여성들의 성의 궐기이며 욕망의 검은 향연이었다.

사바트(Sabbath)[18]라 불리는 밤의 향연에서 마녀들은 벨라돈나(belladonna)[19]를 마시고 육욕의 난무에 취해 일체의 윤리성을 잃고, 근친상간, 수간, 레즈비어니즘의 음탕에 몸을 맡겼다.

쟌바르의 연구에 의하면, 마녀사냥에 의해 화형당한 마녀들의 수는 실로 헤

---

17 악마숭배의 철학적, 신비학적 사상. 헤브라이 성서 중에 은비 철학을 발견, 그것을 그리스 교회 철학과 프라토니즘에 의해 체계화하여 우주론을 구축한 것. 악마학이라고도 함.
18 검은 미사라고도 함. 반 기독교적인 모독적 행위로 난무하는 악마적 밤의 향연.
19 배과의 독초로 마비성 독물. 신경계통에 억압 작용을 활발하게 하며, 흥분증상을 일으키는 작용을 함.

아릴 수 없을 만큼 엄청났다. 16세기만 해도 프랑스의 로렌(Lorraine) 지방에서는 3,000명 이상이 화형장에 보내졌고, 북프랑스 쥬라(Jura) 지방에서는 성 클로드 재판관이 600명을 화형에 처했으며, 볼드 고등법원에서도 적어도 500명 이상의 마녀를 아궁이에 넣어 태워 죽였다.

스페인, 이탈리아에서는 마녀사냥이 그렇게 성행하지는 않았다. 한편 독일은 프랑스 이상으로 마녀신앙이 만연해 있었으며 희생자는 3,000명 이상이나 되었다. 독일 농촌은 서양에서도 가장 빈곤하여 가혹한 농노제가 실시되고 있었기 때문에 마녀신앙은 일종의 궐기와도 같은 양상을 보였다.

스웨덴에서는 70명, 1세기 늦은 17세기에 마녀신앙이 유행한 영국에서는 약간의 처형자를 본 것으로 광기는 끝이 났다.

11 | 물에 가라앉지 않는 여자는 마녀의 증거이다

로마 법황 인노켄티우스8세(Innocentius, 재위 1484~92년)[20] 교서에 의해 마녀사냥 재판은 정당화되고 마녀 식별법이 마련되어 마녀들이 줄줄이 날조되었다. 마녀사냥으로 체포된 마녀들은 사바트의 흥분에서 깨어나면 그저 가난하고 지저분한 서민 여자일 뿐이었다. 그녀들은 근엄한 재판관 앞에 나올 때면 공포로 창백해지고 말도 제대로 하지 못했다. 그 자리에서 재판관의 이단 심문과 함께 잔혹한 고문을 당하면 백이면 백 자백을 하고 단죄되었다.

법정 안의 원형 천정에는 죄인을 매달기 위한 기둥이 여러 개 세워져 있고, 바닥에는 고문대가 놓여 있었다. 그 고문대 위에는 못이 박혀 있는 족가(足枷, 차꼬), 철로 만든 쐐기가 있었다. 우선 잡혀온 여자들을 실오라기 하나도 걸치지 않은 상태로 발가벗기고 머리카락을 제외한 모든 체모를 깎았다. 철사로 고문대에 묶이면 고문 관리가 그녀의 전신을 바늘로 찌르며 악마의 흔적을 찾는다. 찔려도 고통을 느끼지 않으면 마녀가 아니라고 판단되었다. 대개는 찔리는 고통에 얼굴을 찡그려 마녀로 인정되었다. 그래도 판별이 안 될 때에는 〈마녀 욕탕〉이라 불리는 욕조에 손발을 묶은 채로 넣어 만약 떠오르면 마녀로 단정했다. 이런 식의 미신적 식별법에 의해 마녀는 대량생산되었다.

---

20 무능하고 노망(老妄)한 법황으로, 그 교서에는 마녀의 심문, 벌칙이 기술되어 있었음.

그들 이단(異端)심문소(마녀재판)의 조서에는 「그녀는 아름답고, 충분히 지방질이 차 있었다」[21]는 등의 호색적인 기술도 있었다.

마녀 낙인이 찍힌 여자들의 재산은 고문 관리들의 상여금으로 쓰였다. 마녀사냥은 이른바 고문 관리들에 있어서 둘도 없는 축제의 기회였다. 인간의 생혈이 금화나 은화로 바뀐 것이다. 마녀의 누명을 쓴 여자들은 불에 태우거나, 끓는 물에 익혀 죽이는 잔인한 방법으로 처형되었다.

16세기 독일 농촌지구에서의 마녀 처형은 남자들의 호색적인 구경거리였다. 동네 광장에는 거리에서 음식을 파는 노상이 줄을 잇고, 기념품점에서는 로자리오(교회에서 기도할 때 쓰는 염주)가 팔리고, 전라의 마녀들은 스트립티즈(Striptease)보다도 매혹적이었다. 마녀사냥이야말로 악마적인 행위였다.

21 　미슈레(Michelet) 저(著) 「마녀」 하권.

12 | 이 세상의 즐거움은 탕녀(湯女)가 있는 목욕

17세기 일본의 에도(江戶)시대 초기에는 창부를 겸한 유나(湯女)라 불리는 탕녀[22]가 있었는데, 중세 독일에서도 마찬가지였다. 공중목욕의 번성과 더불어 목욕탕은 한층 향락적 취향을 더하게 되었다. 욕조 안에는 식탁 대신 나무통 위에 판자를 놓고 거기에다 술과 요리를 차려놓고 작은 연회를 열기도 했으며, 트럼프 등의 노름도 즐겼다. 그리고 넓은 욕장에는 마사지용 침대도 놓여 있어 엷은 옷을 걸친 탕녀들이 안마를 해주거나 때를 밀어주어 목욕을 한층 더 즐겁게 했다. 이러한 탕녀들은 매춘도 겸했다. 여자들은 넌지시 남자 손님을 유혹하며 별실의 작은 방으로 불러들여 몸을 팔았다. 욕탕 주인은 되도록 미모의 안마사나 때밀이를 고용하여 목욕탕을 창가와 다를 바 없는 곳으로 만들었다.

또 16세기경에는 유녀들이 목욕탕과 결탁하여 욕탕을 돈벌이 장소로 이용했다. 유녀들은 귀부인처럼 목걸이나 팔찌를 차고 또는 허리에 황금 벨트를 맨 전라의 모습으로 입욕하여 남자 손님의 애욕에 젖은 시선을 끌었다.

『동서 목욕사화』[23]에서는

---

22 욕탕에서 남자 손님을 상대로 매춘을 하는 여자.
23 藤浪剛一 著. 1944.

이러한 남녀의 광태에 정부도 놀라, 1550년 욕조 안에서는 남녀 모두가 속바지(팬티)를 입을 것을 엄명했지만 이를 쉽사리 규제할 수 없었고, 파렴치한 범죄가 자주 발생했다. 16세기 독일, 네덜란드 소도시 욕탕은 그야말로 음탕의 장소 같았고, 부정과 음욕의 마굴이었다.

고 전하고 있다.

1년 중 절반 이상이 10도 이하인 추운 북유럽에서는 욕탕의 온수욕은 최고의 오락이었다. 왜냐하면 남녀혼욕을 하며 창가와 다를 바 없는 음탕한 놀이도 가능해 목욕탕은 그야말로 섹스의 천국이었기 때문이다. 거듭되는 규제는 전혀 효과가 없었다. 훅스[24]의 기술에 의하면, 매춘겸업 욕탕 이외의 남녀 혼욕 공중탕은 취리히에 5곳, 슈바이어에 9곳, 프랑크푸르트에 15곳이 13세기부터 16세기 초에 걸쳐 성업했으며, 매춘겸업 욕탕은 빈, 베를린, 뉴른베르크 등

의 도시에 무수히 많았다고 한다. 그러나 16세기 중엽부터 유행한 흑사병 때문에 목욕탕은 폐쇄되었고 이후 재건되지 않았다.

욕탕의 창부와 손님. 14세기 목판화.

24 「그림 풍속사」 제6장 〈사랑의 사교〉 참조.

13 | 16세기 귀부인의 데코르테(dēcolletēe)

16세기 이후 유럽의 복장, 미용술 유행의 발상지는 이탈리아의 피렌체와 베네치아였으며, 파리를 경유하고 조금 늦게 런던으로 건너갔다.

이미 16세기경 베네치아에서는 가슴이 보이는 의상(dēcolletēe)이 유행하였다. 파리에서는 메디치가(家)의 젊은 여자들, 카트리느 드 메디치, 그녀의 딸 마가렛 공주에 의해 이 대담한 가슴 보이는 의상이 고안되어, 궁정 여자들은 파리 시내 또는 무도회에 젖꼭지까지 보일 정도로 유방을 노출시킨 모습으로 나타났다. 이윽고 프랑스에서 18세기 로코코의 우아한 시대를 맞이하자 그동안 대유행이었던 가슴 보이는 데코르테 유행은 수그러졌다.

그러나 유행이 늦은 영국에서는 17세기 중엽부터 유방을 노출시킨 데코르테가 유행했다. 영국의 〈빛나는 군주〉로 존경 받은 찰스2세[25]는, 버킹검 궁전 야회에서는 귀부인들에게 유방을 노출시킨 데코르테를 착용케 했다. 그리고 런던에서는 유방을 노출한 모습의 귀부인들이 유유히 공원과 거리에 출현했다. 훅스의『풍속의 역사』에 의하면, 독일에서도 상황은 마찬가지여서 교회 선교사들이 기막혀 했으며, 『벌거벗은 유방은 수많은 사악한 즐거움의 온상』(1686년)이라는 제목의 고발서까지 출판되어, 정욕을 표면화시킨 복장을 비난

---

25 영국 왕. 1646년 청교도 혁명에 의해 프랑스로 망명. 60년 장로파에 의해 귀국, 즉위.

했다.

남자들은 〈그것은 보기만 해도 머리가 아찔했다〉고 하고, 도락가들은 〈세인을 미혹하는, 훌륭한 악마의 비프스테이크〉라고, 호색의 시선을 주면서도 직언을 했다. 그러나 이 풍조는 그치지 않았다. 이러한 유방 노출 풍속은 영국에서도, 프랑스에서도 상류계급 귀부인들의 특권이었다. 이유는 이 도발적인 에로틱한 모습에 의해 왕족·귀족들의 시선을 끌고, 스스로 권문세가 혹은 부호

시모넷타 베스풋치의 초상화.
피에로코시모 그림. 16세기.

의 아내와 딸로 환영받고 싶어 하는 욕망에서였다. 그리고 미모를 자랑하고 싶어 하는 여성 특유의 나르시시즘도 꽤 작용했다.

그러나 이 유행도 1744년 파리 루블 궁에서 개최된 베네치아 사절단의 환영 무도회에서, 후에 킹스톤 공작부인이 된 엘리자베스 샤드리가 유방을 노출시킨 이프게니아풍 의상으로 모습을 나타낸 것이 마지막이었다.

14 | 아랍의 일부다처제 원칙

현대사회에서 공공연하게 일부다처제를 유지·존속시키고 있는 곳은 이슬람 문화권에 속하는 나라이다. 이 혼인제도의 최대 목적은 보다 많은 자손 번영과 혈족의 집단제에 있다. 물론 보다 풍족한 성적 쾌락의 향유도 있지만, 그것은 부수적인 측면에 지나지 않는다. 특히 남아의 출생은 전투력, 성채 그리고 권력을 강화하는 기반을 의미한다.

사막의 신의 아들, 마호메트가 『코란』에서 계시한 일부다처의 원칙도 종족 번영을 위한 것이었다. 본처는 4명까지 소유하는 것이 허용되며, 「오른손의 소유가 되는 것(전리품으로서의 여자 노예, 이교도의 미망인 등)」이라면 몇 명이라도 허용되었다. 단 본처 4명에게는 균등하게 재산을 나누어 주어야 했다.

또 「본처에게는 공평하게 대하며, 그중 한사람이라도 공중에 매달아 놓듯이 버려두면 안 된다」고, 성에 있어서의 평등성을 규율화하였다. 불임, 부정, 노령은 이혼의 정당한 사유가 되어 처는 재산을 받지 못하고 이혼당했다. 성격 불일치 등의 이유로 처가 남편으로부터 증여받은 재산의 반을 반납하고, 지참하고 있던 가재도구를 가지고 가출하면 이혼은 성립되었다. 처로부터 이혼청구가 있을 경우에는 처는 재산을 증여받을 권리를 포기해야 했다. 남편이 유산상속을 할 경우, 본처는 총액의 2/3, 상속 적자는 잔액인 1/3을 물려받았다.

이러한 상속법은 지금의 유산 상속법과 큰 차이는 없다. 여성의 지위·인권이 꽤 보장되는 셈이다. 또 본처 이외의 중혼, 근친상간은 엄하게 금했다. 이혼은 세 번까지가 한도. 또 힘이 있으면 일시혼(一時婚)이라는 형식도 인정되었다. 이것은 일정한 기간 중에만 동거를 허용하는 것으로, 상대에게 경제적 보장을 이행하지 않으면 안 되었다.

그러나 이러한 일부다처제는 부유한 계급만 가능했고, 재력이 없는 자는 일처 또는 여자 노예로 만족할 수밖에 없었다. 그러나 이것 또한 매춘혼이었기 때문에 금전이 없으면 가축과 물건으로 교환해야 했다.

지금도 한국, 일본, 중국을 제외한 동남아시아 여러 나라의 결혼 형태에는 매매혼의 잔재가 남아 있다.

성애도.
인도의 세밀도. 우다이플화파. 18세기.

15 | 여자는 그대의 경작지이다, 마음대로 경작하라

난폭한 어투이다. 마호메트의 『코란』에는 이렇게 쓰여 있다. 현대적 해석으로는 여성을 멸시한 말치고 심하게 들릴지는 모르겠으나, 동·서양을 막론하고 19세기 초까지는 남존여비 사상이 팽배해 있었다. 그러나 마호메트는 서양의 기독교처럼 여성을 죄 있는 자, 원죄를 선천적으로 등에 업은 인간으로 바라보고 있지는 않았다. 오히려 무지하고 귀여운, 사랑해야 할 인간으로 보고 있었다.

『코란』에는 다음과 같은 말이 있다.

알라[26]는 애초 남자와 여자 사이에 우열을 가려 놓으셨고, 또 생활에 필요한 돈은 남자가 내는 것이기 때문에, 이 점에서는 남자 쪽이 여자 위에 서야 한다. 때문에 정숙한 여자는 남자를 대할 때에는 오로지 다소곳이 순종할 것이며, 또 알라가 소중히 보호해 주시는 부부 사이의 비밀스러운 일은 타인에 알려지지 않도록 조용히 지키는 것이 중요하다. 반항적인 여자는 잘 가르치고, 그래도 효과가 없으면 침상으로 쫓아 보내 따끔한 맛을 보여주고, 그래도 듣지 않으면 때려도 좋다. 그리고 그것으로 순종하게 되면 그 이상의 것을 해서는 안 된다.

또 덧붙여서 말한다.

---

26 이슬람교의 유일신이자 절대신.

아라비아 욕장. 세밀도. 1793년.

그리고 여신도에게 말해 주어라. 정숙히 눈을 아래로 내리고 치부는 소중히 간직해 두어라. 외부에 나와 있는 부분은 어쩔 수 없지만 그밖의 아름다운 곳은 타인에게 보이지 않도록 얼굴은 가리개로 가려라.

현재 아랍 여러 나라에서 여성이 대개 베일로 얼굴을 가리고 생활하는 것은 이러한 『코란』의 가르침을 묵묵히 지키기 위함이다. 그러나 그렇다고 해서 아랍 여성들이 남성들에게 평소 인내와 순종을 강요받고 있었는가 하면, 사실은 그 정도로 노예 같은 존재는 아니었다. 결혼계약이 성립되면 남편으로부터 증여받은 재산은 자기 마음대로 쓸 수 있었고, 한 달에 며칠 동안은 친족 집에서 지내는 것도 인정되고 있었다. 남편의 성격이 마음에 들지 않으면 스스로 가출하여 좋아하는 남자와 언제든지 동거할 수 있었다.

이슬람교는 기독교보다 여성에 대해서는 관대했고 따듯한 미소로 맞이했다.

16 | 아랍의 성애술

고기(肉)를 먹고, 고기(肉)에 올라타고, 고기(肉)로 들어간다.

이 문장은 호색적인 아랍인에 대한 풍자이다. 무엇을 의미하고 있는 것인지는 명백하다. 일부다처제의 나라는 다 그렇겠지만 특히 아랍의 성애술은 그야말로 정교하고, 치밀하며, 풍부하다. 근세 아랍에서도 성은 혐오스러운 죄악이 아니었다. 〈사랑의 멋〉 그 자체였다. 아랍의 성애술은 11세기경부터 급속히 발달했으며 정교한 아름다움을 자랑했다. 바그다드를 중심으로 한 압바스 왕조 아래에서 발달한 사라센 의학을 배경으로, 북인도 지배에 의한 인도 문화의 영향은 성애술을 확립시켰다.

네프 자피의 『향기로운 꽃밭』을 비롯하여, 코카 푼딘트의 『사랑의 규칙』, 그밖의 『성애방법상설』 『성감대의 서』 등 여러 종류의 성애에 관한 자료가 있다. 이것들은 모두 그리스의 히포크라테스 기질론과 인도의 『사랑의 경전(카마수트라)』 등을 음미한 성생활 지도서로서 논술되어 있다.

아랍의 성애학은 인도의 그것과는 다소 취향이 다르다. 체위도 기립위(서서하는 성행위)는 관절을 상하게 하고, 뇌진탕을 일으키기 때문에 바람직하지 않으며, 측위는 허벅지 관절을 중심으로 하는 좌골 신경에 부담을 주기 때문에 금해야 하고, 여성 상위 자세도 척추와 심장에 나쁜 영향을 주기 때문에 기피해야 한다고 가르치고 있다.

또 늙은 여자와의 교접은 독이 들어간 음식에 입을 대는 것과 마찬가지이므로 젊은 여성만을 상대하라고 말한다.

체위의 기본은 좌위(앉아서 하는 성행위)를 중심으로 하고 있다. 쌍방이 마주 보고 앉아 여자가 남자 허리에 다리를 휘어 감고 행하는 전희적(前戱的)인 체위이다. 인도 및 중동 주변 국가에서는 좌위 자세로 1, 2시간이나 즐긴다. 대화를 하거나 샤베트를 마시거나 와인을 기울이면서 충분히 즐기는 습관이다. 그리고 시간이 되면 정상위로 바꿔 서로 희열감을 나눈다.

이 좌위는 10종류의 바리에이션(응용)이 고안되었는데, 모두가 신체 방향, 다리를 감는 방법의 이동자세이다. 일반적으로 정상위와 후배위가 많이 적용되어 있다. 또 「여자는 손으로 애무하지 않으면 달콤한 맛이 나지 않는 과실이다」라고 하여 애무의 중요성을 성애술의 기본으로 강조하고 있다.

17 | 이상적인 아랍여성의 미(美)

오늘날 볼 수 있는 회교사원의 안구 모양의 돔은 여성의 비너스 언덕을 표현한 것이고, 첨탑은 링가(linga, 남근)이며, 아치 모양의 벽감(壁龕, 벽에 오목하게 파 놓은 부분)은 요니(yoni, 여음)를 상징한 것이라고 한다. 모두 여성미의 전신이다. 이집트의 피라미드가 음부, 자궁의 형상화였던 것처럼.

『아라비안나이트』에도 아랍여성의 이상적인 미(美)를 묘사한 서술이 적지 않다.

나의 아내는 이 세상에 둘도 없고, 계란형의 얼굴은 영롱하고 구슬 같으며, 목은 길고, 목덜미는 넓으며 눈동자는 콜 분(粉)[27]으로 농염하고, 옆 얼굴은 아네모네 꽃을 닮았습니다.
입술은 홍옥수(紅玉髓, 짙은 주황색 수수) 인장과 같습니다. 몸은 주조한 절세의 미형, 가랑이 사이에는 카리프(교주)의 옥좌가 있습니다. 성소(聖所) 안에도 이 정도로 청아한 옥문은 없을 것입니다.

허리는 부드럽게 굽이지고, 배꼽은 사향 가루를 채운 상아 보석함으로 착각할 정도. 허벅지는 설화석(雪花石)으로 만든 둥근 기둥 같습니다.

매끄러운 복부는 커다란 꽃봉오리처럼 부드럽고, 주름이 잡혀 움푹 들어간 옆구리, 진주 기둥에 부풀어 오른 풍만한 허벅지, 투명한 파도의 산맥처럼 넘실거리는 엉덩이입니다.

27 눈썹 화장에 사용한 안티몬(Antimom)의 검은 분말.

아랍의 미인화. 프레스코화. 17세기.

이마는 활이 휜 듯하고, 치아는 진주처럼 새하얗고, 몸은 가늘며, 엉덩이는 탄력 있는 베개, 양쪽 허벅지는 시리아산(産) 하얀 대리석 기둥, 허벅지와 허벅지 사이에는 두툼히 부풀어 올라 고동치며 축축이 젖어 있고, 사향 향기주머니가 동굴 속에 숨겨져 있습니다.

눈썹은 초승달, 눈동자는 영양(羚羊)의 눈, 가는 허리는 잘록, 허벅지는 타조의 깃털을 채워 넣은 긴 베개처럼 탄력 있고, 그 허벅지 사이에는 말로는 표현할 수 없는, 그 이름을 입에 담는 것만으로도 눈물이 넘쳐 흘러내릴 것 같은 그 무엇이 숨겨져 있었습니다.

이상의 묘사처럼 눈썹은 가늘고, 이마가 수려하고, 아래쪽이 두툼한 얼굴로, 눈동자는 크고, 유방은 탄력 있게 높게 솟았고 크기는 적당한 정도에, 복부는 하얗고 크며, 배꼽도 적당한 크기, 그리고 팽팽한 엉덩이가 붙어 있고, 허벅지의 하반신이 듬실한, 하얀 피부의 여자가 이상적인 미인이었다.

18 | 성의 노예, 할렘의 천인화(天人花)들

『아라비안나이트』에 다음과 같은 말이 있다.

이 노파가 아들 그리스 왕 할즈브한테 가 있는 이유는 왕궁에 처녀 노예가 많이 있기 때문입니다. 거기에서 동성애에 오염된 여자들이 동성의 사랑 없이는 살 수 없을 정도였던 것입니다. 때문에 누군가 마음에 드는 처녀가 있기라도 하면, 언제나 음핵과 음핵을 서로 문지르는 기술을 가르치기도 하고, 상대가 흥분해서 정신을 잃을 때까지 사프란(Saffraan)[28]을 바르고 비볐습니다.

아랍의 할렘에서는 애첩과 시녀들이 규방을 혼자 지키는 무료함을 달래기 위한 레즈비어니즘이 횡행했다. 아랍어로 이러한 여자들을 무사히카(부비는 여자)라 불렀다. 클리토리스를 서로 부비는 기교를 가진 여자라는 뜻이다.

바톤(R. F. Barton)에 의하면, 회교국의 후궁은 레즈비언 러브의 온상으로, 청춘의 제1기에 해당하는 20세 전후 여성은 천인화(天人花)라는 처녀를 한 사람씩 데리고 있었다 한다. 극단적 무사히카는 남성화되어 크고, 잘 발달된 클리토리스를 가지고 남자의 페니스처럼 발기시켜 상대방의 클리토리스를 자극하며 즐겼다. 다호메(Dahomey)의 수도, 아그보메의 후궁에서는 수많은 〈천인화〉 무리가 이 무사히카들에게 둘러싸여 있었다 한다. 물론 이러한 레즈비언

---

28 방향제로 쓰임. 여기에서는 사프란유(油)를 가리킴. 음부에 바르는 것은 음부의 악취를 없애기 위해서임.

러브의 기교에는 장형(張型, 남근 모양의 성구), 수음(手淫), 구음(口淫)도 포함되어 있었다. 모두 상호 찰음(擦淫, 마찰하는 성 기교)이며, 서로가 절정감에 도달할 때까지 즐긴다.

이슬람 교도 사이에는 이러한 여성의 음란한 행위를 방지하기 위해 음핵을 절제하는 여자 할례를 행했으나, 실제로 효과는 없었으며 더욱 음란한 양상을 띠게 되었다.

일본에서도 행해졌지만, 자기 발의 복사뼈에 남자 성기 모양을 한 장형(張型)을 묶어 자위 행위를 했으며, 화살촉 끝에 장형(張型)을 묶어 활로 비너스 속으로 쏘아 넣는 유희까지 후궁에서는 유행했다.

또 성기가 없는 환관들은 자신의 혀를 단련시켜 혀끝을 성기처럼 사용하며 후궁의 규방녀들을 유혹하고, 그녀들의 성의 노예가 되었다.

활의 장형 유희.
17세기의 〈코카 샤스트라〉의 삽화.

19 | 향기로운 아랍의 키스학

상냥한 애인과 입술을 교환할 때
낙타가 오아시스에서 물을 마시는 듯
그 입술, 달콤한 향에 가득 차
그것은 죽을 만큼 괴롭고 미칠 것 같다.
나의 골수까지 스며들어

　네프 자피의 『향기로운 동산』[29]의 번역 시(詩)이다. 아랍의 성애술에서는 키스 행위를 중요시하고 있다. 이유는 키스에 의해 서로의 육체적 관능이 깨어나 쾌감이 높아져 유락(愉樂)이 달성되기 때문이다.

입맞춤은 성애에 있어서 필요불가결한 것이다. 최상의 입맞춤은 젖은 입술로 입술과 혀를 빠는 것, 혀를 빠는 행위에 의해 달콤하고 신선한 타액 분비를 자극하여 두 사람의 입 안에서 섞이고, 남자의 몸 안을 돌아 관능의 전율을 느끼게 한다.

　입맞춤은 욕정을 불러일으키는 쾌락의 메시지라고 한다. 『아라비안나이트』문답에도 「함께 자고 싶을 때는 어떻게 해?」「아내 몸에 향수를 뿌리고, 정열이 오를 때까지 키스를 계속한다」로 되어 있다.
　입맞춤은 정열을 태우게 하며, 여자가 한숨을 내쉬고, 고뇌스러운 눈빛이

29　원래는 『마음의 기쁨을 위한 향기로운 동산』. 작자 네프 자피에 대해서는 불명. 16세기경 아랍의 장로였다고 함. 위의 작품은 16세기에 만들어졌으나 19세기 중엽 불어로 출판되었음.

아라비아 여성의 사진.

되어 입을 반 정도 벌리고, 모든 동작이 투창처럼 될 때까지 계속하는 애무라고 한다. 그리고 이 정애(情愛)가 충족되었을 때 비로소 교접(합체)을 해야 한다고 설명한다.

고대 중국·인도의 성애학에서도 마찬가지지만, 입맞춤에 의한 타액의 교환과 삼킴은 육체에 정기를 넣어준다고 믿었다. 특히 젊은 여자의 타액은 불로장수의 비약처럼 동경했다. 키스는 입술을 맞추는 것만이 아니라, 서로의 타액을 섞어 그 양분을 흡수하는 것에 의의가 있다.

네프 자피는, 처녀의 타액은 만병에 효과가 있는 사랑의 선물이라고 가르치고 있다. 이렇게 입맞춤을 한 후에 교접을 하면 육체적으로도 정신적으로도 커다란 평온함을 느끼게 되며, 평소에 젊음과 건강을 유지할 수 있다고……. 입맞춤은 마치 신선한 혈액의 교환처럼 성애의 생리학 역할을 했다.

20 | 메카(Mecca)에는 암 낙타를 타고

수간(獸姦)이라 불리는 행위는 고대 이집트 비의(秘儀)에서 유래되었다. 고대 문명사회에서 짐승과의 교합은 성스러운 행위로 음패(淫悖)한 것이 아니었다. 악어, 산양, 소는 신들의 화신이며, 이 성스러운 동물들과 교접하는 행위는 신들의 분노를 회유하고, 신과 인간의 융화를 이루게 하는 것으로 믿어져 왔다. 고대 이집트, 히브리(유태)에서 이러한 수간이 행해져 온 것은 『구약성서』에도 기록되어 있다. 그러나 중세 이슬람 문화권의 아랍에서는 성스러운 의미의 수간이 아니라, 쾌락적인 성적 욕구를 충족시키기 위한 행위였다. 이슬람의 상투어로는 「메카로의 순례는 낙타와 교합하지 않으면 달성되었다고 말할 수 없다」가 있다. 메카로 향하는 긴 여정 동안 데리고 간 낙타를 상대로 섹스를 즐겼던 것이다.

특히 나일 강 유역 촌락의 유목민 사이에서는 수많은 종류의 수간이 행해졌다. 손니니(1751~1812년)[30]의 『이집트여행기』에는 나일 강가에서 원주민과 암악어와의 수간을 목격했다고 적혀 있다. 또 아라비아 사막의 오아시스 초원에서는 젊은 양치기들이 성의 분출구를 어린 산양에게 구했다. 성기에 꿀이나 설탕을 발라 어린 산양에게 구음(口淫)을 하게 했다.

---

30 프랑스 박물학자. 여행가.

『아라비안나이트』에서는 여자가 곰이나 킬드[31]라 부르는 원숭이를 상대로 수간을 즐기고 있다. 바톤의『남색론』에서 기술하고 있듯이, 수간과 남색은 소아시아, 메소포타미아, 터키 등 일부다처제와 매매혼이 발달해 있는 지역일수록 깊이 침투하여 악습으로 오염되어 있다. 말하자면, 성적 빈곤자의 대상적(代償的) 성행위이다. 유목민 자녀들의 성 지식은 양친의 성생활의 모방이 아니라, 초원의 산양이나 소나 말의 교미 장면을 보고 배운 것이었다.

한편 아랍 문화권에서는 사회적으로도, 개인의 가정생활에서도, 남녀의 성차별이 엄격했다. 일반 가정에서도 할렘에 상당하는 격리된 여자만의 별실이 있었고 남자의 출입은 금지되었다. 아들이 만약 부친 소유의 여자 노예에게 손을 대기라도 하면 사형은 아니더라도 무거운 벌이 가해졌다.

이렇듯 아랍에서 수간은 대가(화대)가 필요 없는 창부 역할을 했던 것이다.

낙타와의 수간. 페르시아 세밀화. 15세기.

31 아비시니아에 서식하는 개 얼굴을 한 원숭이. 호색적인 원숭이로 알려짐.

21 | 창가는 알라의 제7천국

마호메트의 『코란』에는 선행을 쌓고, 욕망에 지지 않는 근면한 인간은 누구나 제7천국에 갈 수 있다고 약속하고 있다. 제7천국이라 함은

더러움을 모르는 청순한 처녀들 — 아직 조개 속에 숨어 있는 진주 같이 크고 검은 눈동자를 가졌다. — 이 시중을 들고, 금실 장식이 눈부신 침대 위에서 편안히 쉬고 있으면, 소녀들이 맛있는 음식을 바치고, 술시중을 든다. 이 술은 아무리 마셔도 머리가 아프지 않고, 취해도 이성을 잃는 일이 없다. 마음대로 목욕하고, 풍성한 과일은 항상 준비되어 있다. 그리고 거기서 천상의 처녀와 사랑의 환희를 나눌 수도 있는 곳이었다.

라고 묘사되어 있다.

그야말로 즉물적이고 쾌락적인 아랍인은 제7천국을 지상에서 가장 가까운 곳에서 구했다. 창가이다. 창가는 그들에게 제7천국의 꿈을 현실로 바꿔주었다.

근세 아랍의 여러 나라에서는 서양과 마찬가지로 가는 곳마다 창가가 있어 대성황을 이루고 있었다.

대상(隊商, 원어로는 스로이에)이라 불리는 매춘부는 유랑하는 창녀였다. 가와지라고 불리는 무용수 겸 창부나, 술자리에서 일하는 무용수들도 몸을 팔았다. 또 시장에 모여 있는 여자 노예들도 매춘을 했다.

고급 창부는 가스사바(조르는 손)라 불렸으며 괄약근의 기술자였다. 대부분

의 이슬람 교도 아랍 여자들은 할례를 했기 때문에 클리토리스가 없었고, 매우 둔화된 상태였다. 때문에 하급 창부들은 거양원망증(巨陽願望症, 거대한 남자 성기를 원하는 증세)이 많았고 손님은 아랍인보다는 거양(巨陽)의 소유자인 터키인, 이집트인, 흑인들이 환영받았다.

고급 창부는 길게 이어진 건물에 조그마한 방을 가지고, 창가에 전라 또는 투명한 레이스나 명주 가운을 걸치고 손님을 기다리거나, 길가의 손님을 색정 어린 눈으로 윙크하며 유혹한다. 손님은 문 앞에 서 있는 여자 뻬끼와 교섭하고 안내 받는다. 그리고 창문 커튼은 닫힌다. 창부는 〈즐기고, 물어뜯고, 껴안고, 조르며, 규방의 모든 기교를 다 부린다〉. 손님은 목욕으로 여자의 지분(脂粉)을 씻어 버린다.

할렘 여주인과 시녀들. 세밀화. 무가르화파. 18세기.

22 ┃ 여화(女禍)[32]의 통치자 측천무후(則天武后)의 비도(非道)

중국에는 잔인무도한 여제(女帝)가 세 명 있었다. 한(漢)의 여태후(呂太后), 당(唐)의 측천무후(則天武后, 624~670년)[33], 청(淸)의 서태후(西太后)이다. 그중에서도 측천무후는 폭군 네로 이상의 포악함과 잔혹함을 보였다.

천성적으로 권모술수에 능한 측천무후는, 처음 태종(太宗, 재위 627~649년)[34]의 후궁으로 들어가, 그의 아들 고종(高宗, 재위 350~683년)[35]에 아첨하여 총애를 받아 아이를 낳았다. 그리고 자신이 낳은 아이를 교살하고 죄를 황후에게 뒤집어 씌웠으며, 게다가 황후가 고종의 주살(呪殺)을 음모했다고 간책을 꾸며 황후와 그의 측근 비(妃), 소비(蕭妃)를 실각시키고, 단죄하여 솥에 삶아 죽였다. 황후와 비의 손과 발을 절단하고 다리와 팔을 등에까지 꺾어, 「골수까지 녹도록 삶아라」라고 명하여 학살했다고 한다.

그리고 고종이 그녀를 총애하면 할수록 황후에 등위하기 위해 온갖 간계를 짜서 반대자를 닥치는 대로 학살·독살·추방했으며, 궁정 내의 모든 주도권을 잡자마자 고종과 결혼식을 올려 황후에 등위했다.

---

32 중국 고대 전설의 황제. 인간의 얼굴과 뱀의 몸을 가졌다고 전해짐.
33 고종 사후, 태후가 되어 밀고정치를 하며 권세를 누렸음.
34 당의 황금시대를 구축한 군주로 알려짐.
35 태종의 아들. 병약하고, 무후에 의해 전횡되었고 이룩한 업적이 없음.

그러나 그녀는 그것만으로 만족하지 않았다. 병약한 황제가 정무를 게을리 하자 자신이 대행하여 실질적인 황제가 되었고, 조금이라도 그녀를 거역하거나 비협조적이면 즉시 암살했으며, 그렇지 않으면 멀리 북방의 벽지 또는 문명과는 거리가 먼 애주(愛州) 지방으로 추방했다.

임어당(林語堂)이 쓴 측천무후 살인표에 의하면, 무후의 근친, 가족을 포함하여 23명, 친딸, 누이, 아들, 이종형제 등을 교살, 학살, 밀살, 사형, 모살, 아사 등 온갖 수단을 동원하여 죽이고 있다. 거기에다 황족들은 50명, 황제의 형제, 자식, 당 왕실의 이씨 왕족들이다. 또 고관, 장군은 36명, 합계 109명이다. 그러나 이 수치는 신원이 확인된 기록에 의한 것이며, 그 외에 수많은 후궁의 시녀와 관리 들에게 벌레 잡듯이 죄를 씌워 사형, 모살에 처했다. 후궁의 비와 내명부 등이 고종과 잠자리에 드는 것은 무덤에 들어가는 것을 의미할 정도로 무후의 질투심은 강렬했다.

마상의 열락.
몽고회화. 17세기.

683년 12월 4일, 고종은 심한 두통을 일으켜 절명한다. 27세의 태자 철(哲)이 즉위하고 무후는 태후가 되어 당 왕조의 실권을 장악하고, 스스로 미륵보살의 환생이라 칭하며 부귀영화를 누렸다. 705년 82세로 세상을 떠났다.

23 | 미약(媚藥)·홍련환(紅鉛丸)에 중독된 황제들

반금련은 서문경에게 환약을 마시게 하고,
하얀 줄무늬 끈으로 그의 그것을 묶었다.
그 물건은 생기 있게 뛰었다.
금련은 말 타는 자세로 그 물건 끝에 약을 발라 문질렀다.
금련은 재차 빨간 입술로 그 귀두를 애무한다.

소설 『금병매』의 처절한 정사 묘사이다. 탕아 서문경은 명조(明朝)의 어리석은 황제들의 상징이다. 금련이 서문경에게 준 환약은 〈홍련환〉이라는 미약이었다.

명조의 세종은 이 환약에 중독된 음란벽의 소유자였다. 〈홍련환〉은 회춘·정력제로 동녀(童女)의 월경을 금·은 용기에 담아, 이것을 오매수(烏梅水)[36]로 정련한 것이었다. 세종은 이것을 조제하기 위해 동녀들을 300명이나 후궁에 불러 모아 그 월경을 채집했다. 그러한 지나친 음락이 원인이 되어 세종의 수명을 단축시켰다.

13대 황제 목종(穆宗, 재위 1567~73년)도 마찬가지로 환관 풍보(馮保)의 꾐에 넘어가 홍련환을 많이 복용하여 방사과다로 요절, 재위 6년 만에 세상을 떠

---

36 반숙의 매실을 검은 연기로 훈제하여, 7회 건조한 것에 유분(乳粉), 진사(辰砂), 송진 등의 분말을 섞어 다시 열을 가해 정제한 것.

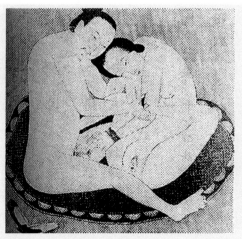

유락도. 중국 목판화. 16세기.

났다.

그 다음의 만력제(万曆帝, 재위 1572~1620년)도 복용한 그날 밤에 급사했고, 이어서 즉위한 태창제(泰昌帝)도 재위 1개월도 못 채우고 돈사(頓死)했다. 모두가 〈홍련환〉이 원인이었다. 〈홍련환〉은 『포박자(抱朴子)』[37]에서 말하는 금단(金丹)의 아류이다. 금단은 단사(丹砂)를 주성분으로 한 불로장수의 선약(仙藥)·회춘제였다. 이 단약에 월경의 피와 오매수를 혼합한 것이 〈홍련환〉이었다. 따라서 이것을 복용하면 비소(砒素) 중독을 일으켜 목숨을 잃는다. 당대(唐代)에서도 이 금단을 먹고 어리석은 황제들이 6명이나 변사했다.

후궁제도는 궁정 안을 창루로 바꾸었고, 거기에서 시중드는 악덕한 환관들은 창가의 창부를 감독하는 노파와 같은 존재였다. 후궁은 성 쾌락을 탐닉하는 바닥없는 수렁이었다.

37 4세기 진(晋)의 갈홍(葛洪)의 신선 양생술의 책.

24 | 명조(明朝)를 멸망시킨 절세미인 진원원(陳円円)

일본에서도 유녀를 중국어와 같이 경국(傾國)이라 한다. 즉 왕족·귀족들이 나라를 기울게 하고, 재산을 탕진할 정도로 유녀놀이에 빠지는 것이다. 그 정도로 여색은 남자의 마음을 흐리게 하고 미혹적이다.

일찍이 그리스의 트로이 전쟁도 한 미녀 때문에 일어난 전쟁이었고, 고대 중국에서도 황제가 여색을 탐닉하여 퇴위하거나 혁명이 일어나기도 했다.

소주(蘇州)의 미희 진원원은 명나라를 멸망시킨 유녀였다. 그야말로 경국(傾國), 경성(傾城)이라는 이름에 어울리는 절세의 미녀였다. 옛 중국에서는 미인은 소주 출신 여자를 최고로 여겼다. 풍만한 육체의 양귀비도 소주 출신, 여기에 등장하는 진원원도 소주 출신 미녀 중의 한 명이다.

명조 마지막 17대 숭정(崇禎, 재위 1627~44년)제[38]말년 경(1640년대), 화북 영토에서 농민폭동이 일어나, 그로 인해 황제는 밤낮으로 번민의 나날을 보내고 있었다. 그래서 황제를 위로하기 위해 소주의 절세 미녀로 유명했던 진원원을 막대한 돈을 지불하고 사들여 후궁에 첩으로 보냈으나, 황제의 총애를 받지 못하고 진원원은 주 황후(周皇后)의 부친인 주씨 저택에 머물렀다. 그즈음 산해관(山海關) 수비대장 오삼계(吳三桂)는 궁정 연회석에서 진원원을 만났다. 오

---

38 명조 마지막 황제.

삼계는 그녀를 보자마자 반하여 천금(千金)을 써서 불러들여 인연을 맺었다.

그러나 운 나쁘게도 이자성(李自成)의 반란군이 북경을 함락시켜 숭정제는 성 밖으로 도망가고 만세산(萬歲山)에서 목 매달아 죽었다. 이때 진원원은 이자성 군의 무리[39]에 잡힌 몸이 되었다. 이 사실을 들은 오삼계는 분노하여 진원원을 되찾기 위해 필사적으로 싸웠고, 이자성은 물밀 듯이 공략해 오는 청군(靑軍)에 항복하고 말았다. 오삼계는 이자성을 토벌하여 진원원을 무사히 손에 넣었지만, 북경성은 청군에 의해 함락되어 명조는 멸망했다. 오삼계는 청군의 참모 홍승주(洪承疇)의 추천으로 평서왕(平西王)으로 등극했다. 그는 진원원을 왕비로 대우하려 했으나, 그녀는 정중히 거절하고 도인이 되어 은거하며 여생을 보냈다.

진원원은 흔하지 않은 미모와 미성의 소유자였다. 그녀의 예상우의(霓裳羽衣)[40] 곡에 맞춰 춤을 추는 모습은 마치 월녀상아(月女嫦娥)[41]의 모습을 방불케 했다고 한다.

---

39 반란·혁명군의 농민병사.
40 현종제(玄宗帝)가 월궁전에 놀러갔을 때 선녀 수백 명이 무지개처럼 아름다운 의상을 펼치고 춤추는 모습을 보고, 이것을 예상우의로 명명했음.
41 당의 현종제가 첫눈에 반했다는 절세의 가희.

25 ㅣ 이혼 왕, 헨리8세의 사생활

일찍이 유럽 가톨릭교국 국왕들은 로마 법황의 허가 없이는 결혼도 이혼도
할 수 없었다. 이혼은 부정·불임인 경우를 제외하고는 인정되지 않았다.

16세기 초 영국의 헨리8세(1491~1547년)[42]는 정치를 측근의 야심가 울세이
(Wolsey, 1473~1530년)[43]에게 맡긴 채 자신은 방탕과 여색에 일관한 자였다.

왕은 궁정녀인 검은 눈동자의 미녀 앤 볼레인(Anne Boleyn)에게 첫눈에 반했
다. 그러나 이미 그의 옆엔 왕비 캐서린(Catherine)이 있었는데 그녀는 아더 왕
의 미망인으로, 말하자면 그는 형수와 결혼을 한 셈이었다. 18년간이나 부부
로 같이 살았고 이혼할 이유는 없었지만, 왕은 아무래도 앤 볼레인에 마음이
끌렸다. 그래서 『구약성서』의 「형제의 처를 얻지 말라」라는 율법을 발견하고,
로마 법황에게 이혼을 신청했다. 물론 그러한 고증문(古證文)으로 쉽게 이혼을
승낙받지는 못했다. 왕은 집요하게 일을 추진시켜 마음대로 종교법을 왜곡하
여 이혼을 성립시켰다.

1533년, 앤 볼레인은 왕비가 되었고 엘리자베스를 낳았지만, 3년 후 왕은 그
녀가 결혼 전 비밀리에 다른 남자와 결혼한 적이 있다는 소문을 근거로 재판

---

42 영국 왕. 수장령을 발표하여 로마교회와 결렬했음.
43 영국 추기경. 헨리8세의 충신. 헨리8세의 이혼 사건 때 로마 법황과의 사이에서 이혼 성립을 성공시키지 못했다
    는 이유로 실각, 런던탑에 유폐됨.

헨리8세 초상화. 16세기.

에 회부하여 참수형에 처했다. 왕은 친히 참수의 달인인 프랑스 카레(Calais)를 불러들여 목을 베도록 했다. 다음 상대는 진시모아였다. 그녀는 에드워드6세를 낳자 산욕열(産褥熱)로 죽었다. 다음은 크레이브의 앤과 결혼했지만 그녀와도 왜곡된 고증문으로 결혼한 지 1년도 채 되지 않아 이혼했다. 다섯 번째는 캐서린 하워드를 왕비로 맞이했으나, 앤 볼레인과 마찬가지로 근거 없는 부정을 이유로 런던탑에 유폐시킨 후 참수대에 올렸다.

1545년 여섯 번째 왕비 캐서린 파와 결혼했다. 이미 왕은 53세의 초로였다. 정력을 너무 소비한 탓인지 혹은 분별 있는 귀족 출신 미망인 왕비의 수단이 좋았던 것인지 왕은 점잖아졌다. 그리고 2년 후 뇌졸중으로 55세로 생애를 마쳤다. 1933년 골더가 「헨리8세」를 영화화하여 영국 영화를 부흥시키기도 했다.

26 | 비운의 왕비 루크레치아

악마적인 권문세가 보르지아가(家)에서 태어난 루크레치아만큼 역사가들의 오해로 인해 세상으로부터 심하게 비난받은 여성도 드물다. 그녀는 악녀, 음부의 대명사로까지 낙인 찍혀 있다. 그러나 그녀는 그야말로 간힐(奸黠, 간사하고 꾀가 많음)한 여자도 아니고, 독약을 사용한 암살자도 아니다. 자기 주장도 할 수 없던 16세기의 가엾은 여자이며, 정쟁의 도구로 이용된 비운의 여자였다.

그녀의 미모는, 다빈치가 〈레다〉의 모델로, 미켈란젤로가 걸작 〈피에타〉(슬픔의 성모)의 모델로 고용할 만큼 화려함과 정숙함으로 가득 찬 아름다움이 있었다.

그녀는 11세 때 이미 스페인 귀족 돈 체르빈과 약혼하게 되었으나, 부친 로드리고의 이해타산에 의해 갑자기 파혼하게 되었으며, 이어서 같은 스페인 귀족 돈 가스파로와 결혼했지만 이것도 부친이 로마 법황에 부임되자 취소되었다. 13세가 되서야 비로소 밀라노 공국 스포르자(Sforza)가(家)의 적남과 정략 결혼을 하게 되었다.

그러나 밀라노 공국의 군사력이 필요 없게 되자 그녀는 다시 이혼하게 되고, 나폴리 왕국의 아라공가(家)의 비제리아에게 시집을 가게 되었다. 그녀보다 한 살 연하인 17세의 미청년이었다. 그러나 그는 1500년 8월, 그녀의 오빠 체자레의 자객에 의해 암살당했다. 루크레치아는 너무나 슬픈 나머지 산 시스토 여수도원에 들어갔다. 1501년, 그녀는 다섯 번째 결혼을 했다. 상대는 로마

레오나르도 다빈치의 〈레다〉.
16세기. 모델은 루크레치아.

냐 강국 페라라(Ferrara)의 군주, 에스테
가(家)의 알폰노1세였다. 1503년에는
부친과 오빠가 독살당했지만, 기적적
으로 오빠 체자레는 소생, 그러나 4년
후 암살당했다. 그녀는 그제야 겨우 편
안한 나날을 보낼 수 있었다.

당시 북이탈리아 페라라는 피렌체
와 버금가는 르네상스 문화의 중심지
였다. 그녀는 학예 보호자로서, 미술
애호가로서, 예술가, 문인, 학자들을
초빙했다. 그녀는 당시 시인으로 고명
했던 피에트로 봄베 추기경(1470~1541
년)[44]을 사랑했다.

그녀도 여러 편의 아름다운 서정시를 남겼다. 또 장녀 에레오노라 공주를
위해 성에 〈새벽의 사랑방〉을 만들어 거장 돗소 드롯시(1479~1541년)[45]에게,
천정 벽면에 100가지의 천사 모습을 그리게 하여 장식했다. 이후 1515년 6월
24일, 산욕열로 세상을 떠났다.

44 베네치아 추기경. 페트라르카풍의 서정시인으로서 이탈리아 시단의 중진이었음. 루크레치아에 바친 많은 연애시
    가 있음.
45 페라라 최고의 화가. 알폰소1세의 궁정 화가.

마키아벨리에게 「그자야말로 군주의 귀감이다」라고 말하게 한, 법황 알렉산더6세(로드리고 보르지아)의 아들 체자레 보르지아는 〈육(肉)의 군주〉였다. 그는 우람한 체격의 미남 장부였다. 2m가 넘는 장신, 풍성한 턱수염, 예각적(銳角的)인 그리스인의 코, 날카로운 안광, 우람한 육체, 용맹스러운 무장 얼굴의 소유자였다. 부모로부터 물려받은 권세욕과 권모술수에 능해, 그 행위는 그야말로 마키아벨리의 『군주론』[46]에서 우뚝 솟아오른 인물이었다.

움브리아의 페르시아대학에서 풍부한 지식을 습득하자, 그는 얼마 안 있어 바티칸 추기경으로 등극했으며, 또 붉은 승복의 모습으로 로마냐 지방을 정복하여 로마냐의 영주가 되었다. 힘은 선(善)이며 권력이었다. 살인과 여색도 힘의 과시였다. 그는 아름다운 누이 루크레치아를 상식에 벗어날 정도로 사랑했다. 그녀가 결혼하면 그녀의 남편을 정략적으로 암살했다. 또 권세욕 때문에 그의 친형 간디아공(公)까지 암살하여 테베레 강에 던져버렸다. 그때의 유일한 증인이었던 하인은 목의 기관을 베어 벙어리로 만들었다.

체자레는 법황 교구 경시 총감 겸 법황군 총사령관이 되어 실질적인 로마법황 구역의 지배자가 되었다. 1499년, 전년(前年) 나바르 공주 샤르롯 군브레와

46　마키아벨리(1469~1527년)의 저작. 후세에 국가주의, 절대 왕권주의의 이론적 교과서로 쓰임. 마르크스의 『자본론』과 대비됨. 이 작품은 체자레 보르지아에게 바쳐짐.

정략결혼을 한 체자레는, 프랑스 루이12세의 사촌인 안느 드 부르타뉴 공주와도 결혼했다. 물론 아라곤 왕국보다 더 강대한 프랑스와 손을 잡고 싶었기 때문이었다. 그리하여 그는 스페인군과 프랑스군을 자기편으로 끌어들여 이탈리아 전 영토를 정복하고자 진격을 개시했다. 그때의 군사 기술관이 레오나르도 다빈치였다. 현존하고 있는 「다빈치의 수기」는 그 당시의 조사기록이다.

체자레는 원정지에서 미모의 부인이나 처녀를 범하며 자신의 호색을 과시했다. 로마냐의 포르리 성을 공략했을 때, 여성주 카테리나(1463~1509년)[47]와 결투하여 그녀를 강간했다. 그러나 그의 인의를 무시한 폭정도 종막을 맞이하고 만다. 1507년 독살당한 부친의 자리를 이은 율리우스2세 법황의 탄핵으로, 법황이 보낸 7명의 자객에 의해 사살되었다. 그의 나이 31세였다.

아침 화장을 한 루크레치아와 체자레.
티치아노 그림. 16세기.

47 로마냐 지방 포르리 성주로 이탈리아의 여걸이었음.

근대
modern

01 | 부화(浮華)의 왕비, 마리 앙투아네트

세간에서는 마리 앙투아네트(Marie antoinette)를 멧살리나(Messalina), 아그립피나(Agrippina)[1], 프레데공드(Fredegonde) 등의 희대의 악녀, 음부와 동일시하고 있다. 그러나 그것은 오해다. 루이16세라는 무골무능한 성불능자 남편에게 시집가 얼마 안 되어 비극적 운명을 짊어지게 되는 박복한 여자였다.

오스트리아 여제 마리아 테레지아(Maria Theresia)[2]의 딸로 태어난 마리 앙투아네트는 겨우 15세 때 프랑스 왕 루이16세와 결혼했다. 물론 권모술수에 의한 인신 제공 같은 성격의 결혼이었다.

그러나 즐거워야 할 신혼 침상에는 비밀이 숨어 있었다. 거한에 자물쇠 놀이밖에 취미가 없는 왕은 어린아이만한 크기의 페니스의 소유자였다. 그녀는 왕이 포경수술을 받을 때까지 7년간이나 성생활을 하지 못했다.

트와이크의 평전에 의하면, 그녀의 허영심도 왕의 생리적 결함에서 시작된 것이다. 그녀는 성적불만을 해소하기 위해 매일처럼 베르사이유 궁전에서 야회를 열고, 도박에 열중하고, 가면(domino)을 쓰고, 젊은 귀족들의 가슴에 안겼다. 의상 도락도 어마어마했다. 갑자기 궁궐 비용은 세 배나 늘어났다. 그녀 주위에 모이는 측근이나 귀족들은 쾌락에 혹란(惑亂)된 그녀를 더욱 쾌락의 늪

---

1   로마의 귀부인. 잔학무도한 독부로 알려짐. 네로에게 죽임을 당함.
2   오스트리아 여제. 아름답고, 정력적인 여제로 유능한 통치능력을 발휘.

으로 빠져들게 했고, 그녀의 방황과 사치는 말로 다할 수 없었다. 베르사이유 사슴공원은 창부의 숲·저택으로 바뀌었다.

마리 앙투아네트의 초상화. 18세기.

그러나 그녀는 그러한 환락의 광태 중에 검은 비로드 가면을 쓴 채 남몰래 만족스럽지 못한 남편과의 사랑에 울고 있었다.

1784년, 그녀가 관여하지도 않았고, 알지도 못했던 〈목걸이 사건〉[3]이 일어났다. 그녀는 무고했다. 법정에서 아무리 변명을 해도 평소 극심했던 그녀의 사치스러운 생활이 그녀의 발목을 잡았다. 그리고 5년 후 프랑스 대혁명이 일어나 그녀는 남편 루이16세와 함께 감옥에 갇혔다.

그녀는 유폐 중에 여자로서, 또 아내로서 눈을 뜨게 되었다. 한 사람의 평범한 여성으로서 사는 삶을 깨닫게 된 것이다. 그녀가 옥중에서 랑발(Lamballe) 공작부인 앞으로 보낸, 자신의 백발로 감아 만든 반지에는 「하얗게 되지는 않는다. 슬픔 때문에…」라는 구절이 있는데, 이 말에 그녀의 38년간의 덧없는 생애가 담겨져 있는 듯하다.

---

3 1784년 8월 마리 앙투아네트를 모함하기 위해 못트 백작부인이 마리 앙투아네트로 변장하여 도난품 다이아몬드를 터무니없는 값으로 팔아 고발당한 사건.

02 | 우아한 유방찬가

16세기 시인 크레멘 마로(Clement Morot, 1496~1544년)[4]는 「단조시(短嘲詩)」(Epigram) 〈유방의 부(賦)〉에서 찬가를 쓰고 있다.

계란보다 하얀 유방이여
새 명주 같은 흰 유방이여
장미도 수줍어할 유방이여
비길 데 없는 아름다운 유방

유방은 여성미의 상징으로 사랑받았다. 그러나 이 유방미(美) 예찬은 르네상스 여성 예찬 풍속에 담긴 쾌락주의, 인간을 있는 그대로 바라보려는 인간성(humanité)의 찬가이기도 했다. 옛 프랑스 궁전에서는 귀부인과 미혼여성들이 유방이 노출된 의상을 입는 것이 허용되고 있었다. 쾌락주의가 만연한 풍속이기보다는 활달하고 밝게 드러난 육체의 찬가였다. 창가에서도 유방을 그대로 노출시킨 창부가 대부분이어서 남성들의 육욕을 자극했다.

고대 로마의 유명한 유녀 플로라는 자신의 보기 드문 아름다운 유방을 백금으로 주조하여 술잔을 만들었다. 개중에는 플로라를 모방하여 황금 제 술잔을

---

4   프랑스의 휴머니즘 시인.

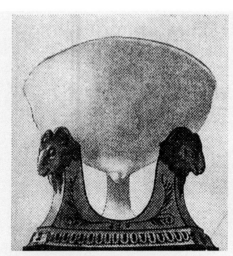

마리 앙투아네트의 유방을 주형해서 만든 수반. 18세기.

만들었지만 썩은 체리 같은 젖꼭지 때문에 돼지새끼 먹이통도 안 된다며 웃음거리를 제공한 귀부인도 있었다고, 브랑톰(Brantome)이 야유하고 있다.

물론 누구에게 공개해도 부끄럽지 않은, 풍만하고 수려한 유방을 소유하고 있는 여자의 남편이나 남자 애인은 자랑스럽게 서로 경쟁하듯 유방술잔의 주형을 뜨게 했다. 술집에서 그 유방에 찰랑찰랑하게 포도주를 부어 동료에게 권하면서 기뻐했다.

프랑스 혁명 때 단두대(guillotine)의 이슬로 사라진 왕비 마리 앙투아네트도 자신의 염미한 유방을 석고로 뜨게 하여 백금 제의 아름다운 과일쟁반을 만들었다고 공쿠르(Goncourt)는 『일기』에서 기술하고 있다. 지금도 베르사이유 궁전에 암소 상 받침대 위에 장식되어 있다.

03 | 그려 넣은 점과 콧수염의 유행

이마 옆에 그려 넣으신 분은 여왕님,
콧구멍 옆에 그려 넣으신 분은 부끄러움을 모르는 분,
눈 주위에 그려 넣으신 분은 정열적인 분,
입 옆에 그려 넣는 분은 키스를 좋아하는 바람기 있는 멋쟁이 아가씨,
보조개에 그려 넣는 분은 개방적이고 외형적인 분,
턱 밑에 그려 넣는 분은 얌전하고 정숙한 분입니다.
인공적으로 그려 넣는 점은 이 외에도 복부, 배꼽 아래, 사타구니의 은밀한 곳에도….

1692년 파리 상드니 거리의 인공 점 전문점 〈인공 점의 진주〉에서 만들어진 노래 가사이다. 17세기 말엽 파리에서는 멋쟁이 여자들 사이에 〈뮤슈(mouche)〉, 즉 인공 점이 유행하고 있었다. 별 모양, 초승달 모양, 둥근 모양의 고무와 명주(tafeta)로 만든 점이었다. 그중에도 엘레강스한 부인들은 이 뮤슈를 여러 종류 갖추어 담은 뮤슈용 상자를 핸드백에 넣고 다녔다.

남자들 사이에는 무슈타쉬(콧수염)라는 인공수염이 유행했다. 물론 진짜 수염도 있었지만 대부분은 인공수염으로, 루이13세는 유명한 〈대왕풍〉의 염소 수염을 턱에 길렀다. 또 八자형 콧수염을 〈조개형〉이라 했으며, 피테고텔이라는 수염 스타일을 다듬는 가죽이나 헝겊제품의 마스크 같은 도구도 나왔다. 개중에는 인두로 컬(curl)을 넣기도 하고, 포마드를 듬뿍 발라 철사처럼 딱딱하게 하기도 했다. 멋쟁이 남자는 콧수염 끝에 리본을 달아 장식하는 자까지 있

었다.

가발도 루이13세가 처음 사용했다. 30세 때 머리숱이 없어져 어깨까지 늘어진 가발을 착용한 것이 유행의 시초였다. 부인들의 가발도 꽤 화려했다. 같은 가발이라도 대머리나 숱이 없는 머리를 감추기 위해 특별히 제작된 다양한 머리색의 가발이 고안되어 남편의 눈을 속였다. 지금도 이러한 특수제품 가발은 파리나 뉴욕의 가발가게에서 판매되고 있다.

04 | 성의 고민, 피임기술

인간에 있어서 성은 쾌락을 얻기 위한 것이며, 자손 번영을 위한 생식은 부수적인 존재에 지나지 않는다. 여성이 쾌락을 위해 부주의로 임신하는 것은 치명적이어서 그것을 방어하는 수단을 강구해야 하는 것은 동서고금을 막론하고 중대한 관심사였다. 가장 간단하고 안전하며, 성감을 반감시키지 않는 방법은 자궁을 폐쇄해 버리는 것이다. 원시인들은[5] 풀, 헝겊조각, 해초, 나무뿌리, 아편 등으로 루프를 만들어 사용했다. 기원전 고대 헤브라이나 그리스, 로마에서는 끈 달린 스펀지(海綿)를 이용했다. 물론 지금의 콘돔 같은 것이 없는 것은 아니었다. 기름칠한 얇은 헝겊[6]으로 만든 것이 있었으나 성감을 현저하게 반감시키기 때문에 널리 보급되지 않았다.

일본이나 중국에서는 부드러운 삼나무 종이를 사용했다. 더치페서리(Dutch Pessary)[7]나 콘돔이 발명되기까지는 유럽, 특히 프랑스와 영국에서는 스펀지 탐폰(tampon, 면봉, 거즈봉)이 16세기경부터 널리 사용되었다. 처음에는 일반 가정의 여성이 아니라 귀족이나 첩, 창부들이 사용했다.

탐폰의 안내서에는 「스펀지에 브랜디 몇 방울을 적셔 자궁 입구를 막으면

---

5 『피임의 세계사』에 의하면 나무뿌리, 헝겊조각은 서 아프리카, 해초는 이스터 섬의 여자들이 사용했다고 함.
6 16세기 이탈리아의 해부학자 가브리엘로 팔로비오(Gabriello Fallopio, 1522~62년)가 발명한 것.
7 고무제 캡을 자궁 입구에 붙이고, 그 캡 표면에 좌약을 발라 사용하는 피임기구.

된다」고 쓰여 있어 피임 효과를 과대선전하고 있다. 브랜디는 포도주와 마찬가지로 알칼리성이어서 정자를 말살하는 효과가 있었다. 스펀지는 2.5cm부터 레몬 크기만한 것까지 여러 크기의 종류가 갖추어져 있었다. 모두 둥글고 가는 명주 끈이 붙어 있었다.

「여성필독서」[8]에는

어느 공작부인은 만찬회에 초대받아 외출할 때에는 절대로 스펀지를 잊지 않았다. 프랑스나 이탈리아 여성은 스펀지를 허리에 동여매 항상 준비해 두고 있었다….

고 적혀 있어 당시 스펀지가 얼마나 유행하고 있었는지 그 효용을 예찬하고 있다.

관주기(灌注器, Irrigator) 후에 고안된 시린진[9]은, 고무호스가 붙어 있는 펌프로 충분한 세척 효과는 기대할 수 없었다. 스펀지는 20세기 초까지 서양 여성들의 불임을 전제한 쾌락을 충족시키고 있었다. 단지 끈이 붙어 있다는 것이 여성의 신비성을 잃게 해서 심리적인 만족감에 그늘을 드리웠다.

관주기로 세척하는 하녀.
18세기 동판화.

---

8   리처드 칼라일(Richard Carlyle) 1826년 간행.
9   펌프가 붙어 있는 비데(bidet).

05 | 대영제국의 반가운 발명

시린진과 콘돔 두 가지 제품.
어느 것이나 요청에 부응하여 등장.

18세기 초 정확하게는 1706년, 위의 광고가 영국에 출현했다. 〈비교할 데 없는 콘돔 씨(氏)〉〈반가운 발명〉〈대영제국의 우수한 국민〉으로서, 콘돔의 출현은, 남성은 물론 여성한테도 대단한 절찬을 받았다. 〈배불뚝이와 울며 보채는 아이〉로부터 아내들은 해방되었고, 아가씨들은 미혼모 될 걱정을 하지 않아도 되었으며, 남자는 창부들로부터 성병을 선물 받을 염려도 없어졌다. 일석이조뿐인가, 일석삼조, 일석사조의 축하할만한 〈반가운 발명〉이었다.

이 위대한 미스터 콘돔은 찰스2세(1630~85년)[10]의 어의로 윌스커피회사에 근무하는 유능한 신사였다. 또 영국 근위보병 제1연대 대좌였으며, 중동지역으로 원정한 적도 있다. 그는 콘돔을 발명한 공적으로 기사 직위를 받았다.

이 콘돔은 어린 양의 맹장으로 만든 것으로 창자를 적당한 길이로 잘라 그늘에 말려, 유지(油脂)와 밀겨로 비벼 부드럽게 한 것이다. 나중에는 얇은 고무제품으로 바뀌었다. 사이즈는 세 종류 있었다. 하나는 길이 190㎜, 폭 60㎜, 두께 0.038㎜의 초 박피막제로 입구 부분은 명주실로 겹쳐 바늘로 봉하고, 리본

---

10 영국 및 아일랜드 왕.

으로 장식했다. 오늘날의 고무제품 두께는 0.075㎜로 양의 창자 콘돔보다 두껍다. 일본 라틱스제 스킨레스는 0.025~0.03㎜이며 세계에서 가장 얇은 것으로 유명하다.

이 콘돔들은「프렌치 레터(프랑스인의 편지)」「영국 미인」「두건」「여자 살생」「산사태」등의 은어로 불리었다. 창가에서는 두 번, 세 번 사용하여 낡은 것은 씻어서 신품처럼 고가로 파는 창부도 있었다. 콘돔은 20세기 초 유화(硫化)고무가 발명될 때까지는 영국의 양장제(羊腸製)가 독점적이었고 유력한 무역상품이었다. 때문에 영국은 가는 곳마다 목장을 만들어 양모와 콘돔을 생산했다.

06 | 매독의 공포

정확히 1495년 4월 2일이었다. 나폴리 공국을 점령하고 있던 샤를르8세 (1470~98년)[11]가 이끄는 프랑스군이 총퇴각했다. 이유는 신성로마제국과 스페인이 신성동맹을 맺어 프랑스 침략에 반격하기 시작했기 때문이었지만, 동시에 공개하기 어려운 불명예스러운 이유가 또 하나 있었다. 프랑스 병사가 나폴리 창부로부터 감염되었다는 나폴리병, 즉 매독이 원인이었다. 이탈리아인은 이것을 프랑스 병사가 가지고 온 프랑스병이라 하였다. 그때 프랑스 병사들은 다리를 끌고, 제대로 걷지 못하는, 그야말로 비참한 모습이었다고 전해지고 있다.

일설에는 매독은, 콜럼버스 대원이 1493년 스페인에 귀국했을 때 하이티 (Haitai)에서 감염되었다고도 한다.

매독은 트리포네마 파리듐(Treponema Pallidum)이라는 병원균이 생체에 침입하여 발생하는 병으로 성교 시 감염된다. 또 그 병원균이 의복, 식기, 기구 등을 매개로 간접 감염되는 경우도 있다. 증상으로는 임파선이 붓고, 경결(硬結)이 생긴다. 초기에는 허벅지 임파관절에 가래톳이 생기고, 심한 통증을 느끼게 되며, 보행이 곤란해진다. 그리고 감염 3개월 후에는 전신권태, 미열, 류

---

11   프랑스왕. 1494~95년에 걸쳐 이탈리아, 나폴리를 침략했으나 패퇴했음.

17세기 창가 풍속. 동판화.

마티스성 진통과 함께 피부전신과 점막에 발진이 생긴다. 또 3년이 지나면 전신의 임파선이 붓고, 고무종양이라는 궤양이 생겨 몸이 썩기 시작한다. 말기에는 신경이 마비되어 사망한다. 이 병원균이 뇌로 침입하면 뇌매독이 되어 폐인이 된다. 또 성기와 코가 헐어 떨어져 나간다.

1906년 밧세르만(Wassermann, 1866~1925년)[12]의 혈청학 창시와 더불어, 매독의 혈청배양이 1909년 에리히(Ehrich, 1854~1915년)[13]에 의해 완성되어 그 치료법이 완성되었다. 또한 임질과 마찬가지로 현미경의 발명에 의해 이들 병원체가 발견되었다.

음악가 슈베르트, 철학자 니체, 시인 하이네, 보들레르도 매독으로 사망했다.

---

12 독일 박테리아 학자, 매독균의 유무를 식별하는 방법을 발견했음.
13 독일의 의학자. 매독 혈청 배양을 606호째 성공하여 914호로 완성시킴.

임질은 인류 최초의 성병이었다. 고대 중국에서는 5000년 전부터 알려져 있었고, 고대 인도, 아랍, 그리스, 로마에서도 임질이라는 병이 존재하고 있었다. 또 히포크라테스(B.C. 460년~B.C. 377년경)[14]와 가렌[15]도 임질에 대해 언급하고 있다.

1879년 나이셀(Neisser, 1855~1916년)[16]이 현미경으로 임질균 염색법을 발견하여 임질 치료방법을 완성했는데, 그때까지 임질을 치료할 수 있는 완벽한 요법은 전혀 없었다.

카사노바 등은 매년 창부로부터 임질에 감염되어 수은요법으로 치료하고, 또다시 감염되는 악순환을 거듭했으며, 교육론자로 유명한 쟝자크 루소 등은 임질 노이로제로 창가에도 만족스럽게 즐기러 갈 수 없을 정도였다.

임질과 매독은 19세기 말까지는 같은 종류의 비너스 병(성병)으로 취급하였으나, 1812년 에르난데스의 임균 발견과 혈청 배양에 의해 임질은 매독과 구별되었다.

고나코카스라 불리는 임균은 콩팥 모양의 쌍구균으로, 인체 백혈구 내에 주

14　고대 그리스 의학자. 정밀한 임상기록에 의해 과학적인 치료법을 확립했음.
15　고대 그리스 의사. 히포크라테스 이후의 임상의로서 알려졌고, 인체해부학을 처음 밝혔음.
16　독일 세균학자.

로 서식하는 그램 염색(Gram's stain)음성의 호기성(好氣性)균이다. 외부에서는 극히 저항력이 약한 균으로, 점막의 피부접촉에 의해서만 감염된다. 감염되면 4, 5일 후에는 뇨가 혼탁해지고 농화되어 요도에 염증이 발생한다. 미열을 동반한 통증을 성기에서 느끼게 된다. 여성에게는 방광염, 불임증, 뇌막염, 복막염 등 갖가지 부인병이 생긴다. 또 자궁 외 임신의 요인도 된다.

최근에는 캐소사이클린(임질용 항생제) 등의 항생물질을 발견하여 매독, 임질 등의 불쾌한 성병은 조기 발견하면 간단하게 치료하여 퇴치할 수 있지만, 방치하면 성기관 및 성기능은 파괴되고, 생식기능은 완전히 소실된다.

매독, 임질 등의 성병은 완전히 박멸된 것이 아니다. 불결한 창부 등은 보균자이며, 불순교접을 하는 남녀, 20~30%가 임균보균자라는 통계가 나와 있다. 성에 대한 보건위생은 평소에 신경을 쓰는 것이 중요하다. 아무리 열렬한 연애도 임질에 감염되면 덧없는 애욕에 불과한 것이다.

08 | 탕아, 카사노바의 생애

카사노바(Casanova)의 자전 『회상록』에 의하면, 이 호색남은 9세 때 지동설을 주장하고, 10세 때 외설적인 시를 쓰고, 11세 때 동정을 잃고, 15세 때 승위를 받아 베네치아 원로원 마리 피에로 보호 하에 뛰어난 설교자가 되었으며, 17세 때 14세의 루시라는 미모의 자매를 유혹하여 처녀성을 잃게 했다. 18세 때 승복을 벗고, 100즈칸에 에스파냐 사관의 관직을 사서 이스탄불에 부임해 도박과 섹스로 나날을 보내다, 정사에 몸을 망쳐 결국 관직을 잃고 베네치아 연극 창고의 바이올리니스트로 영락한다. 그러나 우연치 않게 재벌인 원로원 의원 브라가단의 생명을 구해 카사노바는 대우를 받게 되고, 이윽고 그의 화려한 시대가 도래한다.

나는 23세, 빛나는 건강, 돈은 가득 있으며, 게다가 대담무쌍한 배짱이 있었다.

이 같은 그의 말처럼 호사스러운 애욕생활과 도박생활이 다시금 시작되었다. 25세 때의 일이다.

카사노바는 사육제 복권에 당첨되었다. 상금 3,000듀카라는 꿈 같은 대금을 손에 쥐게 된 것이다. 그의 정사와 도박은 국제화되었다. 파리에서는 부호귀족의 자격으로 루이15세 궁정을 출입하며, 대신 라 로트리의 비서로 채용되기도 하고, 네덜란드에서는 직물거래로 큰 이익을 취하는 등 모든 것이 장밋빛

곤돌라 안에서.
1830년 간행된 호색본 삽화. 석판화 채색. 프랑스.

인생이었다. 또한 노녀 듀르페의 마술을 이용하여 금을 욕탕 물처럼 썼다. 그
러나 지폐위조에 흥미를 갖고 난 후 파리로부터 추방당하고, 돈줄인 듀르페와
브라가딘으로부터도 버림받고, 끝내는 거짓 마술이 탄로 나서 도박에서 돈을
계속 잃었으며, 또 여자로부터 성병에 감염되기까지 해 그렇게 희대의 멋쟁이
카사노바는 철저하게 파산했다. 지갑은 항상 비어 있고, 정사의 상대는 항구
의 싸구려 매춘부뿐이었다. 그런 영락한 카사노바를 구해준 것은 보헤미아의
바르슈타인 백작이었다.

카사노바는 말년을 백작의 듀스크 성 도서 담당으로 보냈으며, 독서삼매에
빠져 『회상록』을 집필, 1798년 6월 4일 노쇠로 그 화려한 73년의 생애를 마쳤다.

09 | 마르키 드 사드의 비통한 생애

문학사적으로는 18세기 프랑스 문학의 〈수치의 3인조〉[17] 중 한 사람인 사드(Sade, 1740~1814년)[18]는, 자신을 문학자이기보다 철학자로 자칭하며, 리처드슨(1689~1761년)[19]과 아베 프레보(1697~1763년)[20]를 스승으로 모시고, 수많은 철학소설과 교양소설을 썼다. 그 자신은 결코 외설소설을 썼다고는 하지 않았다.

『신 쥬스티느』『줄리엣』 또는 『악덕의 영광』 등으로 대표되는 그의 소설은 장황하고, 이론적이고, 길고 지루하지만, 내용은 갖가지 악덕, 배덕, 퇴폐적인 쾌락을 묘사함으로써 인간의 위선적인 가면을 벗기고 적나라한 인간상을 포착했다. 그는 악덕을 혐오하기 위해 악덕을 그리고, 미덕의 숭고함으로 인도하기 위해 배덕소설을 쓴 안티테제작가였다.

그의 생애는 방탕과 광기와 비통에 찬 파란만장한 삶이었다. 그는 훌륭한 교양을 몸에 익히고, 라틴어를 습득했으며, 연극과 미술을 애호하고, 보기 드문 독서가이며, 자신이 시인이자 음악가임을 자칭했다. 부친의 많은 재산을 물려받은 그는, 이미 방탕한 귀족이 되어 매일 밤 주지육림의 향연을 열고 방

---

17 레티프드 라 부르통, 코델로스 라크로, 사드.
18 소마느라 코스트의 영주인 대귀족의 아들로 파리에서 태어났음.
19 영국 소설가. 오로지 악덕 소설을 썼고, 사드에 강한 영향을 줌.
20 프랑스 소설가 『마농·레스꼬』 소설로 유명. 리처드슨의 번역자이기도 함.

탕 일변도의 생활에 빠졌다. 1763년 결혼[21]했지만 애정 없는 정략결혼 때문인지, 그는 처제[22]를 유혹했으며 근친상간을 감히 수치라고 생각하지 않았다. 1768년 파리 교외 별장에서 소녀를 유괴하여 때리고, 검으로 상처를 내고, 그 상처에다 초를 녹여 부으며 학대, 희롱한 죄로 고소당했다.

또 1771년에는 거액의 채무 때문에 투옥되기도 했다. 그는 연중 추문을 일으키고, 그때마다 재판에 회부되어 감옥에 갇혔다.

이후 1784년 바스티유 감옥에서 소설을 쓰기 시작했다. 그리고 대혁명을 맞는다. 그는 옥중에서 하수도관 파이프를 마이크로 활용하여 선동적 연설을 하며 일약 혁명가로서 명성을 얻는다. 그러나 그것도 쟈코뱅 당의 공포정치를 보고 뒷걸음 쳐 배신자로 고발당해 투옥된다.

말년에 그는 베르사이유시설원에 수용되어 빈곤에 시달리면서 소설을 쓰다 1814년 12월 2일 샤랑통 감옥에서 74세의 생애를 마쳤다.

사드 초상화. 카프레티화.

---

21 처는 귀족의 딸 르네페라지드 몬트루이유.
22 드로오네.

10 | 가학의 쾌락 사디즘

사디즘은 크라프트 에빙(Krafft Ebing, 1846~90년)[23]이 『성욕정신 병리학』 중에서 정의한 성 심리학적 용어이다. 일반적으로는 도착적인 성적 편향을 말하며, 가학적 행위에 의해 성적 만족을 얻는 성행위의 대상(代償)이다. 마르키 드 사드 소설에서 볼 수 있는 여러 가지 가학적 폭력의 음란성에 관련되어 이름 지어졌다. 인간의 심층 심리 속에는 공격적이고 파괴적인 욕망이 잠재되어 있다. 그것은 이성이라는 안전장치에 의해 제어되어 있는 것에 지나지 않는다. 이성이 아직 발달하지 못한 유아기에는 누구나 가학적 욕망 충족을 꾀하는 행위를 볼 수 있다. 따라서 사디즘은 정신의 성숙이 이루어지지 않은 유아적인, 퇴행적인 인간의 행동이라 볼 수 있다. 또 강한 자기 소외감(자폐증 환자), 혹은 애욕이 항시 고갈된 상태에 있는 자가, 성적 충족의 대상(代償)으로 가학적 행위를 반복하는 경

영화 〈마르키 드 사드의 쥬스티누〉(1968년)
독일영화.

---

23 근대 독일의 성 과학자. 정신병 임상가로서도 알려짐.

우가 많다.

일반적으로 다음과 같은 종류가 있다.

(1) 공상적 사디즘－가벼운 증세이며 공상, 관념적인 것, 사디스틱한 상상만으로 성적 만족을 느낀다. 잔혹한 성적 공상을 충족시키는 소설이나 시각적 오락물을 애호하고, 여성에게 외설적인 말을 건네거나 해서 자기 쾌감을 얻는 타입이다.

(2) 오손적(汚損的) 사디즘－직접 상대 육체에 고통을 가하는 대신, 상대 의상에 흙탕물이나 잉크 또는 정액이나 분뇨를 묻혀 성적 흥분을 느끼는 타입. 또 면도날 등으로 상대의 의복이나 여성의 둔부를 찢어 희열을 만끽하는 자를 말한다.

(3) 편타(鞭打) 가학증－채찍으로 상대를 때려 상대가 고통에 괴로워하는 모습을 보고 즐기는 편타광을 말한다.

(4) 성적 방화증－이유도 없이 무분별하게 방화하고 성적 쾌감을 느끼는 타입이다.

(5) 살인 음란증－상대를 살해하기도 하고, 그 성기를 절제하기도 하며 성적 만족을 맛보는 광인적 기학자(嗜虐者)이다. 1888년 런던 이스트엔드 지역을 공포로 떨게 했던 〈난자 살인자 잭〉[24] 등의 살인광이 그 예이다.

사디스트는 어떠한 성적 쾌락을 느끼더라도, 그 애욕은 항상 불모이며 정욕은 고갈되어 있다.

---

24 1888년 런던에 나타난 살인귀로, 범인은 정체불명, 체포되지 않았음. 당시 엽기적인 살인사건이었음.

11 | 피학(被虐)의 방탕자 마조흐(Masoch)

사드와 대비되는 마조흐의 생애는 피학의 쾌락에 찬 나날이었다. 폭력, 잔인의 극치인 사디즘은 표면화되고, 그 기학성(嗜虐性, 잔인한 것을 즐기는 성격)은 노출되어 단죄되지만, 마조히즘의 경우는 그럴 염려가 적다.

마조흐(Masoch, 1836~95년)[25]는 1836년에 오스트리아 렌베르크에서 태어났다. 그의 부친은 경찰서장이었다. 모친은 렌베르크대학 총장의 딸 폰 마조흐였다. 마조흐는 부모의 어느 쪽을 보더라도 재능이 풍부하지 않으면 안 되었다. 사실 그는 보기 드문 천재적인 두뇌의 소유자였다. 20세 때 그라츠대학의 역사학 강사로 근무했으며, 34세 때 단편집 『카인의 유언』을 발표, 이어서 장편소설 『모피를 입은 비너스』로 일약 문인으로서의 이름을 날려 확고한 지위를 구축했다.

그러나 사생활에 있어서는 청년 시절부터 사치와 허영으로 가득 찬 방탕자였다. 36세 때 원더 류메린이라는, 양재학교에 다니는 처녀와 사랑에 빠져 결혼했다. 마조흐의 결혼생활은 마조히즘 그 자체의 연출이었다. 그는 아내에게 값비싼 모피코트를 몇 벌이나 사주고, 채찍도 여러 종류를 제공하고, 하이힐을 신겨 마조히스틱한 유희를 아내에게 강요했다.

---

25 오스트리아 하급귀족, 역사학자, 소설가.

이러한 피학의 고통 없이는 정상적인 성행위를 할 수 없었다. 마조흐 부인의 『추억』이라는 기록에 의하면, 그는 열렬한 페티스트였으며, 아픔의 감각을 상실한 완전한 도착자였다고 한다. 그러나 자신의 자식에게는 자애심이 깊은 좋은 아버지였다. 그는 아내에게 간통을 강요하며, 그 현장을 절시(훔쳐봄)하는 것이 취미였고, 힘이 센 하녀를 첩처럼 거느렸으며, 산파와 씨름하다 내동댕이쳐진 것에 희열을 느꼈고, 힘센 창부를 사서는 피학의 환희에 빠졌다.

마조흐의 심적 구조에 있어서 모피와 채찍은 성애의 상징이며, 한 번의 채찍질이 하나의 환상을 낳고, 나아가 거대한 환각증상을 만들어내는 페티시즘(fetishism)이었다. 이러한 성적 도착은 성적 쇠약 현상에 의한 것으로, 마조히즘은 정신적으로 임포텐스(Impotence)인 자가 약한 성욕을 자극하여 흥분을 고조시키기 위해 피학적인 자극 수단을 꾀하여 성적 만족을 얻으려는 성애 행위라고 할 수 있다.

마조히스트의 여자. 독일 사진.

12 | 피학의 희열 마조히즘

에빙의 『성욕정신 병리학』에는

마조히즘에서는 개인이 상대(異性)의 뜻대로 행동하고, 절대적으로 복종하며, 결국에는 독립적 의지마저도 상실하여 일체의 행위가 상대의 지배하에 있게 되고, 커다란 희생을 자신의 희열로 여겨 감수하게 되며, 도덕과 정상적인 습관으로부터 일탈해 버리는 것이다.

라고 되어 있다.

마조히즘은 이성에 대한 색정적 노예이며 절대적인 굴복이다. 마조히즘은 마조호의 소설에 그려져 있는 피학적 애욕의 도착심리에서, 에빙이 그 병리학적 분류를 위해 정의한 명칭이다. 사디즘의 반대어이며, 소극적이고, 수동적인 애욕심리로 여성에게서 많이 보이는데, 남성에게도 의지박약, 여성적 성향을 가진 타입에서 보인다.

보통 일반적으로 고통을 받고 쾌감을 느낀다는 마조히즘의 개념은 잘못된 것으로, 고통과 쾌감은 공존하지 않는다. 이들은 각각 별개의 수용 감각영역을 가지고 있다. 유기체=육체에 있어서는 전혀 별개의 기능이다. 따라서 고통이 쾌감으로 전환되는 것이 아니라, 고통이 가해진 후의 일종의 긴장완화가 쾌감을 주는 것이다. 사디즘과 마찬가지로 생리적인 측면보다도 심적 구조와 관계되는 것이다.

풍자화. 마조히스트. 19세기의 석판화.

마조히즘, 사디즘에도 여러 타입이 있으며 공상적인 피학 취미에서부터, 채찍질, 태형에 의해 쾌감을 느끼는 형태까지 나름대로의 피학적 쾌감이 심적 구조에 의해 달라진다.

특히 〈오손적(汚損的) 마조히즘〉이라 불리는 도착 증세는 발가락 끝이나 발바닥을 핥으며 쾌감을 느끼기도 하고, 종종 생리 중에 성교하고 싶어 하기도 한다. 〈피편타증(被鞭打症)〉은 태형(笞刑)에 의해 쾌감의 극치를 느끼는 타입으로, 현재에도 런던이나 베를린의 창가 등에는 마조히스트용 채찍을 준비해 두었다가, 창부가 손님에게 채찍질을 한 후에 정상적인 성행위를 하는 곳도 있다고 한다.

이러한 피학적 성애는 비교적 사회적 일탈을 하지 않는 경미한 마조히즘의 경우 개인 성생활에서도 어느 정도는 인정되고 있다.

13 | 사랑은 사향의 향기로

이미 고대 인도 편에서 보았듯이 여성의 화장술에 있어서 성취(性臭)를 제거하는 것은 숙녀의 교양으로서 관심 있게 연구되었다. 알피니(Prospero Alpini, 1553~1617년)[26]의 『이집트의 의술』에 의하면 고대 왕족 귀족 숙녀들은 휘발성 향수액은 알지 못했고, 오로지 방향물질을 유성으로 바꿔 사용했다. 다시 말하면, 간단한 증류법을 발명하여 향유를 만들었던 것이다. 사향 고양이의 생식기인 사향낭에서 사향[27]을 채취, 이것에 식물유(油)를 섞어 액체 또는 유지로 크림 상태의 향유를 만들었다.

그 밖에 용연향[28], 몰약(沒藥)[29] 등도 향료로 이용되었고, 자스민, 샤프란 등은 증류해서 향기제의 베이스로 했다. 고대 그리스나 로마에서는 비데와 비슷한 세척기도 사용했고, 물 또는 온수에 향수를 몇 방울 떨어뜨려 그것을 해면(스펀지)에 적셔 국부를 닦았다.

고대 중국의 처첩이나 유녀들은 용연향이나 사향을 채워 넣은 작은 주머니를 질 내에 삽입하고 정사에 임했다. 중국의 경우는 일본과 마찬가지로 훈향(薰香)을 많이 사용했다.

---

26 이탈리아의 의학자. 근세 의학의 확립자로 알려져 있음.
27 사향노루 수컷의 하복부에 있는 향낭을 쪼개 말린 흑갈색 가루. 약재나 향료로 쓰임.
28 향유고래에서 채취한 송진 같은 향료. 사향과 비슷한 향기가 있음.
29 난초과의 소교목. 아랍과 아프리카에 분포. 수피에서 나오는 수지는 방향제, 방부제, 향수나 구강 소독 등에 쓰임.

듀플이 『매음사(賣淫史)』에서 기술하고 있듯이, 고대 로마 제정 시대에 사랑의 행위는 방향의 도취 속에서 행해졌다. 침대는 물론이거니와 시트에는 자스민과 장미꽃을 깔아 향기에 숨이 막힐 정도였다.

16세기에 이르러서는 콜럼버스를 비롯한 탐험가들이 신세계를 발견함에 따라 새로운 향료가 속속 배에 실렸다. 즉 카카오, 바닐라, 페루 향 등이 아메리카 신대륙으로부터 들어왔다. 게다가 향수와 향유, 특히 사향과 용연향 등을 사용하면 매독에 감염되지 않는다는 미신이 한층 향수열을 부채질했다.

피렌체의 메디치가(家)는 배에 실은 향료를 프랑스로 수출하여 막대한 부를 얻었다. 특히 루이15세 치하의 18세기 로코코 시대의 프랑스는 그야말로 향료의 홍수였다. 비데용 물에도, 관수기에도 향수를 섞었다.

베르사이유의 귀부인들은 〈방귀 냄새를 없애는 향수〉라는 방향제까지도 사용했다. 그중에서도 루이15세의 애첩으로 잘 알려진 듀바리 백작부인 등은 평상시 질(Vagina)을 용연향으로 깨끗이 세척하고 루이15세의 코끝을 붙들어 매고 있었다. 덧붙여 말하면 〈샤넬No.5〉도 사향의 향기이다.

로코코의 여인. 19세기 석판화.

14 | 스네미티즘(Shunamitism) 열락

구약성서의 열왕기상[30]에 나오는 구절이다.

다윗 왕이 나이가 많아 늙으니 이불을 덮어도 따뜻하지 아니한지라 그 신복들이 왕께 고하되 우리 주왕을 위하여 처녀 하나를 구하여 왕을 모셔 봉양하고 왕의 품에 누워 우리 주왕을 따뜻하시게 하리이다 하고 이스라엘 사방 경내에 아리따운 동녀를 구하다가 수넴여자 아비삭을 얻어 왕께 데려왔으니 이 동녀는 심히 아리따운지라 왕을 봉양하며 수종하였으나 왕이 더불어 동침하지 아니하였더라.

스네미티즘, 즉 젊은 처녀 향기에 의해 쇠미해진 성력(정력)을 회복시키려는, 어린 처녀와의 동침관습이다. 어원인 스네미는 수넴인에 기인한다. 이미 고대 유태에서도 알려져 있던 것이 『열왕기상』에 기록되어 있다. 고대 로마에서도 소녀가 발산하는 생기를 불로장수의 선약 대신으로 했던 제4대 로마 황제 클라우디우스의 일화가 전해진다. 그러나 뭐니 뭐니 해도 스네미티즘의 전성기는 18세기 말 파리에서였다. 프랑스 문학사에서 사드와 더불어 「수치의 3인조」 중 한 사람이었던 레티프 드 라 부르통(1734~1806년)[31]의 소설 『니콜라 씨』에 스네미티즘이 상세히 묘사되어 있다.

---

30 『구약성서』 제1장 1~4절.
31 소설가. 발, 양말 페티시즘의 탐미성을 소설 속에 그린 것으로 유명.

파리에서는 마담 쟌느가 경영하는 창가인지 살롱인지 구별이 잘 안 되는 곳에서 회춘요법이 대성황을 이루며 활발한 영업이 이뤄지고 있었다. 첫 월경을 한 소녀를 40명 정도 데리고 있었고, 손님은 부르주아 노신사들뿐이었다. 우선 고객은 정성껏 목욕을 하고 마사지 시술을 받는다. 그리고 발가벗은 채로 푹신푹신한 고급 킹사이즈 침대에 눕게 된다. 고객에게는 도가 지나치지 않도록 하기 위해 새둥지 같은 컵이 끼워진다. 그리고 그의 양 옆구리에 살이 서로 닿도록 14, 5세 소녀 2명이 동침하며 몸을 따뜻하게 하였다. 이렇게 8일간 신사들은 소녀들과 지냈다. 소녀의 동침은 이틀 밤 내지 삼일 밤을 기준으로 교대하고는 2주일간 휴식을 취하며 정기를 회복시켰다. 침대에는 교대한 처녀들이 계속해서 신선한 생기를 주었다. 하룻밤 화대는 루이금화 3개라는 비싼 가격이었다. 그러나 소녀들은 3년 근무하면 완전히 늙은 여자로 변했다고 한다.

15 | 밴들링의 침대

18세기 말 영국 웨일즈 지방을 여행한 플래트(Platt)의 여행기 1절에 당시 영국 시골에서는 밴들링 풍습이 있었다고 전하고 있다.

미혼의 남녀가 각기 부모의 허락을 받고 함께 밤을 지내는 것인데, 물론 동침하는 침대에는 장치가 되어 있었다. 두 사람 사이에 판자가 세워져 담처럼 되어 있고 서로 그 담을 넘어서는 안 되었다. 또 침대의 아래쪽 좌판에 구멍이 뚫려 있어 거기에 발을 넣어 마치 족쇄가 채워져 있는 듯한 상태로 동침할 때도 있었다.

보통 속옷은 입고 동침에 들어갔으며, 여자는 속옷 또는 페티코트(Petticoat)를 입은 채로 잠자리에 들었다. 판자 담 때문에 상반신도 하반신도 자유롭지 못해 떨어져 자는 것과 별 차이가 없었다. 때문에 후자의 다리 족쇄를 사용하는 편이 그들에게 있어서는 훨씬 나았다. 하반신은 부자유스럽지만 상반신은 어느 정도 자유로웠기 때문이다. 이러한 동침 풍습이 남녀의 성적 불만을 해소시키는 데 적지 않은 도움을 주었다는 것은 말할 것도 없다.

플래트는 밴들링 풍습에 관하여 성적 방종의 위험이 없으며, 오히려 부모의 승낙 없이 밖에서 데이트하는 것보다 몇 배나 덜 위험하다는 결론을 내리고 있다.

또 J.T. 바보아라는 여행가도 19세기 초에 북 웨일즈의 밴들링 풍습을 보고 아무런 폐해도 없으며, 천진난만한 것이라고 말하고 있다.

이러한 남녀 동침의 풍속은 16세기경부터 네덜란드, 스칸디나비아(북유럽)에서 유입된 풍습이었다. 특히 영국, 아일랜드에서는 19세기 중엽까지 유행하였다.

한편, 아일랜드 지방의 작은 여관에서는 침대 수가 부족하면 손님과 하녀가 동침하기도 했는데 이것은 지극히 자연스럽게 이뤄졌다. 추위와 가난에서 온 지혜였으므로 약간의 성적 호기심을 자극하기는 하지만 합리적인 생활 습속이었다.

16 | 임신하면 떳떳하게 결혼을

시험결혼 풍습은 유럽의 결혼 형태 중 하나였다. 그 기원은 확실하지 않지만 고대 그리스에서 시작되었다고 전해진다. 특히 스칸디나비아 지역에서 많이 볼 수 있다. 또 북아메리카 인디언이나 필리핀 등의 원주민 사이에도 시험결혼을 볼 수 있다. 인간생활의 실리적 지혜가 낳은 합리주의적인 결혼이라고 평할 수 있겠다.

특히 중세 유럽에서는 트리엔트회의[32]까지는 시험 결혼이 일반적인 결혼 형태로 되어 있었다. 시험 결혼은 선을 보지 않고 결혼하는 것을 막기 위한 것으로, 결혼했을 때 불임에 대한 우려나 신랑의 임포텐스 등의 비극적 상황을 미연에 방지하기 위한 것이다. 다시 말하면 나름대로 품평을 한 다음 정식결혼을 한다는 풍습이었다.

19세기 영국 요크셔 지방에서는

그대, 만약 애를 갖지 않으면, 나는 그대를 맞이하지 않겠노라.

라는 서약이 있을 정도로 만약 시험결혼에서 신부가 임신하지 못하면 파혼을 했고, 또 남자에게 성적 능력이 없으면 신부 측에서 일방적으로 파혼을 제기

---

32 1545~63년에 걸쳐 트리엔트에서 열린 가톨릭 대종교회의. 결혼에 관한 교회의 규율이 확립됨.

토마스 모아 초상화. 19세기.

할 수 있었다.

기독교 결혼에서는 한 번 사제 앞에서 식을 올리면 설령 불임, 임포텐스라도 이혼은 인정되지 않았다. 그러한 불행을 방지하기 위해서도 시험결혼은 의미가 있는 것이었다. 16세기 휴머니스트인 토마스 모아(Thomas More)는 『유토피아』에서, 결혼 전에는 분명히 품평을 한 후에 신부를 맞이해야 한다고 주장하면서, 영국에서는 신부가 권위 있는 부인의 면전에서 알몸을 보여 평가를 받는 풍습이 있었다고 소개하고 있다.

또 존 오브리(J. Aubry)의 『짧은 생명』(1939)에는, 신랑의 부친이 신부 집을 방문하여 신부의 알몸을 관찰하고 아들의 신붓감으로 적합한지 여부를 결정했다고 쓰고 있다.

토마스 모아는 이렇게 말했다.

사람은 작은 집을 살 때에는 여기저기 세심하게 들여다보면서, 일생의 행·불행에 관계되는 아내 선택에 있어서는 손으로 가릴 수 있을 정도로 작은 부분인 얼굴만 보고 결정한다. 이는 어리석은 짓이다.

17 | 엘 마디의 후궁생활

아랍의 후궁 주인인 교주(칼리프), 황제(술탄), 지사(베이), 총독(바샤) 등 이슬람교국의 왕족·귀족들 중에는 현명한 자가 많아 스스로 음락에 빠져 인간성을 잃을 정도의 사람은 별로 없었다. 스스로 호색의 절제법을 습득하고 있었다고 이해할 수 있겠다. 그러나 간혹 후궁을 음탕한 장소로 만들어 호색에 빠진 어리석은 자도 있었다.

유명한 이집트의 무장이자 후에 알라신의 성자로 존경받은 엘 마디는 호색의 절도를 망각한 어리석은 자로 타락했다.

19세기 초 정확히는 1812년, 무하마드 알리의 명령으로 수단의 기독교 왕국 누비아를 공략한 마디는 많은 무공을 세워 북 수단 전 지역을 점령하고, 누비아 종족을 통일시켜 지배했으며, 영웅으로 추앙 받음과 동시에 스스로 알라신이라 칭하며 성화(聖化)했다.

마디는 누비아의 돈고라에 호화로운 후궁을 지었다. 전리품으로 잡아온 8세에서 20세의 수단 처녀가 100여 명 가까이 있었다. 또 터키계 백인 여자, 이집트계 여자도 있었다. 마디는 밖에서는 성인군자로 행동하고, 술도 입에 대지 않으며, 고결한 무인으로 지내고 있었으나 후궁에 발을 한 걸음 내딛으면 전혀 다른 사람으로 바뀌었다. 발가벗은 모습이 되어 몸 전체에 자스민과 백단 등의 향유를 뿌리고, 여러 명의 애첩들에게 그것을 핥게 하고, 자신의 남근

페르시아인의 호색.
1930년 호색본 삽화. 석판화 채색. 프랑스.

을 집요하게 빨게 하는 등 방자한 쾌락에 몸을 맡긴 채, 하고 싶은 대로 음탕한 행위를 연출했다. 그는 그러한 육체의 샴푸를 매일 아침 장시간에 걸쳐 음미했다.

또 추울 때에는 백인 여자를 끌어안고, 더울 때에는 흑인 여자를 양쪽에 껴안고 휴식을 취했다. 이유는 백인 여자의 피부는 뜨겁고 촉감이 좋으며, 흑인 여자는 차가운 살을 가지고 있기 때문이었다.

그러나 이러한 생활은 성자로서 어울리지 않는 음락의 삶이었다. 이윽고 그의 행각이 발각되자 실각되어 이집트로 귀환했다. 하지만 마디의 후궁생활은 그닥 특이한 것이 아니었다. 어느 후궁에서도 마디와 같은 호색생활은 존재했다.

18 | 향수와 분, 로코코의 미용술

18세기 초 루이14세(태양 왕)의 궁정 시대는 이른바 로코코 시대였다. 왕조차도 대머리가 아니면서 아름다운 밤색 블론드 머리카락을 밀어 커다란 가발을 쓰고, 얼굴에는 홍·백분을 발랐다. 물론 궁정 귀족들도 어깨까지 늘어진 대형 가발을 머리에 얹고 화장을 했다. 남자까지 화장을 할 정도라면 궁정의 첩이나 귀부인들의 화장욕은 상상하고도 남을 정도였다. 그녀들은 백분을 잔뜩 바르고, 샤워하듯 향수를 마구 뿌려댔다.

궁정 애첩 몬테스판 부인은 하루에 두세 시간 침대 위에 나체로 누워 향유와 향수로 온몸을 마사지하는 것을 일과로 하고 있었다. 그리고 〈석고처럼 하얗게〉 백분을 발라 진한 화장을 했다. 그러나 오를레앙(Orléans) 공작부인[33]의 글에 의하면

부인의 살은, 아이가 손으로 구긴 종이처럼 주름투성이의 얼굴을 하고 있었다.

고 한다. 당시의 립스틱이나 백분은 연단(鉛丹, 산화연), 주석, 수은 등을 표백제나 안정제로 이용하고 있어 두껍게 화장을 하면 피부는 굳어져 주름이 느는 것은 자명한 일이었다.

33 필립1세의 제2부인, 필립2세의 생모.

또 입욕 미용도 거르지 않았다. 우유 목욕, 또는 백합이나 수련, 잠두콩의 꽃을 증류한 물, 포도나무 수액, 레몬쥬스 등으로 전신을 마사지했다. 이 모두가 살결을 희고 윤택 있게 보이고 싶어 하는 데서 나온 눈물겨운 노력이었다. 피부가 흰 것은 고귀한 혈통, 가계를 증명하는 신분 표식이었다.

향수, 향료수(향수를 섞은 화장수), 미안수(美顔水) 등은 욕탕의 물처럼 아낌없이 사용했다. 퐁파두르(Pompadour) 부인은 1년간 향수 대금만으로도 100만 프랑이나 낭비했다. 지금의 가치로 환산하면 10억 원 이상이나 된다.

이 정도 사치를 허용하고 있었던 왕가에 대해 혁명이 일어나지 않는다면 이상한 일이었다. 서민은 한 달에 한 번 정도밖에 목욕을 하지 않았지만, 베르사이유 궁정은 그야말로 〈향기의 궁정〉이었고 첩 등의 귀부인들은 〈꽃의 무장부대〉였다.

로코코 귀부인.
리콜라 드 랄지리에르 그림. 18세기. 프랑스.

19 | 루이14세의 호화로운 침대

역대 부르봉 왕조 출신 통치자 중에서 〈태양 왕〉이라 불리었던 루이14세는 위정자로서의 수완도 그랬지만, 규방생활에 있어서도 사치스러움이 극에 달했다. 왕비 마리 테레즈 외에 수십 명의 여자들에게 둘러싸여 살았다. 26년의 세월을 소비하여 1682년에 완공한 베르사이유 궁정에는 왕 전용 침대가 413개 갖추어져 있고, 그중 155개는 특대의 킹사이즈였다.

한스 올에 의하면 루이14세의 침대에 대한 설명은 이렇다.

궁전에 있는 루이14세의 침대는 제단과 같았다.
주위의 벽에 펼쳐지는 나무조각 장식,
침대 방풍벽에 붙인 금박의 조금세공(彫金細工),
침대 가리개를 장식한 새 깃털 다발,
이 성스러운 곳을 부정한 속세와 구별하는 난간

그는 또 왕비 마리 테레즈(1638~83년)[34]가 세상을 떠나자 멩트농(Maintenon, 1635~1719년)[35]과 결혼하여, 이 새로운 왕비를 위해 〈아브라함의 제물〉이라는 금색 찬란한 침대를 맞추었다. 그는 수많은 침대에서 왕비 마리 테레즈에게 6명, 17세의 첩 라바리엘에게 4명, 몬테스판 부인에게 8명의 아이를 낳게 하고,

---

34 필립4세의 딸. 1660년 루이14세와 결혼.
35 1652년 비밀리에 루이14세와 결혼.

침대 귀족. 18세기 석판화.

재혼한 멩트농에게도 딸 하나를 낳게 했다.

그밖에 인정되지 못한 아이의 수는 셀 수 없을 정도였다. 이 아이들에게는 각각 영지를 주고 공작 직위를 주어 귀족으로 만들었다. 이른바 〈침상귀족〉을 마구 양산한 것이다.

그의 침대 취미는 야전장에서도 발휘되었다. 파리에서 짐마차로 방주(方舟, 방형의 배) 같은 커다란 침대를 천막과 함께 운반했다. 그는 전쟁에 나갈 때에도 몬테스판 등 애첩들을 동반한 호색한이었다. 〈비너스의 개선〉이라 불린 그의 특대 침대는 전쟁터나 여행지로 떠날 때에도 애첩들을 싣고 동행했다고 한다.

당시 왕의 상대는 여자이기만 하면 만사 OK였다. 그러나 그것은 발루아 왕조의 역대 왕과 마찬가지로 성(性)의 미식이었고, 결코 음탕이 아니었다. 또 루이14세는 남색 등의 도착적인 성 습관은 없었다. 오히려 그것을 혐오하여 당시 귀족 사이에서 유행하고 있던 남색결사(男色結社)를 엄하게 탄압할 정도였다. 1715년, 노인성 탈저(脫疽, 신체 조직의 한 부분이 사멸하여 썩는 병)를 앓고 77세의 생애를 마감했다.

20 | 요술로 남자 마음을 사로잡는 몬테스판

태양 왕 루이14세의 별처럼 빛나는 애첩들을 제치고 그들의 필두에 오른 몬테스판(Montespan, 1641~1707년)[36] 부인에게도 조락(凋落)의 가을바람이 불었다. 왕은, 그다지 미인은 아니지만 재기 풍부한 스카론 부인을 애첩으로 맞이하여 그녀에게 집착했다.

몬테스판은 왕의 침실에서 멀어지게 되었다. 그러나 그녀는 이 영광의 자리에서 내려오기 싫었다. 어떻게 해서든 왕의 총애를 한 몸에 받고 싶었다. 어떻게 하면 좋을까. 그녀는 당시 대유행이었던 요술, 혹마술에 의해 자신의 소망이 이루어지리라 믿었다. 그것은 바로

주문만 외면 병도 낫게 해주고
소원도 들어주는 것[37]

이었다.

루이14세 치하 부르봉 왕조의 수십 명의 귀족들은 자신의 영달을 위해, 출세에 방해가 되는 연적(戀敵)을 없애기 위해, 혹은 왕의 총애를 얻기 위해, 라보잔이라 불리는 여자 요술사를 방문하여 소름끼치는 혹마술의 비방을 전수

---

36 후작 부인이었으나 루이14세의 마음에 들어 1667년 애첩이 됨.
37 몰리에르의 희곡 〈멋있는 애인들〉 제3막 1장의 대사 일부.

받고 있었다. 쥬르보와의 기술[38]에 의하면

이미 발가벗은 몬테스판 부인은 이때, 관 위에 덮는 검은 천으로 덮인 허술한 쿠션 위로 한 번에 올라가 태연하게 누웠다. 베개에 받혀 있던 머리가 뒤로 젖혀져 넘어진 의자에 닿았다. 양다리가 펴지고, 복부는 부어올라, 유방보다 높았다.

요술사 기블은 전라 상태인 그녀의 복부에 냅킨을 덮고 유방 사이에 십자가를 놓고 성배를 옆에 놓았다. 기블은 주문을 외우며 그녀의 전신을 핥았다. 그녀는 황홀경에 빠졌다. 제물로 바쳐질 어린아이가 기블의 손에 의해 몸이 갈라져, 백은 같이 하얀 몬테스판 부인의 나체 위에 피가 쏟아졌으며, 성배에도 피는 담겨졌다. 그녀는 몽유병자처럼 성배에 담긴 피를 전부 마셨다. 이리하여 사바트 의식이 끝났다.

당시 이러한 사바트에 제물로 바쳐진 유아는 2,500명에 달했다 한다. 몬테스판의 요술 취미는 왕에게 알려져 첩의 자리를 잃고, 1691년 수도원으로 보내졌다.

몬테스판 부인의 초상. 18세기 동판화.

38 쥬루보아의 『악마학과 악마』.

21 | 방탕한 루이15세의 사생활

1789년 7월에 일어난 프랑스 혁명 당시 이러한 풍자시가 유행했다.

할아버지는 허풍쟁이
아들은 바보
손자는 겁쟁이
오오 훌륭한 가족
이것이 너의 프랑스다.

할아버지는 태양 왕 루이14세, 아들은 〈사슴동산〉에서 놀다 지친 루이15세, 손자는 자물쇠 만들기를 좋아하는 임포텐스 루이16세이다.

루이14세의 3남이었던 루이15세는 5세에 왕좌에 올랐으며, 필립2세와 부르봉공(公)(콩데 공작)이 차례로 섭정하며 재상일을 맡았다.

〈예쁜 소녀 얼굴의 미청년〉 루이15세(1710~74년)[39]는 〈정사(政事)에 대한 지식은 하나도 없고〉〈항상 즐거운 한심한 자〉였다.

1725년 15세 때 재산이 없는 폴란드의 왕녀 마리아 레슈친스카와 결혼했다. 그 첫날밤 상황을 재상 부르봉이 왕비의 부친(폴란드 왕)에게 이렇게 써서 보

---

39 루이14세의 3남. 생애 왕으로서는 무위무능했음.

냈다.

왕은 왕비와 함께 하룻밤에 7번이나 정애(情愛)의 표시를 보였습니다. 왕은 시종 한 사람을 나에게 보내 그 사실을 보고하도록 했습니다. 또 후에 왕께서 직접 저에게 말씀하셨습니다.

앙드레 모로아(Andre Maurois)의 『프랑스사(史)』에는 이렇게 쓰여 있다.

루이15세의 호색 정사도 때로는 내리막길이 있었다. 왕비는 언제나 국왕을 지루하게 했다. 국왕은 왕비에게 한 마디도 건네지 않고, 열 명의 아이를 가졌다. 왕비는 부드럽게 항변했다. 「나는 언제나 자고, 언제나 낳기만 하는군요」.

1732년 이후 국왕은 장유의 서열에 따라 넬 세 자매(마이이 넬 부인, 반티뮤 넬 부인, 라투르 넬 부인)를 맞이하여 애첩으로 삼았다.」

5세의 루이15세 초상.
이아상뜨리고 그림. 18세기.

또 옛 이름이 쁘와송이었던 서민 출신의 퐁파두르 후작부인이 애첩 제1인자에 올라 국왕과 프랑스 위에 군림했다. 루이15세는 소녀 취미로 〈사슴동산〉에서는 14, 5세 소녀들을 탐닉했다. 또 만년에는 듀바리 부인과 보르베르니에니, 쟌느 페큐라는 창부 출신의 여자를 애첩으로 삼았다. 이후 1774년 천연두로 사망했다.

22 | 퐁파두르(Pompadour)와 사슴동산

「20년은 처녀, 15년은 창부, 7년은 뚜쟁이였던 자」라고 묘비에 새겨져 있는 퐁파두르(1721~64년)[40] 후작부인은 군주 루이15세를 무릎 밑에 두고, 프랑스 학예를 보호·육성함은 물론, 학술 진흥 주재자로서 공적이 지대했다. 그 궁정 예술은, 앙드레 모로아(Andre Maurois)가 〈이탈리안 르네상스의 재래〉라고 말할 정도로 로코코 미술을 완성시키며, 오늘날의 프랑스 예술의 기초를 마련했다. 그녀는 공과 죄가 병립하는 보기 드문 여성이었다.

그녀는 어리석고 호색밖에는 별 재주가 없는 필립2세 오를레앙(Orleans)공 (公)의 왕실 사무관, 프란시스 포아송의 서자로 1721년 파리에서 태어나, 1741년, 세무직원 롤만 디티올과 결혼했으나 루이15세의 눈에 들어 결혼을 취소하고 그의 애첩이 되었다. 아름답고 재기 풍부하며 어린아이 같은 순진한 성격이었다.

그녀는 볼테르(Voltarire), 엘베티우스(Helvetius), 나티에(Nattier), 라뚜르 (LaTour), 부세(Boucher) 등의 사상가, 철학자, 극작가, 화가 등을 왕궁으로 초대해 왕에게 교양을 전수시켰다. 그러나 왕은 〈여자 치마 속〉에만 관심이 있었다. 그래서 그녀는 왕의 기분을 적당히 받들고, 무료함을 달래기 위해 〈사슴동

---

40 1744년 루이15세의 애첩이 되어, 왕실의 실권을 잡고 정치·외교에도 수완을 발휘했음.

퐁파두르 부인의 초상.
잔 마르크 나티에 그림. 18세기.

산)을 베르사이유 숲 속에 만들어 왕의 후궁으로 쾌락의 메뉴를 짰다.

왕은 성숙한 여성미보다는 젊은, 사슴새끼처럼 발랄한 소녀를 애호했다. 퐁파두르는 파리의 창가와 타락한 귀족들과 연대하여, 이 〈사슴동산〉에 15세 이하의 소녀들을 제공케 했다. 〈사슴동산〉에 쁘띠메종(작은 저택, Petit maison)이라 불리는 작은 궁을 지어 그곳에 싱싱한 소녀들만 모여 살게 했다. 소녀들은 몸이 거의 비쳐 보이는 투명한 튜닉을 입고 왕의 눈을 즐겁게 했다. 밤이 되면 그 규방에 4, 5명의 소녀들이 밤 시중을 들었다. 소녀들은 임신의 징후가 조금이라도 보이면 간단한 치료를 받고 해고당했다. 그 창부 소녀들 중에는 카사노바가 보낸 O·몰피도 있었다.

23 | 허리베개 스커트에서 종형(鐘形) 스커트로

여성이 신는 하이힐도, 코르셋으로 몸을 죄는 복장미도, 17세기부터 18세기 초에 걸쳐 프랑스 궁정의 애첩들의 사치 풍속에서 탄생한 것이었다. 하이힐의 발상은 15세기 베네치아인데, 일반인에게 널리 보급된 것은 로코코의 여자들로부터였다.

코르셋도 17세기경부터 데코르테(decolletee)[41] 밑에 착용하게 되었다. 즉 데코르테처럼 가슴 부분이 노출되게 만들어진 의상에서는 가슴을 넓히고, 풍만하게 보이기 위해 가슴 밑의 지방을 죄어 밀어올리는 궁리를 하지 않으면 안 되었다. 그렇게 하면 반드시 가슴이 밀어올려져 유방이 커 보이게 된다.

하이힐도 코르셋도 원래는 여성의 유방과 엉덩이를 보다 매력적으로 확장시켜 과시하기 위한 육체미의 레토릭이며 사기술이다. 립스틱이나 분의 화장술과 다를 바 없었다.

허리베개 스커트는 16세기 피렌체에서 파리 궁정으로 시집간 카트리느 메디치 왕비가 유행시킨 것인데, 그때는 조그마한 베개를 허리에 대어 약간 부풀게 한 품위 있는 스커트였다.

이윽고 루이14세 궁정녀들이 〈파리 엉덩이〉라 불리는 큰 허리베개를 이용

---

41 목 줄기, 가슴 부분을 노출시킨 여성 정장용 드레스.

하여, 치맛자락이 바닥에 끌리는 스커트로 덮었다.

이러한 롱스커트는 귀부인다운 위엄을 과시하는 상징으로 애용되었다. 지금도 결혼의상으로 유행하고 있는 것은 왕비처럼 우아하고 아름답게 보이려는 원망(願望)에서 일 것이다. 그 당시 옷자락의 길이는 신분 표식이어서 신분, 계급에 의해 엄하게 규제되고 있었다.

이 허리베개 스커트를 더 대담하게 부풀린 것이 종 모양(鐘形) 스커트였다. 일설에는 루이14세의 애첩이었던 몬테스판 부인이 임신을 감추기 위해 고안한 것이 그 시작으로 되어 있다. 고래뼈 테로 팽팽하게 대어 만든 스커트로, 허리베개도 필요하지 않고 착복감이 경쾌했다. 직경이 1m 이상이나 되는 원을 그려, 명주천의 낭비는 역사상 최고였다.

종 모양 스커트에 의해 여성의 하반신은 한층 성적인 요괴 형상이 되었다.

24 | 베르사이유의 여사슴, 몰피

카사노바의 『회상록』에 의하면 O·몰피는 파리 변두리 연극 창고에서 배우를 하고 있었던 그리스계 미녀, 몰피의 여동생이었다. 누추한 아파트에서 언니와 동거하며 언니의 심부름을 하기도 하고, 반은 창녀와 같은 생활을 하고 있었다. 그 지저분한 소녀가 베르사유에 초대되어 〈사슴동산〉의 여자사슴이 되어, 루이15세의 애첩 마리 루이즈 O·몰피가 되리라고는 그 누구도 상상하지 못했다. 그것도 엉뚱한 동기에서였다.

1764년 어느 날 일이었다. 카사노바는 여자친구 몰피와 식사를 즐기고 있었다. 그는 평상시의 플레이보이 실력을 발휘하여 그녀의 아파트에서 하룻밤을 지냈다. 거기서 그녀 동생 헬렌을 알게 되었다. 침대는 하나밖에 없어 카사노바는 동생에게 은화를 주고 임시로 만든 소파침대에서 자게 했다. 헬렌은 소파에서 낡은 커튼을 몸에 감고 잤다. 카사노바는 숙면 중인 헬렌의 잠옷(커튼)을 벗겨 그 알몸을 들여다보았다. 복숭아 열매처럼 싱싱하고, 터질 것 같은 풍만하고 탄력 있는 육체였다.

그녀는 놀라 심하게 저항했다. 그는 은화 6프랑을 건넸다. 그러자 헬렌은 얌전해 졌고 그가 하라는 대로 움직였다. 다음 날 아침 헬렌은 그에게 「나는 돈이 필요해요. 이번은 조금 싸게 해 드릴 테니까, 또 오세요」라고 말했다. 카사노바는 배우인 언니를 잘 설득해서 헬렌과 2개월간 동거하게 되었다. 그는 화

몰피의 나체화. 프랑스와 브셰 그림. 18세기.

가 친구를 데리고 와서 헬렌을 모델로 나체화를 그리게 했다. 화가는 그림 제목을 언니 이름을 빌려 O·몰피 양이라 했다. 카사노바 친구인 화가는 이 그림을 왕실전람회에 출품했다. 그림은 루이15세의 탐욕스런 눈에 띄어 그림과 모델 헬렌은 왕실에 팔렸다.

이렇게 해서 헬렌은 왕의 애첩이 되어 〈사슴동산〉 작은 궁전의 한 방에서 살았다. 그녀는 왕 사이에 아이를 낳았다. 3년 후, 그녀는 노련한 한 애첩의 간계에 걸려들어 해고되었다. 그때 위자료로 40만 프랑[42]을 받았다. 후에 브르타뉴(Bretagne) 출신 장교와 결혼하여 행복한 여생을 보냈다고 한다.

42 현재 화폐 가치로 환산하면 5억 원 정도.

25 | 새로운 유혹술, 침대에서의 〈아침접견〉

17세기 말부터 18세기 로코코 시대에 걸쳐 궁정 귀족 숙녀들 사이에서는 아침접견 면회, 즉 〈조견(朝見)〉이라 불리는 우아한 관습이 유행했다. 숙녀들이 잠옷을 입은 채로 화장하는 모습이나 아침 목욕을 하는 모습을 바라보면서, 신사들은 인사하고 대화를 즐기는 것이었다. 또 서로 마음이 통하면 아침부터 정사를 즐기는 것도 매우 손쉬운 일이었다.

아침접견은 얼마나 자신을 매력적으로 보이게 하며, 비싼 보석처럼 팔 수 있는가를 시험하는 일종의 품평회였다. 그것도 화려한 옷을 입지 않은, 화장도 제대로 하지 않은 맨살, 맨얼굴의 아름다움을 보여주고, 그러한 분위기에 둘러싸인 에로틱한 성적 매력을 아낌없이 드러내 남자들의 호색심을 자극하여 정사의 황홀경을 경험하는 것이 목적이었다. 얇은 잠옷을 걸친 모습도, 팬티만 입은 채 거울을 향해 화장하는 모습도 남자들에 있어서 여자의 규방을 몰래 들여다보는 듯한 일종의 스릴 같은 절시욕(竊視欲)을 충족시켰다. 마치 스트립쇼를 관람하고 있는 듯한 비밀스러운 흥분이었다. 여자들도 그러한 남자들의 호색 욕구를 충분히 계산에 넣고 있었다.

카사노바의 『회상록』에도 쓰여 있듯이, 여자들은 옷을 갈아입는 것을 거들도록 해서 남자가 속옷을 입혀주며 자연스럽게 스킨십을 유도하여 유방이나 엉덩이에 남자의 유혹의 손이 뻗치기를 기대했다. 카사노바는 그러한 규수의

〈아침접견〉을 접하고 〈손은 정숙함을 잃고〉 아침부터 생각지 않은 찬스를 잡았다. 또 그런 유혹의 수법이 통하지 않는 남자는 촌뜨기로 여기며 상대하지도 않았다. 라클로(Laclos)도 소설 속[43]에 〈아침접견〉의 정사를 묘사하며, 당시 숙녀들의 새로운 유혹술에 주목하고 있다.

마리 앙투아네트 궁정에서 미모로 가장 높은 평가를 받은 구메네 부인 등은 친구나 고위 고관들을 일부러 〈아침접견〉에 초대하여 욕탕이나 침실에서 벌거벗은 채 혹은 잠옷 가운(neglige)만 입은 모습을, 상대를 유혹하듯이 드러냈다. 영국 찰스2세[44]의 궁정에서도 마찬가지였다. 포스마스 공작부인(1649~1734년)[45]의 〈아침접견〉에서는 수십 명이나 되는 귀족 신사들이 마치 비밀 쇼를 구경하듯이 그녀의 침실에 열석했다…….

침대에서의 아침접견. 18세기 동판화.

43 코넬로스 드라크로(1741~1803년)의 소설 「위험한 관계」(1782년 간행)를 참조.
44 그의 궁정생활은 프랑스 바로크 시대를 그대로 옮긴 화사한 것이었음.
45 찰스2세의 애첩, 루이14세의 궁정 풍속을 그대로 영국에 옮겨 우아한 생활을 즐겼음.

26 | 상 크르 성(城)의 성(性)의 향연, 아담축제

근대 프랑스사(史)를 장식한 태양왕 루이14세가 사망한 후의 부르봉 왕조에 필립2세(올리언공(公), 1674~1723년)[46]가 섭정자로 등극했다. 그는 창부 같은 모친을 닮았는지 음탕한 일생을 보냈으며, 그 때문에 프랑스 재정은 기울고, 식민지도 위험에 빠졌다. 앙드레 모로아(Andre Maurois)의 『프랑스사(史)』에 의하면, 음탕한 그는 애첩을 100명 이상이나 거느리고, 자신의 아름다운 딸을 범해 임신시킨 후 죽음에 이르게 하는 등 파렴치한 짓을 서슴지 않았다.

그의 모친은 일찍이 그에게 「너에게 걸리면, 여자는 마치 침실의 비데 같구나」라고 말했다 한다. 그는 사랑의 정념이나 연애의 우아함 따위는 애초에 지니고 있지 않았다.

정무는 모두 측근에게 맡기고, 애첩 사브란과 파라벨 사이를 시계추처럼 왔다 갔다 할 뿐이었다. 그는 당초 베르사이유 궁전에 기거하고 있었는데, 베르사유의 습지가 체질에 맞지 않았는지 심한 신경통에 시달려 파리에 왕궁을 지어 이전했다.

왕궁에서도 그랬지만, 그의 비밀의 성, 상 크르 성에서 매일 밤 대향연을 열었다. 특히 그의 별장에서 열린 〈아담제〉라 칭하는 광조(狂躁)의 광연은 공쿠

---

46 루이13세의 손자, 루이14세의 조카. 루이15세가 정치하기에 너무 어려서 섭정하게 됨.

상징화 〈사랑의 언약〉. 18세기 동판화.

르도 『일기』에 쓰고 있듯이 〈가축 흉내 같은 성의 광란〉이었다. 그 방종한 제전에는 미모의 귀부인들이 이브의 모습, 즉 전라의 모습으로 모였다. 연회가 절정에 달하면 각각의 여자를 서로 교환하는 난교(亂交)가 시작되었다.

이 축제에 참가한 귀부인들은 그것을 명예라 여기고 자랑했다 한다. 여자들은 임신을 원했고 베드(bed) 귀족과 어울리고 싶어 했다.

또한 그는, 쾌락에 권태를 느낀 자를 암유하는 〈루에〉(loué, 프랑스어로 찬미)라는 단어를 자신의 이름으로 사용하며 득의만만해 했다. 이러한 음탕하고 무뢰한 생활이 그의 병약한 체질에 좋을 리 없었다. 자주 뇌졸중을 일으켜 결국 1723년 12월 23일, 그는 어전회의에 나가기 전날 밤 섹스 파트너였던 애첩의 침상에서 복상사했다.

27 | 묶어 올린 머리의 환상예술, 퐁탕쥬

〈소쿠리 같은 멍청한 여자〉〈섹스밖에 특기가 없는 여자〉라고 불린 루이14
세의 애첩 퐁탕쥬 공작부인[47]이 1680년경 어느 날 왕과 말을 타고 산책에 나섰
을 때, 바람이 강하게 불어 머리가 흐트러졌다. 그녀는 당황하여 머리를 위로
올려 리본으로 묶었다. 왕은 그 헤어스타일을 매우 마음에 들어 했다. 그래서
애첩들은 왕의 시선을 끌기 위해 퐁탕쥬처럼 머리를 탑처럼 높게 올렸다. 이
것이 퐁탕쥬 유행의 계기가 되었다.

미모의 퐁탕쥬는 루이14세의 아이를 낳은 후 산욕열로 22세의 젊은 나이에
세상을 떠났다.

훅스는 당시 퐁탕쥬에 대해 「마치 황새 둥지나 닭 벼슬 같았다」고 야유하고
있다. 사실 50~60cm이기는커녕 1.5m나 되었다. 그야말로 도깨비 같았다. 그
높은 머리는 무대 같은 장식이었다. 머리 위에 사냥이나 물레방아 풍물 모양
을 만들기도 하고, 동물 모형, 기병대의 전쟁 장면까지 등장시켰다. 그녀들의
머리 모양은 환상적인 예술이었다.

어느 귀부인은 〈머리 올리는 데에 80g의 포마드, 120g의 머리분, 두세 병의
향수, 수천 송이의 꽃, 200~300개의 머리핀, 20~30개의 깃털, 거기에다 갖가지

---

47 아무리 신분이 천하더라도 왕의 애첩이 되면 모두가 공작이 되었음.

색깔의 리본)을 사용했다. 가까이 다가가면 머리는 포마드, 머리 향수 냄새가 뒤섞여 사향 뱀 같은, 코를 찌르는 이상한 냄새가 났다고 한다.

그러나 귀부인들은 이 머리형을 반나절이나 걸려 만들어 자랑스럽게 거리를 활보했다. 게다가 이것은 파리 궁정 풍속에만 머무른 것이 아니다. 런던에서도, 빈에서도 크게 유행했다.

특히 모든 것이 파리의 아류였던 빈에서의 유행은 대단했다. 머리는 마치 거대한 괴조가 날갯짓하고 있는 것 같았다. 마리 앙투아네트도 궁정미용사 레오나르도에게 20m 가까운 얇고 고운 견직물 띠를 머리에 감게 하여 퐁탕쥬머리를 디자인했을 정도였다.

퐁탕쥬머리형. 18세기 석판화.

28 | 양말은 발에 입는 의상이었다

양말은 기원전 고대 로마시대에 발을 포대처럼 감은 각대라 불리는 것이 그 원형이다.

중세에는 권각반(卷脚絆)이 만들어졌으나 방한용으로만 쓰였다. 여성이 착용하는 지금과 같은 양말 모습이 된 것은 16세기 초 피렌체 궁정녀들로부터였다. 그것은 〈피렌체의 가는 실〉이라 하여 손으로 짠, 예쁜 자수를 넣은 양말로 매우 비싼 것이었다. 본격적인 양말이 출현한 것은 18세기 중엽, 니트 편물기계가 발명되고부터였다. 그것은 명주로 만든 엷은, 자수가 들어간 사치스러운 것으로, 루이15세 시대(18세기)의 파리 궁정에서 사용되었다.

발에 양말을 신는 것, 그것은 팬티를 능가하는 호사한 의상이며, 에로틱의 상징이었다. 발이 성기의 연장이고, 수치의 존재이면 일수록 양말은 매혹적이었다. 로코코의 규방녀들은 아낌없이 양말에 대금을 투자하여 경쟁하듯이 신었다. 무지(無地)가 압도적이었고, 보석, 금·은의 자수실로 장식했는데, 그 색깔은 주로 백·청·장미색 등이었다. 당시 명주제품의 자수가 들어간 양말은 한 켤레 100루블, 지금의 화폐가치로 환산하면 150~200만 원이었다.

저 유명한 나폴레옹 황제의 제1부인이었던 조세핀(1763~1814년)[48] 등은 그야말로 양말광이었다. 그녀는 이름을 넣은 하얀 명주의 자수 장식 양말을 108 켤레나 가지고 있었다. 한 켤레에 18프랑에서 72프랑이나 지불했다 한다. 그녀의 재산목록에 의하면, 그밖에 장미색 양말을 23켤레, 다른 색 양말 18켤레를 장롱서랍에 넣어 두었다. 마찬가지로 황제의 제2부인이었던 마리아 루이스(1791~1847년)[49]도 심한 양말 도락을 즐겼다.

어쨌든 이러한 양말 취미는 나폴레옹의 성적 편집 때문은 아니었을까? 물론 당시에는 긴 스커트가 유행했기 때문에 양말은 치마에 가려져 보이지 않았다. 양말은 남편이나 애인들에게 보이는 섹시한 의상이었다. 양말에는 애인들의 이름이 자수로 수놓여 있었다. 그녀들은 양말이 벗겨졌다고 말하고는, 남편이나 애인에게 속옷도 입지 않은 채로 치맛자락을 올리게 하여 자신의 속살을 보여주었다. 그것이 그 시대의 풍류였던 것이다.

신발 끈을 묶어줘요.
1830년 호색본 삽화. 석판본.

48 1804년 나폴레옹과 결혼, 복장에 있어서는 프랑스 제1의 감각의 소유자로 멋쟁이였음.
49 오스트리아의 프랑시스 황제의 딸. 1810년 빈에서 결혼식을 올림. 검소한 부인이었음.

29 | 일처다부의 여제 에카테리나2세

서양의 왕후 귀족들이 첩들을 많이 거느린 이른바 일부다처의 삶을 살았다면, 러시아의 표트르 대제 사후, 이어서 등위한 여제들은 일처다부의 생활을 했다. 페테르부르크 궁정을 다스린 여제들, 에카테리나(Ekaterina)1세, 안나 이바노브나(Anna Ivanovna), 엘리자베타 페트로브나(Elizaveta Petrovna), 에카테리나2세(1729~96년)[50] 등에게는 모두 총애 받는 신하, 즉 남첩이 있었다. 그중에도 〈위대한 여제〉라고 예찬 받았던 에카테리나2세는 발군의 실력을 과시했다.

북서 독일의 작은 영토국 안하르트·투에르부스트 공가(公家)의 크리스텐 오가스타스의 딸은 1744년, 선천적으로 지능이 떨어지고 병약한 표트르3세[51] 와 결혼했다.

표트르3세는 7년에 걸친 프러시아와의 전쟁에서 러시아 측이 승리했음에도 불구하고, 패전국의 적장 중에 자신이 숭배하는 프리드리히2세가 있다는 이유로 프러시아에 유리한 강화조약을 맺을 정도였다. 이 어리석은 행동에 러시아의 군부도, 프러시아의 군부도, 백성들도 묵시할 수는 없었다. 군부는 에카테리나를 여제로 내세워 승리 축하연이 열린 1762년 여름, 쿠데타를 일으켜 영웅 숭배광인 표트르3세를 추방했다.

---

50 러시아를 근대 국가로 확립했으며 보기 드문 문인 정치가였음.
51 샤를르 프레데릭의 아들. 어리석은 탓에 쿠데타에 의해 궁정에서 유폐되어 사망.

졸지에 여제가 된 에카테리나는 총명
하고 걸출한 지도력이 있었다. 물론 측
근에는 명장 올로프(Orlov)[52], 포촘킨
(Potyomkin, 1739~91년)[53] 등이 그녀의 총
신(寵臣)·애인으로서 성실히 그녀를 섬
겼다. 16세기 이반(Ivan)제와 표트르 대
제에 의한 러시아 통일국가 완성은 에카
테리나2세에 의해 비로소 성취되었다.

드 리뉴(De Ligne)공(公)의 증언에 의하
면, 그녀는 82명의 남자들과 정을 통했
고, 엘미타주(러시아어로 숨겨진 장소)[54]라

에카테리나 초상화. 18세기.

는 궁전에 그들에게 방을 하나씩 주고 10만 루블의 화대를 지불했으며, 의상
대금은 매월 1만 2천 루블을 지급했다고 한다. 밤의 파트너인 남자들에게는
특별히 24종류의 요리를 제공하는 등 파격적인 대우였다. 미남이며 두뇌가 명
석한 포촘킨은 그녀에겐 최고의 애인이었다. 두 사람은 왕궁에 살면서 2층에
는 여제, 그 바로 밑에는 포촘킨의 침실이 있어, 비밀계단으로 이어졌다.

1791년 터키전쟁에서 그가 전사하자 여제는 비탄에 젖어 세 번이나 졸도했다.

52 원래 포병대위, 후에 육군중장, 백작으로 승격.
53 당시 군정 최고 지도자. 훗날 혁명의 도화선이 된 군함 포촘킨 호는 그의 이름을 딴 것임.
54 여제가 건설한 겨울 궁전. 지금은 미술관으로 소장품은 모두 여제가 막대한 돈으로 사들인 것.

30 | 숲 속의 쾌락의 저택, 쁘띠메종

퐁파두르(Pompadour) 부인이 루이15세의 방탕생활을 위해 지은 〈사슴동산〉은 색다른 반향을 일으켰다. 궁전의 왕족, 귀족들이 그 취향을 흉내 내어 한적한 파리 근교 숲이 우거진 곳에 〈쁘띠메종〉(작은 저택, 별장)을 짓고, 그곳을 쾌락의 성으로 이용한 것이다. 당시 존엄한 추기경이며, 루이13세 치세의 재상으로 알려진 리슐리외(Richelieu, 1789~1846년)[55]까지도 파리 근교 세느 강가의 보지라르 관문 옆에 쁘띠메종을 가지고 있을 정도였다. 그 저택 각방의 벽에는 매우 음란한 형상의 부조(浮彫) 그림이 그려져 있었다고 한다.

또 귀부인들도 재력이 있는 자는 별장을 지었는데, 없는 자는 한적한 집을 빌려 애인과 함께 즐겼다. 왕비 마리 앙투아네트의 충신이며, 고결한 철학자이기도 했던 티 백작 등도 모나코 왕족인 라큐르느와 공동으로 로자리라는 첩을 자신의 별장으로 불러들여 즐겼고 심지어 아이까지 갖게 하였으나, 사건화되자 「나의 자식이라고 사람들은 말하지만, 나는 모른다. 이 세상에 많이 일어나는 우연한 사건과 마찬가지다」라고 책임을 회피했다.

이 쁘띠메종의 유행은 파리 창가의 여주인들에게 있어서는 좋은 장사거리였다. 나무숲에 둘러싸인 공원 한구석에 또는 파리 근교 숲 속에 산뜻한

---

55 루이13세 때의 재상. 프랑스 절대 군주제 확립.

쥬피터와 타리스트의 유희. 석판화. 18세기.

〈창부가 있는 집〉을 지었다. 손님은 궁정의 귀부인, 귀공자들이었다. 고급 유녀들을 그곳에 머물게 하여 쾌락의 살롱을 제공했다. 호화로운 큰 거실, 값비싼 고급 살림살이, 넓은 욕실과 침실이 여러 개 마련되어 있었다. 그리고 밤마다 음락의 향연이 열렸다.

마르키 드 사드를 항상 감시하고 있었던 파리 검찰관 마레의 보고에 의하면, 쁘띠메종의 향락은 『악덕의 번영』에 묘사되어 있는 은둔자 민스키의 음락과 다를 바 없었다.

또 무희 길마크의 별장(쁘띠메종)에서는 주 3회 밤의 주연이 열린다. 첫 번째 주연에는 궁정 일류 귀족과 명사가 참가한다. 두 번째는 미술가, 문인, 학자 등 그리고 세 번째는 음탕한 아가씨들이 초대되어 제한 없는 유탕(遊蕩)이 행해졌다고 한다.

31 | 마리아 테레사 규정은 연애 금지령

사랑하는 딸 마리 앙투아네트를 루이16세에게 시집 보낸 오스트리아의 여제 마리아 테레사(Maria Theresia, 1717~80년)[56]는 동란 중에 살아 남아 국가의 가혹한 운명을 한 몸에 업은 여장부였다.

18세에 독일 황제 프란츠1세(Franz)와 결혼하여 16명의 자식을 낳을 정도로 다산 체질이어서 매년 임신과 출산을 계속했으며, 그 와중에도 전투 차림으로 야전에 참가하는 그야말로 늠름한 여제였다. 그녀는 성(性)·도덕에 있어서도 엄격했다. 당시 빈에 매춘부들이 창궐하는 모습을 본 그녀는 〈마리아 테레사 규정〉을 만들어 매춘을 철저하게 단속했다. 이 엄격한 규정에 의해 다음과 같은 자는 매춘 행위자로서 처벌을 받았다.

1. 독신 남녀가 1회 내지 그 이상 성행위를 했을 때,
2. 두 사람의 독신자가 자주 음성적으로 동침을 했을 때,
3. 독신의 여자가 음란한 생활에 빠져 상대가 하자는 대로 할 때.

1은 혼전 정사의 금지이다. 2는 동성애, 남색의 금지. 3은 사창(私娼)에 대한

---

56 오스트리아 여제. 미모의 소유자로 정력적인 여제였으며, 오스트리아의 통일을 이룩하였음.

규제였다. 이러한 음란 또는 매춘 행위를 한 자는 누구나 할 것 없이 태형에 처했다.

또 창부가 상대에게 성병을 감염시키거나 절도 행위를 했을 경우 속옷 한 장만 입혀 맨발로 교회까지 연행해 거기서 자루 속에 넣은 후, 형리가 여자 머리를 삭발하고, 그 머리에 송진이나 숯 또는 타르를 칠해 시내를 끌고 다녔다. 그러면 사람들은 여자에게 쓰레기나 오물을 던지며 린치를 가했다. 자루에서 기어 나온 여자는 알몸뚱이가 되어 태형에 처해졌다. 형벌이 끝나면 마

마리아 테레사의 초상화. 18세기.

을 한적한 곳까지 연행되어 마을로부터 추방당했다.

18세기 중엽의 빈에는 매춘부가 만 명이나 있었다. 이 규제로 인해 창부들은 일제히 지하로 숨어 상류가정의 시녀 또는 하녀 복장으로 위장하여 풍기단속의 눈을 피했다. 또 위반 행위를 수습하기 위해 단속인을 매수하여 성도덕보다도 사회도덕을 황폐하게 했다.

매춘은 밀매춘으로 바뀌었고, 빈에 매독을 페스트처럼 전염시켰다. 그 피해는 군대에까지 미쳐 병사들은 매독에 걸려 부대병원이 마치 야전병원처럼 병사들로 만원이었다. 요셉2세(재위 1780~90년)[57]가 즉위하자 규정을 완화시켜 매독 박멸에 힘을 기울었다.

57 마리아 테레사의 아들. 여러 개혁을 통해 국내 정치를 정비함.

『신 에로이즈』에 의해 문단에 새로운 바람을 일으킨 루소(Jea n Jacques Rousseau, 1712~78년)[58]는 서양에 낭만주의의 씨를 뿌렸다. 그의 생애는 불우와 고독에 찬 것이었다. 그의 자서전이라 할 『고백』에는 적나라한 사생활과 성의 편력이 그대로 나타나 있다. 18세기 중엽의 사상가의 인간성을 아는 데 귀중한 자료이다.

성생활에 있어 루소는 나르시스트였고, 오이디푸스콤플렉스(Oedipus Complex)[59]의 소유자였다. 그것은 낭만주의의 숨겨진 모습이었다. 항상 그는 이상과 현실 사이에서 방황했다.

스위스 제네바의 시계 기술공의 아들로 태어난 루소는 갓 태어난 지 3일째 어머니가 죽고 양자로 가게 되어 교회의 가정부[60]가 키웠다. 그는 장난을 하면 바로 벌을 받았다. 그러나 이러한 냉혹한 매질은 언제부터인지, 그에게 고통보다는 오히려 쾌감을 주게 되었다. 14세 때 이 가정부를 생각하며 자위행위를 하기도 했다. 생활력이 없었던 21세의 루소는 35세나 연상인 미망인 밸런스 부인의 젊은 제비가 되어 동거하며 경제적 보호를 받았다. 그는 뭔가 근

---

58 캘빈주의의 영향을 받아 모럴리스트가 된 그는 소설 『신 에로이즈』에 의해 부동의 지위를 굳혔음. 근대 낭만주의의 창시자로서 문학사상에 남는 사상가였음.
59 성 심리학적 용어. 남자가 부친을 미워하고, 모친을 사랑하는 것을 말함.
60 가정부 란베르셰는 목사관에서 일하고 있던 40세 노처녀였음.

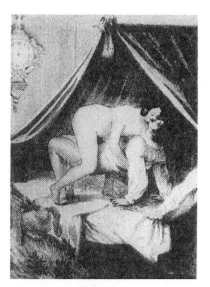

침대의 유희.
19세기. 프랑스 호색본 삽화.

친상간을 저지른 듯한 꺼림칙하고 불안한 비애감을 맛보았다.

얼마 후 그는 라르나쥬 부인[61]을 새로운 보호자로 선택했다. 45세의 〈아름답지도 않고, 젊지도 않고, 그러나 그리 추한 편도 아니고, 노파도 아닌, 색과 남자를 밝히는 여자〉였다. 그는 그녀에 의해 자신의 남자로서의 관능을 발견했던 것이다. 얼마 후 그는 방탕생활을 시작했다. 베네치아에서 친구와 함께 창가로 놀러 다녔는데, 혹시 성병에 감염되지나 않았을까 하는 불안감 때문에 병원에 다니고, 약을 먹으며 노이로제에 시달렸다. 그러나 그는 다시금 사창가에 간다. 이번 상대는 베네치아의 유명한 유녀였다. 그는 그녀의 기교에 〈다리가 떨리고, 정신이 아찔할〉 정도로 희열을 느꼈다.

1745년 그는 하숙집 딸 테레즈와 결혼했다. 싱싱한 육체미의 처녀였다. 그녀의 두뇌는 〈자연이 만든 그대로이며, 글자는 그럭저럭 쓸 수 있었지만, 읽는 것은 만족스럽게 읽을 수 없었다〉.

그녀와의 사이에 5명의 자식을 두었는데, 자식을 부양할 경제력이 없었기 때문에 고아원에다 버렸다. 루소에 있어서 성은 쾌락 그 자체였으며, 그 쾌락이야말로 자연이었다.

---

61   1716년 육군 중위와 결혼하고, 1735년에 별거, 루소와 관계를 가진 것은 그녀가 45세 때였음.

33 | 현란한 창가, 파리 세라이유의 환락

루이 왕조의 베르사이유에서 궁정 귀족들이 환락과 음락에 빠져 있으면, 그 왕조에 기생하는 부르주아들도 지지 않고 흉내를 냈다. 18세기 말에서 19세기 초에 번창한 기세가 극에 달했던 파리의 고급 창가, 다시 말하면 프랑스어로 세라이유(Sérail, 후궁의 의미)[62]가 바로 그것이다.

세라이유는 일반적인 창가와는 달리, 작은 궁전을 연상케 하는 건축과 실내 양식, 로코코풍의 호화롭고 고급스러운 가구를 배치하고, 커다란 거실, 식당, 요리도 일류이면서, 식기는 모두 은제품, 도기는 일본제품, 넓은 대리석 욕실, 침대에는 지붕 장식이 붙어 있고, 명주우모 이불, 그 어느 것이나 베르사이유의 호화로움을 베낀 것이었다. 창부들은 그야말로 알짜들, 싱싱한 미모의 소유자로 예의작법도 습득했으며, 고상하고 우아한 모습이었다. 성에 쇠약해진 손님에게는 관람실이 준비되어 손님과 창부와의 섹스의 활인화를 볼 수 있도록 고안되었다. 반드시 창부 침실에는 큰 화장 거울이 걸려 있어, 그것이 창문 역할을 하여 옆방의 암실에서 들여다 볼 수 있었다.

파리에서는 마담 그르당의 창가가 유명했다. 루이15세의 애첩이 된 듀바리(Du Barry) 백작부인[63]은 이 집의 우등생이었다. 마담 그르당은 장사 수단이 좋

---

62 고급 창가를 가리키는 속어.
63 세금 징수인의 딸. 루이15세의 애첩이 되어 백작 작위를 받았고 후에 귀람 뒤바리와 결혼, 1793년 프랑스 혁명에

세라이유의 유녀. 19세기 석판화.

아 세라이유 옆에다 콘돔, 가죽으로 만든 남자 성기, 홍분제, 대용 여성 인형 (Dutch wife) 등 여러 가지 성구(性具)를 판매하고 있었다. 물론 춘화나 포르노 소설 등의 정신적 미약(媚藥)도 진열하고 있었다. 고객은 여러 계층으로 부호, 귀족, 거상(巨商), 여행자 등이었다. 화대는 최소한 루이금화(1루이는 20프랑) 5 개는 필요했다. 창부는 손님이 원하는 대로 대응했다.

쥬스티누 파리의 세라이유에는 그리스 여신과 닮은 12명의 세련된 창부가 있었고 엷은 명주천 한 장을 전라의 몸에 살짝 걸친 모습이었다. 거실에는 분 수도 있었고, 그녀들은 피리 부는 소녀처럼 악기를 연주하기도 하고, 춤을 추 기도 하였다. 또 카사노바의 『회상록』에서는 〈슈로〉라는 세라이유를 소개하 고 있었다. 거기에는 아름다운 정원까지 있고, 요리도 최고급이며, 젊은 미모 의 창부들이 14명이나 있었다.

의해 단두대의 이슬로 사라짐.

34 | 행운을 부르는 호색소설 『퍼니 힐』

존 크리란드가 쓴 포르노소설 『퍼니 힐(Funny Heel)』은 불가사의한 행운을 베풀어준 문예작품이다. 그가 이 퍼니 힐이라는 14세 소녀의 호색편력을 묘사한 동기는 극히 평범했다.

작가 크리란드는 1707년, 엄격한 군인의 가정에서 태어나 명문 웨스트민스터에서 수학하고, 후에 터어키령 이즈밀 영사가 된 엘리트였다. 그러나 영국으로 돌아가고 나서 한동안은 경제적으로 어려워, 출판사 지인(知人)으로부터 호색소설을 써보지 않겠느냐라는 제의를 받아 쓴 것이 『퍼니 힐』이었다. 1748년에 간행되자마자 순식간에 팔려 대호평이었는데, 예상대로 외설소설로 고발당하여 재판에 회부되었다.

그러나 재판관은 온정 있는 판결을 내렸다. 존 알크랜빌 재판관은 저자가 앞으로 또 가난해져도 추잡한 책을 쓰지 않는다는 조건 하에 영국화폐 100파운드의 종신연금을 지급한다고 판결했다. 당시 솜씨 좋은 기술자 연 수입이 약 100파운드였기 때문에 부유하다고는 할 수 없으나 식생활에는 충분한 금액이었다. 그만큼 유능하고 재능이 있다면 좀 더 고상한 면에서 활용해 주길 기대하는, 다시 말해서 그의 재능을 아까워하는 배려였다.

크리란드는 오스카 와일드와 마찬가지로 세상을 꺼려해서 프랑스 시골에 작은 토지를 구입하여 그곳에서 소박한 행복을 향유하며 살았다. 그리고 1789

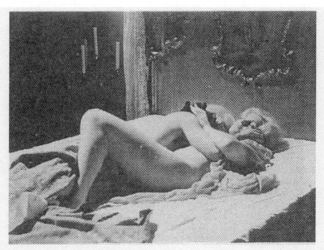

사진 영화 〈퍼니 힐〉(1969년)의 한 장면.

년 82세에 세상을 떠났다.

이후 소설 『퍼니 힐』은 포르노그래피(Pornography)의 대명사가 되어 세계 각국에서 번역되었고, 해적판마저 유포되는 등 원작자와는 관계없이 불법출판의 황금알적인 존재가 되었다. 영국에서는 『채털리 부인의 사랑』과 마찬가지로 1960년까지 발금도서였다.

1986년 뉴욕의 순회 재판소는 『퍼니 힐』에 대해 「인간의 어떠한 신체 부위도 외설이 아니다」라는 판결을 내리고 발금 해제를 선고했다.

35 | 런던판 〈터키탕〉

파리 세라이유가 화려한 고급 창가라면, 파리 유행의 재탕격인 런던에서도, 〈바뇨〉(욕탕이라는 의미)라 불리는 고급 창가가 18세기 말부터 우후죽순 생겨 났다. 명목은 고급 목욕탕인데, 실제는 고급 창가로 그 시스템은 파리 세라이 유를 모방한 것이었다.

그러나 이곳의 창부는 출퇴근하고 있었고 상주하지 않았다. 고객 취향에 맞춰 그 취향에 어울리는 고급 창부를 불러 손님에게 접대하는 시스템으로 되어 있었다. 만약 손님이 마음에 들지 않으면 돌려보내도 되었고, 몇 명이라도 자유롭게 선택할 수 있었다. 물론 손님이 욕실에 들어가는 일은 별로 없었다. 창부들은 빼어난 미모로, 예의작법도 습득한 품위 있는 교양을 몸에 지니고 있었으며, 그야말로 하이클래스의 창가를 연상케 하는 분위기를 조성하고 있었다.

또 손님의 성적 기호에 대응하며 관능미를 만족시키는 설비가 갖추어져 있었다. 사디·마조 같은 도착적 취미의 소유자에게는 채찍 같은 도구 서비스도 있었으며, 가죽제품의 남자 성기도 준비되어 있었다. 여기서는 성 쾌락을 위한 모든 것이 가능했다.

18세기 말부터 19세기 초에 걸쳐 이러한 바뇨가 런던에 수백여 곳이나 있었다니 놀랄 일이다. 런던에서 유명했던 글드 부인이 경영한 바뇨의 고객은 거의가 부자 상인이었는데, 아내에게는 잠깐 시골에 갔다 오겠다고 말하고, 대개

토요일 밤에 이곳에 와서 월요일 아침까지 즐겼다. 그곳은 고급 양주와 맵시 좋고 교양 있는 유녀, 우아한 베드룸, 그외의 가재도구를 갖추고 있었다. 인종도 고객의 요구에 따라 흑인, 중국인 등 여러 인종의 창부들을 데리고 있었다.

포크랜드 부인이 경영하는 세 채의 바뇨는 오로라, 플로라, 미스테의 〈3개의 신전〉[64]의 이름을 땄으며, 오로라에는 청정무구한 처녀가, 플로라에는 여수도승(수녀)으로 불리는 아가씨가, 미스테에는 젊은 여배우들이 있어 음란한 활인극을 연출했다. 입장 자격은 60세 이상의 방탕한 노인으로 제한되어 있었다 한다.

욕조의 여자. 1810년 석판화.

64 이 신전들은 건강신전이라 불렸으며, 포크랜드 부인 소유의 신전 외에 그레암 부인의 신전(바뇨)이 특히 유명해 유럽 각지에서 고객이 몰려들 정도였음.

36 | 고급 유녀로 전락한 발레리나들

프랑스에 처음으로 발레가 들어온 것은 16세기 카트린느 드 메디치가 앙리 2세에게 시집갈 때였다. 이 이탈리안 발레는 오늘날 같은 발레가 아니라 2, 3인이 추는 단순한 것으로, 어디까지나 연회석의 여흥, 소화용의 무용에 불과했다. 17세기 중반 루이14세가 본격적으로 궁정발레 육성에 힘썼다. 이윽고 18세기 중엽에 드라마틱 발레가, 19세기 초에 로맨틱 발레가 탄생하여 현대의 발레 형식을 갖추게 되었는데, 당초의 발레단은 이른바 왕족·귀족의 후궁녀 같은 존재였다. 오페라나 연극보다 발레가 여성적인 매혹감을 한층 직접적으로 전달해 인물 평가가 가능했다. 또 발레리나들도 가문, 교육에 있어서 비천하더라도 아름다운 용모, 균형 잡힌 몸매를 갖추고 있으면 댄스는 나중 일이었다. 호색적인 왕족, 귀족들의 눈에 들면 그것으로 좋았다.

카사노바는 『회상록』에서 슈투트가르트(독일) 궁정극장에 대해,

무용수들은 모두 예뻤다.
모든 무희들은 각하를 적어도 한 번은 행복하게 해주었다는 것을 자랑하고 있었다.

라고, 궁중발레단이 창부와 다를 바 없었다는 것을 분명히 했다.

영국의 찰스2세(1630~85년)의 애첩이었던 네리 퀸도 궁정 발레리나 출신이었다. 말하자면 미모와 세련된 몸매의 아름다움만으로 옥가마를 탈 수 있었다.

오페라 배우도 마찬가지였다. 귀족 신사들 사이에서는 발레리나나 오페라 배우를 첩으로 맞이하는 것이 작은 명예였다. 게다가 파리에서는 발레리나 리스트에 이름이 기재되는 것이, 창부에 있어서는 경찰 감시로부터 벗어날 수 있는 유일한 수단이기도 했다.

　프랑스에서는 발레와 오페라, 연극은 궁내대신(宮內大臣)의 감독 하에 있었으며, 창부의 라벨(상표)을 붙이지 않았다. 따라서 발레리나 지원자 중에는 많은 창부들이 섞여 있어, 발레극단 지배인은 창부 알선업, 뚜쟁이와 다를 바 없었다.

극장의 발레리나. 18세기 동판화.

37 | 연극 관람은 침대가 붙어 있는 관람석에서

귀족사회가 방탕했다면 일반 서민도 이에 뒤지지 않았다. 특히 18세기 말엽 혁명 전야의 파리에서는 모든 것이 음락에 빠졌다고 해도 과언이 아닐 정도였다. 당시 서민들의 오락은 창부와 즐기든가, 술집에서 만취하여 떠들든가, 연극창고에서 오페라나 발레를 보든가, 외설적인 희극을 보는 것외엔 없었다. 그중에서도 연극 관람은 서민의 성적 호기심을 자극하여 환영받았다. 라시누, 코르네이유, 모리에르 등의 무대는 궁정연극이었고, 귀족들의 연극이었으며, 일반 서민과는 거의 관계가 없었다.

연극에서 여배우가 처음 무대에 선 것은 1660년대였다. 영국이 처음이었고, 조금 늦게 프랑스, 독일에도 여배우가 탄생했다.

당시 연극은 희극과 무언극(팬터마임), 발레 등을 조합한 것이었다. 피에로가 무대에 나와 만담을 하고, 서투른 익살과 외잡한 몸짓으로 관객을 웃기면서 진행됐다. 모두 호색적인 것으로 귀족들의 악덕과 음탕을 풍자하고, 필수적으로 애욕의 활인화가 연출되며, 강간 장면이 삽입되어 관객의 욕정을 부추겼다. 파리의 〈애인좌(愛人座)〉 등에서는 전라의 발레리나들이 무언극을 연출했다.

궁정귀족들도 몰래 숨어 들어가 관람했다. 그들은 극장 입구에서 괴도 루팡 같은 검은 마스크를 빌려 로얄박스 좌석을 샀다. 이 관람석에는 소파침대까지

이탈리안 희극. 18세기 동판화.

준비되어 애인을 동반하고 관람했다. 연극을 보고 달아오른 육체를 그 침대에
서 달래주었다. 침대에는 커튼이 붙어 있었다. 언젠가 파리극장에 불이 나 로
얄박스에서 명주양말과 구두를 신은 알몸뚱이 귀부인이 뛰쳐나와 도망을 갔
다고 훅스가 기술하고 있다.

　또 런던의 코벤트 가든, 드르알렌, 혹은 베를린의 극장에도 그와 같은 관람
석이 있어 귀부인들이 정부와 함께 오거나, 고급 창녀가 고객을 거느리고 무
대와 경쟁하여 유희를 연출하였다. 도살업자(정육업자) 등은 관람석에서 박수
대신 동행한 정부의 맨 엉덩이를 헤라클레스 같은 크고 단단한 손으로 쳐서,
극장 전체가 울렸다는 일화도 있다.

38 | 즐거운 대학생의 하숙생활

어느 시대에나 학생생활은 즐거운 것이다. 거기에는 생기발랄한 청춘이 있고 육체가 있다.

18세기 중엽 〈폭풍과 파도〉의 〈젊은 독일〉의 시대, 학생들도 생명 도약에 불타고 있었다. 이곳 독일 서부 이에나와 게팅겐 등의 대학도시에서 학생들은 가장 즐거운 청춘시대를 맞이하고 있었다. 대학생 대부분은 하숙생활을 했다. 〈3식에 낮잠〉이 아니라 〈3식에 아가씨〉의 하숙이었다.

당시 학생생활의 풍속을 기술한 마기스텔 라우크하르트 저작에

이에나의 대학생은 모두 〈미인(charmante)〉을 거느리고 있었다.
이 미인들은 비천한 신분의 아가씨들이고,
대학생이 이 마을에 있는 한 아가씨들과 계속 관계를 가지며,
공부를 마치고 마을을 떠날 때에는 후배 대학생에게 양도하는 것으로 되어 있다.

라고 기록되어 있다. 이 마을 이에나에서는 마을 소녀부터 대학교수 딸까지 소녀라는 소녀는 모두 학생과의 연애생활을 즐겼다고 한다.

이른바 하숙집 여주인들도 하숙생에게는 〈침대 위에서까지 친절하게 해주었다〉. 미망인이 경영하는 하숙집에서는 대학생을 여러 명 받아서 〈매일 밤 교대로 학생과 동침하는〉 일처다부적인 정사까지 서슴지 않았다. 어딘지 지저분하고 항상 피곤해 하는 남편보다, 싱싱하고 정력 왕성한 대학생 쪽이 훨

사랑의 언약. 19세기 석판화.

씬 매력적이고 게다가 뒤탈도 없었다. 대학 도시 마을에서는 대학생들이 침대 손님으로 대환영이었다. 남편들은 언제나 떨떠름한 얼굴을 하고, 명랑한 학생들을 옆 눈으로 노려보고 있었다. 이러한 대학생들의 생활태도는 비판받지도 않았고, 부도덕한 행위도 아니었다. 그것은 자유의 구가이며 우애정신이었다.

선배들은 학생들에게 말한다.

사랑하는 친구여, 많이 마셔라, 사생아를 만들어라, 싸움을 하라, 흥겹게 놀아라, 그것은 제군의 자유사상과 마찬가지로 제군의 명예를 조금도 손상시키지 않을 것이다.

라고. 이러한 대학생활에서 유럽에서도 강력한 근대 국가 독일이 건설된 것이다.

39 | 남자, 그대는 국가의 종마(種馬)이다

동프로이센의 작은 나라에 불과했던 프러시아는 빌헬름(Wilhelm)1세 (재위 1713~40년)의 강건한 군주에 의해 근대 독일 통일국가의 기초를 구축했다. 그 것은 침략과 정복에 의한 무력의 판도 확장과 통일이었다. 따라서 군대의 소 모는 무기 탄약과 마찬가지로 많았다. 지원병과 용병으로는 부족하여 징병제 를 실시해 병력을 끌어 모았다. 불과 3만이었던 상비군이 8만이나 되었다. 그 러나 전쟁이 계속되어 얼마 안 가 2, 3만의 병력을 소비했다.

그리하여 인접 국가인 프러시아령방국(領邦國)에 숨어 들어가 젊고 건장한 이들을 강제로 유괴해와 보충했다. 그러나 병력은 여전히 부족했다. 그래서 대담한 인구정책을 실시했다.

빌헬름1세는 〈앞으로 10년간 60세 이하인 자는 수도원에 들어가지 못한다. 모든 남자는 두 아내를 거느릴 것〉 등의 포고를 했다. 또 그의 아들 프리드리 히 대왕은 도덕법전, 형법전을 만들어 이른바 성 범죄에 관한 모든 규제를 없 애고, 인구정책을 위해서는 첩을 거느리는 것은 물론, 근친상간, 강간, 처녀능 욕까지 형벌의 대상에서 배제시켰다.

또 젊은 여자들이 교회에서 간음죄를 지어 회개하는 것을 금지했고, 그런 부정한 행위를 비난하는 것도 금했다. 중혼은 합법적으로 인정되고, 낙태에 대한 사형도 폐지되었다. 이유는 출산 능력이 있는 여자라면, 또 임신할 가능성이 있다고 인정하여 방치하기로 했던 것이다. 어쨌든 낳아라, 번식하라, 남자는 〈종마〉이다 하며, 출산을 장려했다. 이 나라에서는 풍기문란이란 말은 이미 옛말이 되어 들을 수 없었다. 이후 급속히 인구가 늘었다. 남자는 군대에 가고, 여자는 직물 생산에 종사하여 산업 발달에 일역을 담당했다. 그야말로 그것은 성 해방의 산물이었다.

성은 이제 꺼림칙한 종교적 도그마(Dogma, 독단주의)에 얽매이지 않고, 간통, 불륜이라는 말조차 사라져버렸다. 또 창부의 존재 이유도 없어져 버렸다. 매독으로부터도, 낙태의 공포로부터도 여자들은 구제되었다.

이리하여 프러시아는 활기에 찬 부유한 국가가 되어 근대 유럽에 군림했던 것이다.

런치 타임이 끝나고. 19세기 동판화.

40 | 유방키스는 숙녀의 자랑

나의 의모(義母)인 아그네 부인은 매일 밤 나를 독차지하였다.
나를 무릎 위에 올려놓고 풍만한 가슴을 살짝 숙이며 나의 입술에 유방을 갖다 댔다.

내가 셰로 부인의 눈부신 목 언저리를 칭찬이라도 하면 그녀는 유방을 더 노출시키며 애교를 부렸다. 그리고 그녀는 나에게 자신의 유방을 드러내 보이고는 「양쪽에다 키스해줘요」라고 말했다. 나는 도취된 듯이 입술을 그 작은 봉오리에 힘껏 밀어붙였다. 그러자 그녀는 나의 머리를 강하게 끌어안고는 눈을 감았다……

위의 문장은 18세기 작가 레티프 드 라 부르통(Restif De La Bretonne)의 소설 『무슈 니콜라(Monsieur Nicola)』에서 인용한 것이며, 유방키스의 정경을 자세하게 묘사하고 있다.

18세기 로코코 여자들에 있어서 풍만하고 아름다운 유방에 입을 맞추는 것은 숙녀의 자랑이었다. 그것은 입술에 키스하는 것보다 한층 감미롭고 관능적인 자극이었다. 그 꽃봉오리 같은 젖꼭지는 여체의 예민한 촉각반응을 나타내며, 쾌미감(快味感)이 전신을 자극했다. 숙녀들은 가슴에 향수를 뿌리고 하얗게 화장을 하고 벌꿀이 섞인 립스틱을 유방에 살짝 발랐다.

이 유방키스는 〈처녀의 키스〉라고도 했다. 그러나 유방키스는 젊은 아가씨보다는 성숙미가 물씬 올라 풍만한 유방을 가진 숙녀로의 키스가 남성에게도 숙녀에게도 더 큰 만족을 주었다. 유방키스는 지금부터 행해질 정사에 대한 묵인과 허락이었다. 여자에게는 사랑의 점화이며, 쾌미한 도화선이 되었던 것이다. 이러한 유방키스에 의한 애정 표현은 이른바 인간의 미덕이고 음탕한 행위가 아니었다. 정열적인 사랑이 미덕으로 용인되고 예찬받았던 시대가 낳은 여성의 에로티시즘이었다.

유방미의 매력은 그 둥근 아름다움과 더불어 그 속에 끝없는 사랑의 불꽃이 숨어 있어 여성미가 집약된 신비성이 그곳에 내재되어 있다는 것이다. 그것은 남자에게는 불멸의 매혹이며 사랑의 감미로움을 약속하는 드라마틱한 연출이다. 유방키스는 성기 숭배의 전신(轉身)이기도 했다.

유방 좀 보여줘. 18세기 동판화.

41 | 남자는 15세, 여자 12세에 성인이 된다

　지금으로부터 200년 전쯤, 아니 그 이전에도 유럽의 결혼 연령은 낮았다. 육체적인 조숙도 원인이었지만 남자는 15세, 여자는 12세로 어른 대열에 들어갈 수 있었다. 그 나이 때는 그럭저럭 성적 성숙이 시작되는 시기였다. 게다가 18세기 서양에서는 취학률이 매우 낮아 교육기간도 짧았다. 여담이지만 18세기에 취학률, 자녀 교육률이 가장 발달해 있던 나라는 일본이었다.[65]

　서양에서 정상적인 교육을 받을 수 있는 자는 귀족이나 부유한 자산가의 자제이며, 그것도 대부분 가정교사에 의지하는 교육이었다. 초 · 중등교육이 제도화된 것은 19세기에서 20세기 초였다. 하물며 여자는 교육으로부터 멀리 떨어져 있는 존재로 일반 서민계급에서 문자를 읽고 쓸 수 있는 여자는 거의 없었다.

　과거의 연인들도 지금보다는 훨씬 젊었다. 고대 그리스 소설 『다프네스와 크로에』에는 15세의 다프네스가 13세의 크로에를 풀잎 요에다가 재웠고, 중세의 「트리스탄과 이즈」의 연인들은 19세와 15세였다.

　『로미오와 줄리엣』에서 줄리엣은 아직 14세가 안된 소녀였다. 루크레치아 보르지아는 11세에 스페인 귀족 돈 가스파로와 결혼했다. 루이14세의 애첩,

---

65 『에도시대의 교육』 R · T Door. (1970년)

사랑의 즐거움.
1830년의 프랑스 호색본 삽화. 석판화.

몬테스판의 딸 부르봉 콩데 공작부인은 11세에 결혼했으며 첫날밤에도 충분한 만족을 남편에게 줄 수 있었다.

　카사노바는 10세 때 외설적인 소설을 쓰고 11세에 성을 경험했으며, 15세에는 훌륭한 제비로 성장했다. 또 그는 10세의 발레리나 콜리체리를 정부로 삼았고, 그녀는 카사노바의 가슴에 안겨 정사의 희열을 느꼈다. 레티프 드 라 부르통도 10세 때 남자가 되어 15세 때 대단한 호색가가 되었다. 18세기에 여자의 결혼 적령기는 15세에서 17세 정도이며, 남자는 18세에서 23세 정도였다. 그러나 노화현상도 빨리 왔다. 여자는 24, 5세가 되면 피부 탄력이 없어지고, 지방질이 많은 중년여성으로 바뀌었다. 남자도 30세가 되면 노화했다.

42 | 안나 여제의 밤의 정사

옛날부터 허벅지와 다리는 성(性)의 자리라 하여, 가장 수치심을 강하게 느끼는 부위이다. 따라서 20세기 초까지 여성은 스커트로 완전히 다리를 감추고 있었고, 맨발은 절대로 남자에게 공개하지 않았다.

라틴어로 Femina(女)는 Femur(허벅지)에서 왔고, 허벅지는 여자를 상징해 왔다. 중국의 전족도 음부에 지방질을 많게 하고 허리를 발달시키기 위해 고안된 것으로 발을 성기의 일부로 생각했다.

발바닥도 성적으로 매우 민감한 부분이다. 이미 고대 그리스나 로마에서는 발바닥을 간질이는 것은 전희적인 흥분을 환기시키는 것으로 많이 행해졌다. 로마의 바티칸미술관에, 폰느가 사틸리스의 발등을 간질이고 있는 상징적인 조각이 있는 것도 이러한 풍습이 있었음을 뒷받침하고 있다고 할 수 있다.

18세기 초 안나 이바노브나(Anna Ivanovna, 1693~1740년)[66] 여제의 페테르부르그 궁에서는, 후궁에 발바닥을 간질이는 여자를 많이 거느리고 있었다고 『러시아 공공 풍속사』[67]에서 기술하고 있다.

---

66 러시아 여제. 역대 여제들 중에서도 가장 사치스러웠음. 그녀의 치세를 러시아의 암흑시대라 함.
67 1924년, 베른할트 슈테른 저(著).

자, 빨리 잡시다. 19세기 석판화.

공직으로 근무하고 있는 간질이는 여자들은 러시아 여제들의 궁정에서는 큰 부대를 형성하고 있다. 이 여자 노예들의 단 하나의 임무는 여주인의 발바닥을 간질이고, 정욕을 부채질하는 것이었다. 여제 안나 이바노브나가 처음으로 이 직책을 궁정의 공직으로 승격시켰다. 여제가 사망한 후 그녀의 딸 안나 네오폴드브나는 침실에 붙어 있는 대기실에 6명의 간질이는 여자를 데리고 있었다. 이 여자들은 다투어 그녀에게 쾌감을 느끼도록 최선을 다했으며, 발바닥을 간질일 때에는, 음탕한 이야기를 하기도 하고 노래를 불러주기도 했다. 마찬가지로 영국의 엘리자베스(1533~1603년)[68] 여제의 규방에도 많은 간질이는 여자가 있었다……

러시아인은 이 성풍속을 몽고와 타타르족한테서 배웠다고 한다. 이 발바닥의 간지러움이 지속되면 성 쾌감을 일으키고, 충분한 성행위와 같이 절정기에 달할 수 있었다. 발바닥은 여성 다리의 특수한 성감대였다.

68 영국의 여제. 헨리8세의 딸. 일생 독신으로 영국의 절대군주제도를 강화했음.

43 | 여성의 몸종, 인공페니스의 유행

인공페니스는 고대 그리스 기원전 3세기경에 이미 알려져 있었다. 고대 그리스 시대에는 오리보스라 불렀고, 가죽으로 만든 인공페니스였다. 물론 고대 이집트, 고대 인도에서도 마찬가지로 임포텐스가 된 남자들의 도구로, 또는 여성끼리의 성 도구로 사용되었다.

미개사회에서도 이 인공페니스는 넓게 사용되고 있었다. 발리 섬 여자들은 초로 만든 페니스를 만들어 사용했다. 고대 인도의 『카마수트라』에서도 나무로 만든 페니스에 가죽을 입힌 것을 사용했다.

서양에서는 12세기경부터 승려들 사이에서 〈승려의 보석〉이라 부르는 인공페니스를 애용했다. 르네상스기 베네치아에서는 유리로 속이 비어 있는 인공페니스를 만들어 그 안에 따뜻한 물을 채워 사용했다고 한다.

그러나 인공페니스는 18세기 괄목할만한 신제품이 개발되었다. 쾌락의 별장 쁘띠메종에서 많이 애용했다. 또 산업혁명 하의 영국에서 인공페니스는 요정에서 빼놓을 수 없는 비품이었고, 그 재료도 가죽제품에서 비로드제품, 탄력성 있는 고무제품으로 개량되었다. 20세기 초 파리에서는 프렌치카드와 마찬가지로 미국 관광객 부인들에게 절호의 토산품이 되었고, 화려한 카탈로그까지 있어서 마음에 드는 것을 선택할 수 있었다.

인공페니스는 은어로, 프랑스에서는 〈무분별한 보석〉〈쌍옥〉〈무분별한

초를 사용하여. 19세기 석판화. 색채.

완구〉, 독일에서는 〈과부의 위로〉, 영국에서는 〈여성의 친구〉 〈위안도구〉라
고 칭했으며, 유곽에서는 〈지르드〉라 했다.

　그러나 뭐니 뭐니 해도 인공페니스를 소중히 한 것은 아라비아의 후궁에서
였다. 허리에 가죽 끈으로 매달아 서로 사용했고, 양면페니스라 부르는 2인용
까지 발명되었다. 모두 고독한 후궁녀를 위로하는 도구였다.

　최근 프랑스에서는 고무 진동식 페니스가 고안되어, 그 안의 공동부에 따뜻
한 물을 넣어 연결된 펌프에 의해 따뜻한 물이 분출되어 쾌감을 한층 높이고
또 세척도 가능했다고 한다.

44 | 즐거운 우리의 침대생활

인간은 인생의 3분의 1을 잠자리에서 살고 있다. 그곳은 안식처이자 애욕의 무대이며, 비밀의 침구, 생활의 핵, 자유와 고독의 밤, 사고·창조의 샘 그리고 망설임과 결단의 재판소이다.

루이1세는 침상에서 내린 결정을 〈정의의 침대〉라 하여 불변, 불멸의 재결이라 했다. 다시 말해서 사고·숙려(熟廬)는 침상에서만이 가장 올바른 판단을 가능하게 한다고 생각했다.

유부녀가 〈잠자리 좋아하는 사람〉〈잠자리 능숙한 사람〉이라 하면 색을 좋아하는 바람기 있는 여자의 형용인데, 여자는 남자만큼 침대를 이용하지 않는다. 여성은 오로지 섹스와 수면을 위해 침대를 사용하는 것 같다.

18세기 프랑스의 박학하고 명석한 시인이며, 극작가, 사상가인 볼테르(Voltaire, 1694~1778년)[69]는 하루 종일 침대에서만 생활했다. 특히 우천시 또는 추운 겨울에는 침대에서 한 발자국도 나오지 않았다.

침대 주변에 책을 산더미처럼 쌓아 놓고, 휴식시간 없이 독서삼매에 빠져 메모하기도 하고, 책 여백에 비판이나 느낀 점을 썼다. 그에 있어서 침대는 서재이며 창작의 책상이었다.

69 프랑스 계몽주의 사상가.

침상에서.
1840년 프랑스 호색본. 삽화. 석판화.

소설 『잃어버린 시간을 찾아서』의 작자 마르셀 프로스트(Marcel Proust, 1871~1922년)[70]는 천식 체질이기도 했는데, 일생의 반 이상을 침대에서 지냈고, 거기서 그의 주지적 심리소설이 탄생했다. 화가 마티스도 말년은 침상에서 그림을 그리고 종이공작을 하면서 지냈다. 피카소도 말년은 종일 침상에서 저 유명한 〈에로티카〉의 석판을 마치 일기 쓰듯이 그렸다.

문호 괴테도 침대에 누워 구술필기를 엣케르만에게 시키는 것이 보통이었고, 루소, 밀턴(1608~1674년)[71], 마크 트웨인 등은 침대 속에서 웅크리며 소설을 완성시켰다. 사상가 데카르트는 하루에 16시간, 커튼을 치고, 창문을 닫고, 침상에서 사색하며, 대작 『방법서설』을 완성했다. 러시아의 대 작곡가 그린카(Glinka, 1804~57년)[72], 이탈리아의 가극 작곡가 롯시니(Rossini)도 침상에서 작곡을 했다.

남자들은 침상에서 위대한 항로를 이루고 있었다. 침상생활을 하는 자는 〈태만은 근면을 낳는다〉라는 격언의 실천가이다.

---

70 근대 프랑스 소설가. 정밀한 문체, 날카로운 심리적 관찰의 장편소설. 『잃어버린 시간을 찾아서』는 그의 대표작.
71 영국의 시인, 극작가, 「실낙원」으로 유명함.
72 러시아 작곡가. 러시아 근대 음악의 시조.

45 | 숨겨진 사랑의 대화, 양말대님

16세기 뜨개질 양말[73]의 탄생 이래 그 부속품인 양말대님 밴드도 발달했다. 고무 밴드가 없었던 시대에는 밴드 끝에 단추를 달아 그것을 잠그개로 했고, 리본으로 묶기도 했다. 양말과 마찬가지로 양말대님에도 금실이나 보석으로 장식했다.

17세기 초 모직물 등장과 함께 검은 비로드 밴드도 유행했다. 이 양말대님의 큰 잠그개 금구장식에는 남편이나 애인의 인물 세밀화가 그려져 있었다. 오스트리아 황제 프란츠 요셉(Franz Josef)1세(1830~1916년)의 왕비 엘리자베스(Elisabeth)[74]의 양말대님은 이 부부의 격렬한 러브로맨스를 말해주듯이 두 사람의 실루엣 초상화가 그려져 있었다고 안톤 파싱거가 전하고 있다.

카사노바 자서전에도 나와 있듯이, 18세기의 양말대님 밴드에는 〈오로지 사랑만이 여자의 행복〉이라고 프랑스어로 자수가 놓여 있다. 여자가 양말대님을 남자에게 보이고 그것을 묶어주길 부탁하는 것은 사랑의 고백이었다. 스커트를 걷어 올리면, 하반신은 나신(裸身) 그 자체였다. 당시 18세기경까지 귀부인들은 속옷을 입는 것은 시골여자나 하는 것이라고 경멸하며 입지 않았다. 양말을 신겨주고 양말밴드를 해주는 것은 남자에게 있어서는 여자의 사랑의

---

73   여기에서의 양말은 스타킹처럼 허벅지까지 올리는 양말임.
74   (생몰 미상) 1854년 프란츠 요셉과 결혼. 오스트리아 절세의 미녀 왕비였음.

샘을 들여다 볼 수 있는 기회였다.

양말대님에 수놓여 있는 시구(詩句)는 말하자면 남자에 대한 여자의 사랑의 고백이었다. 19세기 말 데카당스 시대에는 파리 창부들의 양말밴드는 팁을 숨기는 지갑 역할도 하여 신선감이 없어졌다.

1918년의 일이다. 뉴욕에서 할리우드 영화배우가 만든 양말밴드에는 1,700달러의 다이아몬드가 장식되어 있었다. 그러나 이 여배우는 양말대금을 지불하지 않았기 때문에 고소당하여 재판에 회부되었는데, 밴드가 닿는 부분이 은밀한 곳에 가까워 재판관도 흥분을 억제할 수 없었다. 서양에서는 누구든 공공연한 장소에서 스커트를 걷어 올려 양말밴드를 뺏는 것은 엄하게 금지시켰다. 다리는 여성의 성역이었다.

양말과 양말대님. 빈. 1889년. 펜화.

46 | 호색의 괴승 라스푸틴의 생애

이 희대의 괴승 라스푸틴(Raspucin, 1871~1916년)[75]은 1871년 시베리아 트보리스크의 한적한 마을 포크로스크에서 농부의 아들로 태어났다. 자신을 선천적 초능력을 지닌 신의 사도, 성자로 칭하고, 그 예리한 안광에 끌린 병자들은 즉시 나아 그 신비력에 압도되었다.

1907년경, 로마노프 왕조의 마지막 황제 니콜라이2세(Nikolai, 1868~1918년)[76]의 장남 알렉세이(황태자)가 혈우병이라는 난치병에 걸려, 아무리 고명한 의사도, 안수 기도사와 티벳의 마법사 파드 마에프도 고칠 수 없었다. 그래서 항간에 평판이 높은 소문의 성자 라스푸틴에게 진료를 부탁했다. 그는 파란 빛과 같은 시선으로 알렉세이를 노려보고, 껴안으며 몸을 문지르자 갑자기 그 난치병이 치유된 것이다.

의사도 포기한 병을 농부 출신 수도승 라스푸틴이 단번에 쾌유시킨 것이다. 황제는 물론 황후도 황태후도 대단히 기뻐했다. 이렇게 해서 라스푸틴은 러시아의 성자, 신의 아들인 종교가로서 명성을 떨쳤다. 그리고 궁중정치의 모든 권한을 라스푸틴이 장악했다.

보기에는 천박한 용모의 이 괴이한 인물은, 천리안적인 통찰력으로 궁전의

75 신의 재림·성자로 숭배받아, 1907년부터 10년간 로마노프 왕조를 좌지우지했음.
76 러시아 황제. 2월 혁명으로 전 가족이 총살당함. 이후 러시아는 공산주의 국가가 되었음.

인사들을 놀라게 했다.

그리고 그는 보기 드문 호색가이기도 했다. 영혼은 육체의 환희에 의해 구원받는다며 궁전의 귀부인들을 닥치는 대로 범한 음탕한 무뢰한이었다. 어떤 때에는 한 젊은 공작이 귀부인 아내를 뺏긴 분에 못 이겨 그에게 결투 신청까지 한 적도 있었다. 그러나 어리석은 귀부인들은 모두가 라스푸틴의 육체에 자신을 맡기고 싶다며 그의 욕망을 더욱 부채질했다.

하룻밤에 세 명의 여자를 상대하는 것도 드문 일이 아니었다. 이 여자들은 라스푸틴에게 안겨 난생 처음으로 양심의 가책을 느끼지 않고 행복을 발견한 것이었다. 그러나 방자한 그의 행동은 황제 반대파의 분노를 사 1916년 12월 16일의 야심한 시각, 페테르부르크의 유스포프 광장에서 암살당했다.

47 | 정치 스파이로는 창부를 써라

1814년 4월 나폴레옹은 엘바 섬으로 유배되었다. 유럽은 그에 대한 공포와 악몽으로부터 해방되었다. 파리를 점령한 연합국군 측은 나폴레옹이 없는 프랑스를 어떻게 할 것인가, 부르봉 왕조를 부활시킬 것인가, 그렇지 않으면 공화제를 인정하여 민주국가로 할 것인가에 대한 논의를 위해 장소를 빈으로 옮겨 국제회의를 열었다. 이 국제회의를 주최한 것이 오스트리아의 실력가 메테르니히(Metternich, 1773~1859년)[77]였다.

국제회의라고 해도 전승국인 5개국이 중심이었다. 그 외에 90왕국, 53공국 대표도 참가했다. 모두가 의심으로 가득 차 있었으며, 나름대로의 의도가 있었다. 메테르니히는 각국 대표의 진의를 탐색하고, 정보를 모으기 위해 빈의 창부들을 불러 모아 그녀들을 정치 스파이로 만들어 시중에 풀어놓았다. 물론 뒷거래가 있었다. 그녀들의 매춘사업을 묵인하고 앞으로도 보장한다는……. 당시의 빈은 유럽 최대의 매춘 도시였다. 인구 40만 명 중 창부는 2만 명에 달했다. 부녀자를 제하면 남자 7명에 1명의 비율로 창부가 있었다.

그녀들은 일주일의 회의기간 중 각국의 외교관들을 공략하여 정보를 경찰에 흘렸다. 창부들은 경찰장관부터 메테르니히의 사생활까지 정탐하고 있을

---

77 오스트리아 정치가. 빈 회의 후 전 유럽에 보수반동체제 = 왕정전제주의 국가를 확립시켰고, 1848년 3월 혁명으로 실각하여 영국으로 망명했음.

빈의 창부. 동판화. 19세기.

정도였다. 이 멋쟁이이며 근엄 정직한 남자에게도 정부가 있어 아침에 일어나 옷을 입자마자 곧바로 정부(情婦) 사강 공작부인에게 달려가 5, 6시간이나 그곳에서 보내고 있다는 것이었다.

메테르니히는 각국 수뇌의 의도를 사전에 파악하여 회의는 착실히 그의 계획대로 결론을 낼 수 있었다. 이리하여 빈 국제회의에서 프랑스가 다시 왕정으로 복고되어 루이18세가 즉위하게 되었다. 그 뒤에는 빈의 창부들의 침상외교가 있었다는 사실은 메테르니히와 비밀경찰밖에 몰랐다.

48 | 사랑은 왈츠의 리듬을 타고

유럽 궁정에서는 연회 때 댄스는 필수였으며, 중세부터 16세기경까지는 우아한 론도(rondo, 윤무곡)가 대부분이었다. 18세기 말엽이 되어 공식 무도회에 빠른 스텝의 댄스가 도입되었다. 이것도 원을 그려 상대와 함께 뛰면서 도는 단순한 댄스로, 오히려 달리기 경주 같은 것이었다. 여자들은 남자로부터 떨어지지 않도록, 넘어지지 않도록, 꽉 매달려 있을 뿐이었다. 나이가 든 귀부인은 숨이 찼다.

19세기 초 2박자 왈츠가 고안되었는데, 이는 속보 댄스를 개량한 것으로, 투 스텝으로 도약 또는 선회하는 것이었다. 이윽고 이 왈츠를 기본으로 웨버(M. Wever)가 1819년에 〈무도회의 권유〉라는 곡을 붙여, 지금의 3/4박자의 왈츠리듬이 이 댄스에 사용되었다. 또 요한 스트라우스(Johann Strauss, 1804~94년)[78]가 1825년 왈츠댄스음악을 작곡하여 왈츠는 빈의 궁정에서 유럽 각국의 궁정무도회에 순식간에 전파되었다.

처음에 이런 음란한 댄스는 불경스러운 댄스라고 비난받았다. 남자가 여자 허리를 손으로 감싸고, 서로 포옹하는 듯한 댄스는 도학자들의 빈축을 샀다.

그러나 젊은 아가씨들이나 그 모친들은 이 왈츠를 대환영했다. 아가씨가 상

---

78 오스트리아 바이올린 연주자. 지휘자. 작곡가.

왈츠가 끝나고.
1830년. 프랑스 호색본 삽화. 채색. 석판화.

대방 남자와 마주보며 손을 잡고, 얼굴과 얼굴을 마주보며, 아무리 작은 소리로 속삭여도 대화가 가능한 이 댄스는 새로운 구애 수단이 되었다.

또한 아가씨가 댄스파트너인 귀공자에게 안겨 황홀한 포즈를 취하고 있는 모습을 어머니들은 선을 본다는 식으로 만족스럽게 바라보는 것이다. 이 왈츠는 젊은 아가씨들에게 열광적으로 환영받았다. 남자의 손이 허리에 닿으면 흥분하여 황홀감에 빠졌다. 수치심을 벗어버리고 대담하게 서로 사랑의 기쁨을 확인할 수가 있었다. 이후로 왈츠는 불멸의 댄스로 자리잡아 100여 년이 지난 오늘날까지 젊은이들의 사랑을 받고 있다.

49 | 탐미주의적인 성(性)을 그린 화가 바이로스

아베 프레보(Abbe Prevose)의 『마농레스코』, 크리란드의 『퍼니 힐』 등의 호색 소설 삽화가로 알려진 프란츠 폰 바이로스(1866~1924년)[79] 후작은 세기말 데카 당스가 낳은 이단 화가였다.

요한 피르츠의 평전에 의하면 그는 1866년 오스트리아 빈의 한 귀족 집안에 서 태어났다. 빈, 뮌헨미술학교에서 수학하고, 초상화가 유진 페릭스, 풍경화 가 가트프리트 시로스로부터 그림 기법을 습득했다, 1896년 30세 때 왈츠 왕 요한 스트라우스의 딸과 결혼했지만 1년도 채 안 돼서 이혼, 7년 후 드로테아 와 재혼하여 두 아이를 두었다.

바이로스가 에로틱한 삽화, 장식화를 그리기 시작한 것은 1904년경이었다. 그의 삽화는 모두가 〈순수한 로코코의 기괴한 화상〉이었다. 그 때문에 그는 파리, 이탈리아를 여행하며 18세기 로코코미술을 연구했다. 따라서 그가 그린 호색화는 모두 호사스러운 로코코 풍속을 재현한 세밀화였다.

또 로코코 시대 첩들의 음탕한 생활을 주제로 하여 고전적인 호색의 시대를 표현했다. 그 호화찬란한 의상미의 풍속 표현은 그야말로 루이15세의 베르사 이유 궁정의 춘화집이었다.

---

79 만년에 그린 단테의 「신곡」 삽화는 그해의 최고상을 수상했음.

바이로스의 삽화본 〈개구리 소굴〉에서.

　1911년 〈화장대 이야기〉라고 제목을 붙인 15장의 삽화가 외설이라는 이유로 그는 뮌헨 경찰로부터 고소당했다. 그는 이 문제에서 벗어나기 위해 빈으로 돌아갔다. 이후 그는 일반 소설이나 시집의 호색적 삽화로부터 멀어졌다. 그리고 한정 호화본이나 장서표만 그렸다.

　그의 대표적인 삽화집으로는 〈18세기의 호색적인 노래와 시〉(20장), 데니스 디드로의 호색소설 『음란한 보석』(7장), 아만데 드 라오렛트의 시를 위한 에로틱한 환상화집 〈아레티노 이야기〉(15장), 시오시이 레 코니의 시화집 『개구리』(15장), 『신백기담(申白奇談)』(10장), 『귀여운 안다르시안』(8장), 『파오의 아름다운 아가씨』(7장) 등을 열거할 수 있다. 『파오의 아름다운 아가씨』의 그림은 일본의 우키요에(浮世画)를 패러디화한 이색적인 삽화이다.

50 | 자유로운 여자의 초상 조르주 상드

미모의 남장여자 조르주 상드(George Sand, 1804~79년)는 19세기 초의 정열소설의 기수이며 실천가였다. 그녀는 모친으로부터 물려받은 미모의 소유자로서 시인 하이네(1799~1858년)[80]는 「어깨까지 내려온 밤색의 아름다운 머리, 서글서글하고 조용한 눈, 다정스러운 미소」라 격찬했으며, 그 지적인 용모와 균형 잡힌 아름다운 몸매, 그리고 다정다감한 성격은 누구에게나 주목을 받았다.

1822년 18세 때 모친이 세상을 떠나자 그녀는 재산가 카지밀 뒤드방 남작과 결혼하여 1남 1녀를 두었다. 모리스와 소라쥬이다.

상드는 거칠고 교양 없는 남편에 싫증을 느꼈다. 그녀는 애인을 사귀었는데, 최초의 애인은 강건한 남자였지만 교양이 모자랐다. 그녀는 세 번째 애인 쥬르 상드(1811~83년)[81]에 의해 이상적인 남성을 발견했다. 그녀는 가출하여 파리에서 상드와 동거생활을 시작한다. 그리고 〈파리평론〉에 단편소설 『프리마돈나』(1831년)를 발표, 이어서 장편소설 『앵디아나』(1833년)를 써 화제에 올랐으며 소설가로서의 자신을 얻었다.

모두 자전적 연애소설이며, 대담한 성애 묘사가 그려진 이색적인 관능소설이기도 했다. 특히 『렐리아』(1833년)는 뒤드방과의 부부생활을 있는 그대로 고

---

80 근세 독일 낭만파 시인. 19세기 대표적인 서정시인.
81 변호사, 소설가.

백한 소설로 문단에 커다란 반향과 파문을 일으켰다. 그녀의 남성편력도 다채로웠다.

시인 뮛세(Musset, 1810~57년)[82]는 그녀와 베네치아 여행 중 다니엘호텔에서 테크닉과 정력이 약하다는 이유로 버림받았다. 하이네는 매독 감염 사실이 탄로나 거들떠보지도 않았으며, 우아한 분위기의 메리메(Merimee, 1803~70년)[83]도 그녀와의 침실에서 좋은 성적을 올리지 못하고 이틀 만에 버림받았다.

음악가 쇼팽은 상드와의 10년 가까운 동거생활에서 정력을 완전히 소비해 마죠르카 섬으로 요양을 갈 정도였다. 그는 그 섬에서 〈발라드〉 등 몇 곡을 작곡했지만 이미 과거의 강력함도 리듬도 없었다. 상드는 자신의 정열이 향하는 대로 엑스터시의 방랑을 계속한 여자였다.

82 프랑스 낭만파 시인. 소설가.
83 프랑스 낭만파 소설가. 『칼멘』이 대표작.

51 | 단죄된 오스카 와일드의 남색

소설 『도리안 그레이의 초상』(1891년), 희곡 〈살로메〉(1894년) 등으로 알려진 탐미주의자 오스카 와일드(Oscar Wilde, 1854~1900년)[84]는 당시 빅토리아 왕조의 실속 없이 고상한 척하는 위선자들 때문에 비통한 일생을 보내야 했다.

물론 와일드는 당시 영국 청교도의 도덕적 규제는 충분히 알고 있었고, 특히 1857년에 행해진 호색본 단속령도 이해하고 있었다. 따라서 〈살로메〉 대본은 프랑스어로 출판했다. 그리고 사라 베르나르(Sarah Bernhardt, 1844~1923년)[85]를 여주인공으로 내세워 파리 무대에서 대단한 반향을 불러일으킨 〈살로메〉를 런던에서 상영하려 했으나 관권에 의해 중지되었다.

당시 와일드는 쓴웃음을 지을 뿐이었다. 또 귀족 출신의 젊은 작가 알프레드 다그라스가 〈살로메〉를 영역하여, 오브리 비아즈리(Aubrey Beardsley, 1872~98년)[86]의 매혹적인 삽화와 함께 출판했다. 이 작품은 비난받을 정도는 아니었다. 그러나 와일드와 젊은 작가이자 번역자이기도 한 다그라스가 보통 사이가 아니라는 소문이 런던 사교계에 퍼졌다. 다그라스의 부친 퀸즈베리 후작은 자기 아들을 남색에 빠지게 했다는 이유로 와일드를 고소했다.

---

84 윌리엄 와일드경의 아들. 시인, 소설가, 극작가. 그의 예술사상주의는 많은 신봉자를 불러 모았음.
85 19세기 말 프랑스 최고의 여배우.
86 영국의 삽화가. 25세에 결핵으로 사망.

마침 그때 그는 북아프리카 알제리 여행을 하고 있었으며, 앙드레 지드(1869~1951년)[87]와 만나 둘이서 남색의 미학을 실행에 옮겼다. 그는 런던으로 돌아오자마자 퀸즈베리 후작을 명예훼손죄로 고발했다.

그러나 재판에서는 그를 남색의 〈부자연스러운 음행〉 죄로 2년형을 선고, 리딩 감옥에 투옥시켰다. 그의 어깨까지 늘어뜨린 갈색의 긴 머리는 무참하게 깎여 삭발머리에 죄수복까지 입게 되었다.

1897년 그는 출옥했다. 가족은 이 도덕적 사형선고에 의해 파산했으며 외국으

오브리 비아즈리의 판화.

로 피신했다. 와일드 또한 친구를 잃고 파리의 한 다락방에서 사람들로부터 외면당한 채 가난하게 죽어갔다. 〈살로메〉의 삽화를 그린 비아즈리도 죄책감에 사로잡혀 두 번 다시 호색적인 판화를 창작하지 않았다. 그는 〈음란한 삽화는 모두 소각해 달라〉는 유언을 남기고 요절했다.

---

87 프랑스 작가. 한때는 남색 찬미자였으며, 대화소설 『코리든』에서 남색론을 전개했음.

영웅 나폴레옹의 조카 루이 나폴레옹은 마치 백부 나폴레옹이 되살아난 듯 1846년 12월 프랑스 제2공화국의 대통령으로 선출되었다. 프랑스는 다시금 그에 의해 국가적 영광을 꿈꿨다. 그러나 그것은 일순간의 불꽃에 지나지 않았다.

루이 나폴레옹은 황제가 되기 위해서 그에 상응하는 왕비를 택하지 않으면 안 되었다. 수많은 귀족 딸들이 후보로 나섰지만 그는 관심도 보이지 않고 전부터 친하게 지내온 위제니(Eugenie, 1826~1920년)[88]를 결혼 상대로 정했다. 그의 친족도, 대신들도, 고문관들도 반대했다. 외무대신은 사표를 내던지며 항의했다. 그러나 그는 성적으로 문란한 여자의 무엇이 좋아서 집착하는 것인지 미동도 하지 않았다. 그는 칙어를 내리고 자유결혼을 제도화하여 법을 고쳐 그의 소원을 성취시켰다.

루이 나폴레옹은 원래 호색가였다. 그는 유럽 각지를 전전하며 망명생활을 하면서도 여러 명의 정부를 거느렸으며, 암 감옥에 유폐되었을 때에도 미망인 리 백작부인과 그녀의 하녀를 임신시켰고, 탈옥하여 런던에 망명했을 때에도 헨리에타 하워드라는 여배우를 정부로 데리고 있었다. 그의 파리에서의 선거

88　그라나다 출생. 1856년 3월 노틀담 사원에서 루이 나폴레옹과 결혼식을 올렸음. 프랑스 내정외교에도 참여했음.

자, 뒤로 해봐요.
1840년 프랑스. 호색본 삽화.

자금은 거의 그녀의 재산에서 충당되었다. 그가 당선되자 그녀는 왕비가 되길 희망했으나, 그는 그녀가 바친 액수의 몇 배나 되는 돈과 성(城)을 주고 단념시켰다.

그가 위제니를 안 것은 1836년경 파리에서 불우한 처지에 놓였을 때였다. 위제니는 스페인계 가난한 귀족 출신의 딸로, 모친과 함께 배우자를 찾으러 유럽의 온천지(溫泉地)를 연중 여행하고 있었다. 그녀의 미모와 수려한 분위기 그리고 섹시한 육체로 남자를 유혹하려 한 것이다. 그녀만큼 남자 출입이 많았던 여자도 드물다.

소설가 메리메가 그녀의 연인이었으며, 스탕달도 치근덕거렸다. 그리고 루이 나폴레옹이라는 과대 망상가를 사로잡았다. 그런데 루이 나폴레옹이 황제가 되고 자신이 왕비가 되자 다시 태어난 듯이 정숙한 여자로 변해 있었다. 황제의 어떠한 음탕한 불륜행동을 목격해도 인내하며 해로했다.

1870년 9월 세당전투[89]에 패한 나폴레옹은 위제니와 함께 런던으로 망명, 1873년 그는 망명지 런던에서 객사했다.

---

89 1870년 8월에 시작된 보불전쟁의 공방전. 프러시아(독일)가 승리했음.

어느 나라에서나 절대군주제의 군주는 5명 중 1명 정도는 정상적인 인간이고, 10명 중 1명 정도가 명군(名君), 현군(賢君)으로 불리며, 나머지 대부분은 바보 아니면 탕아였다. 대영제국에서도 사정은 마찬가지였다. 〈웰즈의 귀공자〉라고 불리고, 군함과 홍차 이름으로까지 사용된 죠지4세도 선왕인 죠지3세의 혈통을 이어받아 희대의 호색가 헨리8세를 능가하는 여색을 즐긴 방탕아였다. 영국의 역사가들은 모두 그를 심하게 비난했으며, 그의 평전을 쓰는 것조차 불결하다고 하며 경멸하고 있었다.

1915년 죠지3세가 고령으로 정신이상을 일으켜 웰즈공(公)(조지4세, 1783~1820년)[90]이 섭정하게 되었다. 단정한 미남자이며 나르시스트였다. 23세 때 6세 연상인 미망인 피츠 허버트(FitzHerbert, 1744~1837년)[91]와 결혼했으나 그녀가 가톨릭 신자였기 때문에 정식 결혼으로 인정받지 못했고, 1795년에 부왕의 의지로 빌헬름 페르디난드(Willhelm Ferdinand)공작의 하녀 캐롤라인(Caroline)과 결혼했다. 그는 싫어도 어쩔 수 없어 결혼식은 올렸으나 피츠 허버트를 잊지 못해 식전에서 곤드레만드레 술에 취해 결혼피로연은 전대미문의 불상사가 되었다. 왕비 캐롤라인은 이러한 형편없는 남편에 정이 떨어져 장녀 샤롯테를 낳

---

90 그의 치세는 60년간 계속되었으며, 수상 노스 경의 수완으로 영국을 발전시켰음.
91 남편 토마스 피츠 허버트와 사별 후 죠지4세와 결혼했으나 얼마 안 가 별거했으며 다시 동거했음.

자마자 별거에 들어갔다. 그는 쾌재를 부르며 다시 연상의 연인 피츠 허버트와 가깝게 지냈다. 그의 여색행각은 여기서 그칠 줄 몰랐다. 궁정녀이든 누구든 심심풀이로 정사를 즐겼다. 그리고는 동침했던 여자들의 머리카락을 잘라 모으는 편집광이었다.

왕비도 규방의 고독 때문에 많은 애인을 두었다. 그중에서도 이탈리아 출신의 시종 베르가미에 대해서는 진심으로 사랑하고 있었고, 그와 함께 유럽 각지를 여행했다.

죠지4세는 왕비와의 이혼소송을 제기했다. 별거 후 비밀리에 스파이를 붙여 증거를 포착하고 있었다. 또 왕비가 묵은 유럽 여행지의 호텔과 피서지를 조사하고 호텔종업원 하녀까지 배에 가득 싣고 증인을 런던까지 수송해 왔다. 정상인이 아닌 광인의 행동이었다. 그러나 왕비는 현명했다. 그녀한테서는 확실한 증거가 하나도 나오지 않았다.

영국 신사와 숙녀.
볼강 브르 그림. 〈빅토리아 여왕 시대의 음락〉
의 화집 중에서. 1830년. 채색. 석판화.

54 | 연애를 쓰고, 연애에 산 스탕달

화려한 낭만주의 소설, 격정적인 사랑의 정념, 사랑을 위해 목숨까지 바치는 정열의 빛, 그것이 스탕달(Stendhal, 1783~1843년)[92]의 문학세계이고 『파름의 수도원(La chartreuse deparme)』, 『적과 흑(Lerouge et Le noir)』이다.

그렇다면 과연 작가 스탕달은 연애에 죽고 산 멋쟁이였는가. 실제로 학문에서만큼은 보기 드물게 매우 박학다식했으며 백과사전적인 두뇌의 소유자였지만 용모는 호의적인 눈으로 보더라도 좋은 인상을 주는 얼굴이 아니었다.

풍자가인 츠바이크(Zweig)의 비판[93]을 빌린다면 「면상이 그다지 산뜻하지 않은 사랑의 기사」이며, 친구로부터 〈걸어 다니는 전망대〉라고 놀림을 받을 정도였다. 배는 튀어 나왔으며, 다리는 안짱다리에, 둥근 얼굴에 여드름투성이, 코는 크고, 얼굴은 불그스름하고, 작은 눈에, 목은 짧고 두터웠다. 스탕달 자신도 〈이탈리아 푸줏간〉이라고 비하했을 정도로 외모는 〈추악한 속물〉 분위기의 용모였다. 아무리 생각해봐도 분방한 사랑의 모험자다운 문인은 아니었다. 그는 일생동안 실연의 연속이었으며 짝사랑과 바보 같은 짓만 하였고, 연애와는 거리가 멀었다. 말하자면 연애소설은 그의 소망일 뿐이며 이상적인 산물이었다. 스탕달만큼 사생활과 소설이라는 허구적 세계 사이의 거리가 있

---

92 19세기 초부터 낭만주의 문학의 거장. 대표작은 『적과 흑』, 『파름의 수도원』, 『이탈리아 회화론』, 『연애론』 등.
93 『스탕달』.

는 인물은 드물 것이다.

그는 19세 때 같은 고향의 미소녀 빅토리느 무니에와 사랑을 한다. 그리고 아데르 뷧펠을, 3년 후에는 파리의 비극 여배우 멜라니 지르벨을 손에 넣었다. 처음 두 사람과는 실연을 했고, 멜라니는 돈으로 매수하여 첩처럼 지냈지만, 멜라니는 어차피 연예인이었고 무대를 떠난 그녀는 평범한 여자였다. 그는 싫증이 나서 그녀와 헤어졌다. 그에게도 출세의 기회가 왔다. 나폴레옹 휘하 군대의 경리 보좌관이 된 것이다. 돈을 물 쓰듯 쓰고 사치스러운 방탕생활을 시작했다.

그러나 10년도 채 못 가서 나폴레옹이 엘바 섬으로 유배되자 그도 실직하여 과거의 생활로 되돌아갔다. 그의 나이 35세 때의 일이다.

그는 일생일대의 사랑을 했다. 상대는 밀라노 명문가의 규수 마틸드 덴보스키라는 다빈치의 모나리자를 빼닮은 절세의 미녀였다. 그는 미친 듯이 사랑을 했다. 그러나 그것도 성취되지 못했다. 그는 피스톨 자살을 기도할 만큼 절망의 늪에 빠졌다. 그러나 여기서 소설 「적과 흑」이 탄생했다. 실연이 낭만주의 문학의 창조력이 되었던 것이다.

유혹.
니콜라스 모린의 석판화. 1830년.

55 | 성(性)은 조심할 것, 봐서는 안 된다

유럽 대륙의 국가에 있어서 1789년의 프랑스 혁명은 그야말로 커다란 충격이었다. 서서히 구제도가 붕괴되고, 신질서가 태어나려고 했다. 그리고 구제도인 귀족사회의 악덕을 정화시켜 청결한 국가사회를 지향했다. 19세기 중엽 영국에서 편집광으로 알려진 죠지4세가 추문을 뿌리고 죽자, 평범한 윌리엄 4세가 왕좌에 올랐으나 몸이 허약한 탓에 일찍 세상을 떠나 여제 빅토리아가 등극했다. 빅토리아 왕조의 출현이다.

미덕의 화신 같은 여제로, 남편 알버트공(公)과의 사이에서 9명의 자식을 낳았고, 남편과 사별하자 정절을 지키며 추문도 일체 없었다. 그만큼 이 신교도 과부는 살아있는 도덕이었다.

버킹검 궁전에서는 이혼 경험이 있는 외교관이나 귀족들은 출입금지 당해 쫓겨났다. 그리고 공창은 인정했지만 933채에 달하는 창가, 바뇨를 포함한 수상쩍은 집 80여 채 이상을 단속하여 풍기를 쇄신했다.

또 1867년에는 출판규제도 제도화되어 외설도서는 일제히 고발당했다. 또 성애 묘사가 노골적이라는 이유만으로 셰익스피어(Shakespeare, William, 1564~1616년)의 극작에서부터 조이스(Joyce, James, 1882~1941년)의 『율리시즈』에 이르기까지 일체의 성묘사, 노출된 애욕묘사는 삭제되고 봉인되었다.

결과는 표면적으로는 정화되었지만 매춘 단속과 마찬가지로 뒤에서는 비밀

출판이 횡행하고, 단속 이전보다 훨씬 더 외잡한 포르노 소설들이 출판되어 여러 외국의 호색 번역소설이 음성적으로 유행했다.

호색문화의 선진국 프랑스는 영국만큼 심하지는 않았다. 나폴레옹3세 시대의 위제니는 자신의 파렴치했던 과거를 청산하고 성적 순결을 지켰다. 마네(Manet)의 〈풀 위의 오찬〉은 살롱에서 철거당했으며, 나체화는 올림푸스 신화만 허용될 정도였다. 나폴레옹이 매입한 앵글(Ingres)의 〈터키탕〉도 위제니가

물리쳤다. 칼포(Carpeaux, 1827~75년)[94]가 오페라좌 앞에 세운 나부군상 조각에는 무화과나무 잎사귀가 허벅지 사이에 붙여져 그곳을 가렸다. 위선과 거짓, 고상함이 그대로 통했던 것이다. 중세의 재래(再來)였다.

호색본을 읽는 여자.
〈빅토리아 여왕 시대의 음락〉의 화집에서. 1830년. 석판화. 채색.

94 제2제정기의 프랑스 최고 조각가. 궁정에 초대되어 많은 초상조각을 제작, 고 기념비 조각 작품도 많음.

1858년 이른 봄, 북이탈리아 피에몬테 령 트리노 마을에서 4두마차 3대가 몰래 출발했다. 그중 1대에는 라파엘이 그린 인물화의 여주인공 같은 눈부실 정도로 아름다운 처녀가 타고 있었다.

당시 이탈리아는 통일국가 건설을 위해 민족자결의 악전고투를 계속하고 있었다. 북이탈리아 대부분이 베네치아를 포함하여 오스트리아의 지배하에 있었다. 나폴리와 시칠리아는 프랑스의 식민지로 되어 있었다. 피에몬테의 수상 카볼(Cavour, 1810~61년)[95]은 살디냐의 영주 엠마누엘(Emanuele, 재위 1849~61년)2세[96]와 손잡고 조국통일 전선을 구축, 각지의 애국자들은 봉기했다. 그러나 북이탈리아에 주둔하고 있는 오스트리아군을 격퇴하지 않으면 조국통일은 불가능했다. 그러기에는 전력도, 군자금도 부족했다.

어떻게 해서라도 인접국인 프랑스의 나폴레옹3세 군대의 지원을 받지 않으면 꿈은 이루어질 수 없는 것이다. 재상 카볼은 계략을 짜냈다. 피에몬테에서는 미인으로 소문난 질녀(카스테리오네 백작의 딸)를 이용, 호색한 나폴레옹3세를 농락하여 원군의 확약을 받아내기로 했다. 그녀는 승낙했다.

백부 카볼의 밀명은 어떠한 수단을 써서라도 황제를 그녀의 포로로 만들어

95　백작. 피에몬테의 내각 총리를 지냈으며 이탈리아 통일국가의 아버지로 추앙받고 있음.
96　살레냐 왕. 피에몬테와 함께 국가 통일을 위해 힘쓴 공적은 이탈리아 역사에서 높게 평가받고 있음.

지원군을 요청하라는 것이었다. 그녀는 토리노를 출발했다. 표면적으로는 친선사절이었다.

　파리에 도착한 영애(令愛) 카스테리오네는 바로 임무에 착수했다. 튀일르리 궁전에서 열린 야회(夜會)에서 그녀는 수많은 빨간 하트문양 자수가 들어간 하얀 명주망토를 입고 나타났다. 그녀의 너무나도 참신한 아름다움에 황제는 물론 주위의 귀빈들은 말을 잊었다. 카볼가(家)가 나폴레옹가(家)와 친밀한 관계에 있었기 때문에 그녀는 쉽게 황제에게 접근할 수 있었다. 황제는 이 20세의 아름다운 처녀에게 손쉽게 넘어가, 어느새 두 사람은 사람들의 눈을 피해 데이트를 하는 사이가 되었다. 7월 상순, 카볼은 보쥬 산맥 기슭에 있는 프론피에르에서 황제와 비밀리에 만나 원조의 밀약을 나누었다. 1858년 프랑스는 오스트리아와 국교를 단절했다. 그리고 황제는 이탈리아에게 12만 군대를 보냈다. 카스테리오네는 훌륭히 비너스의 임무를 다했던 것이다.

19세기 미인화. 브르돈의 석판화.

57 | 짐의 수면제는 여자이다─나폴레옹

1795년 10월 5일 포병소위 나폴레옹(Napoleon, 1769~1821년)[97]의 대포 한 발이 반혁명파인 왕당파를 날려 보냈다. 그는 일순간에 프랑스를 동란에서 구했다. 이 기략이야말로 그를 군사령관으로, 그리고 사단장, 제1대통령, 황제의 자리에 오르게 했던 것이다. 그 전날까지 그는 파리에서 의식주도 충족되지 않는 가난에 시달려 급기야는 돈 많은 미망인을 속여 어떻게 해서라도 출세의 실마리를 잡으려 했던 비천한 남자였다.

그는 천성이 군인이자 전략가이며, 알렉산더 대왕, 샤를르 마뉴 대제 같은 영웅을 꿈꾸는, 무척 자존심이 강한 남자였다. 성생활에 있어서도 〈우〉의 기능이 발달한 여자이기만 하면 되었다. 낭만주의자도, 사랑의 모험자도, 우아한 멋쟁이도 아니었다. 최상의 권력을 장악한 나폴레옹은 손에 잡히는 대로 여자를 꼬드길 수 있었고 여자 쪽에서도 접근해왔다. 궁중녀, 연예인, 창부, 미망인, 유부녀, 여배우, 드디어는 서커스단의 여자 곡예사까지 그의 규방에 시중들었다. 애첩은 조세핀(Josephine, 1763~1814년)[98], 캐롤린, 포린, 마리아 와레스카, 마드모아젤 조르주 등 수십 명에 달했다.

---

97 코르시카 섬 출신의 가난한 귀족의 아들. 신정부를 수립하여 황제가 되고 유럽 대륙을 침략하여 정복함. 러시아 전쟁에서 패배 후 실각.
98 1779년 알렉산더 보아르네 자작과 결혼하여 두 아이를 둠. 사별 후 1796년 나폴레옹과 결혼하여 왕비가 되었으나 그 후 이혼함.

그는 결코 애욕에 빠지지는 않았다. 단지 성의 갈증을 해소할 뿐이었다. 코미디 프랑세즈의 여배우 조르주가 「각하는 갓난아이처럼 그저 편안히 잠잘 뿐이었습니다」라고 말했듯이……

루이 나폴레옹의 초상화. 19세기.

나폴레옹의 왕비가 된 조세핀은 반혁명파 진압 때 나폴레옹을 끌어올려준 공화파 두목 바라스의 애인이었으며, 보아르네 자작의 미망인으로, 검은 머리에 흰 피부를 가진 동양적인 미인이었다. 기가 세고 바람기가 있어 나폴레옹과는 말다툼이 끊이지 않았다. 자식은 없었고, 결국 이혼당하고 말았다.

다음으로 그가 정식 왕비로 맞이한 여자는 오스트리아 합스부르크가(家)의 마리 루이즈(Marie Louise, 1791~1847년)[99]. 용모는 그저 그렇고 경박한 18세 처녀였다. 나폴레옹은 그녀에 대해서는 초상화로밖에 알지 못했다. 결혼식 전날, 기다리지 못하고 그녀를 맞이하여 그 자리에서 신부의 처녀를 빼앗을 정도로 기습 공격을 감행했다. 엘바 섬으로 유배되고 나서도 유배지에서 장관 부인과 밀통하여 사생아를 낳게 한 건강한 군인이었다.

---

99 오스트리아 황제 프랑시스1세의 딸. 마리 앙투아네트의 조카. 1810년 나폴레옹과 결혼. 나폴레옹2세를 낳음.

화가에게는 매혹적이고 수려한 나체화가 있듯이, 소설가에게도 애욕을 그린 호색문학이 창조된다는 것은 지극히 자명한 것이며, 또 그것은 자연주의, 사실주의, 낭만주의의 종합적인 문학을 낳았다. 플로베르(Flaubert)의 『보바리 부인』까지만 해도 당시 호색문학이라고 하면 고발당해 재판에 회부되었다. 베네치아의 한 호텔에서 조르주 상드(George Sand)로부터 임포텐스 취급을 당한 뮛세는 『가미아니』라는 음탕한 소설을 써 성불능의 오명을 씻으려고 했다. 『가미아니』는 『아라비안나이트』의 창부판 같은 소설이었다. 그 외잡함과 화려한 문체로 포르노 문학의 명작이라고 평가받았다.

비방 드농(Vivant Denon, 1747~1825년)[100]은 『멋있는 밤』을 써 애욕을 황홀한 낭만세계로 구축했다. 앙드레 드 네르시아(1739~1800년)[101]의 『페리시아』는 보들레르로 하여금 최고의 에로틱한 문학이라고 격찬하게 했다.

발작(Valzac, 1799~1850년)[102]은 『금빛 눈의 여자』라는 미스테리한 호색소설을 발표하여 여자가 가진 애욕의 불가사의함을 날카롭게 지적했다. 또 그는 『풍류골계담(風流滑稽譚)』이라는 고전적 염소(艷笑)소설을 써, 프랑스 근대문

---

100 남작. 판화가. 퐁파돌 부인의 추천으로 외교관이 되었으며, 나폴레옹1세 치하에서는 프랑스 미술관장을 역임함.
101 소설가보다 혁명가로 유명.
102 사실주의 소설 「인간 희극」으로 유명.

학사에 불후의 명작을 남겼다. 브란톰(Brantome)의 『염부전(艶婦傳)』의 중세판이라 할 수 있겠다. 테오필 고티에(Theophile Gautier, 1811~72년)[103]는 호색적인 통쾌소설 『모팡양』과 『음란한 보석』으로 유명하다. 특히 전자는 다큐멘트의 모델소설이었다. 남장미인, 숙련된 검사(劍士), 오페라 가수이며, 또 호색 음탕한 모팡 아가씨의 파란만장한 편력을 그린 소설이었다.

이러한 호색문학의 백미는 모파상의 호색적인 단편소설일 것이다. 그 경쾌한 염소미(艶笑味), 예리한 여성의 심리묘사가 혼연일체가 된 소설이다. 모파상에게는 활자화되지 않은 음탕한 희곡이 있었다. 제목은 〈장미 잎 장식의 터

프랑스 호색본 삽화. 1830년. 석판화. 채색.

키탕〉이다. 1875년 화가 르노아르(Renoir)의 파리에 있는 아뜨리에에서 처음 상연했고, 관람객으로는 프로베르과 그 문학 동료, 도데(Daudet), 공쿠르(Goncourt), 졸라(zola), 투르게네프(Turgenev) 등이 모였다. 「대단히 음란한 연극」이라 평가되었으며, 여성 관객은 얼굴을 붉히며 떠날 정도였다.

모파상은 극 중의 〈터키탕〉의 뚜쟁이 역을 연출했다. 내용은 런던의 바뇨(창가)의 손님과 창녀와의 가벼운 음탕한 패담이었다.

103 고답주의적인 소설가.

59 | 사랑의 엘리트, 드미몽드의 여자들

중간사회 계층의 여자는, 알렉상드르 듀마(Alexander Dumas, 1824~95년)[104]가 쓴 희곡 〈중간사회〉에 나오는 라토울 부인이나, 소설 『춘희』의 여주인공들의 여성상이다. 다시 말해서 고급 창부로 타락한 여자도 아니며, 그렇다고 해서 상류사회의 숙녀도 아니다. 도덕적으로는 사회에 등을 돌리고, 사회의 위선적 미덕을 벗어버리고 살아가려 하는 낭만적인 여성상이기도 했다. 어느 편에도 들지 않는 중간적 여성의 의미이다. 본래는 왕족·귀족들의 애첩이 될 연애 후보생 부류의 여자들이다. 19세기 중엽 그녀들은 시민사회에서 사랑의 엘리트였으며, 명문가 출신의 가출한 유부녀나 처녀, 인기 여배우, 가수, 귀족의 사생아 들로서, 교양이 풍부하고, 재능이 있으며, 아름다운 용모와 고상한 취미의 소유자들이었다. 그중에는 졸라의 소설 『나나』처럼 지능은 조금 떨어지지만 화려한 육체만이 장점인 창부 타입도 있었다. 현대에도 여자 배우나 가수 등의 탤런트는 드미몽드(demimonde)적이라 할 수 있겠다. 항상 저널리즘의 가십난을 장식하며, 그 인기와 미모로 자유롭게 살고, 남자로부터 남자로 사랑의 줄타기를 한다. 설령 비천한 출생이라도 미모로 예능인으로 다소 유명해지면 드미몽드 범주에 들어갈 수 있었다. 그녀들은 조르주 상드처럼 자유롭

---

104 대문호 뒤마의 아들. 극작가. 『춘희』(1852)로 대성공을 거둠.

돌풍. 레이디 해밀턴의 초상. 19세기 석판화.

게 독립해서 사랑에 사는 여자들은 아니었다. 자산가 고객을 확보하고 애인으로 만들었다. 이른바 부르주아의 기생충적인 존재이며, 과거의 왕족·귀족의 애첩 테두리에서 벗어날 수 없었다. 단지 엄격했던 계급제도, 신분제도가 없어진 것에 불과했다. 위장된 신종 고급 유녀라 할 수 있었다.

그녀들은 사치스런 사교계 여자이기도 했다. 고객으로부터 끌어모은 돈으로 호화로운 살롱을 열고 고명한 문인, 예술가 들을 초대하고, 값비싼 미술품을 수집하여 자신이 고상한 취미의 소유자임을 피력했다. 그녀들의 염문, 추문들은 항상 신문지상 가십난의 기사거리를 제공했다. 그리고 대중의 선망의 눈길을 모았다.

파리의 리아누 드 부지, 크레오 드 메로드, 오테로 등은 유명한 살롱을 가지고 있었다. 그중에서도 테레스 비로완은 드미몽드의 〈여사자〉 중의 여왕이었다.

60 | 물거품 사랑, 마이어 링크 사건

1889년 1월 29일 저녁, 냉랭한 겨울 숲 속에 깨끗하고 세련된 수렵관이 있었다. 갑자기 그 깨끗한 창을 깨는 듯이 두 발의 총성이 울려 퍼졌다. 다음 날 아침, 합스부르크 왕가의 시종이 이곳 빈 교외의 마이어 링크를 방문했을 때, 실내에는 가슴에 총을 맞은 17세 소녀 마리 벳세라가 벽에 기댄 채 죽어 있었다. 그리고 창가의 가까운 바닥에 황태자 루돌프(1858~89년)[105]공(公)이 머리에 총상을 입고 형상을 알아볼 수 없을 정도로 처참한 사체가 되어 가로누워 있었다.

유럽의 명문 합스부르크 왕가의 일대 불상사였다. 발단은 극히 하찮은 어린아이 장난과 별다를 바 없었다. 프란시스 요셉의 후계자로 예정되어 있던 황태자 루돌프공(公)은 1881년 벨기에의 왕녀 스테판과 결혼하여 1녀를 두었다.

그러나 그도 남 못지않은 우아한 귀공자에 호색가였다. 빈의 고급 창부 밋치 가스팔을 정부로 삼았고, 또 궁정의 귀부인에게도 손을 뻗치는 주색가였다.

궁정녀 중에 공작의 딸 엘리자베스(빈디쉬 브라스 왕비)가 있었다. 그녀의 오빠 아우엘스 페르크(Auers Perg)공(公)은 여동생을 황태자가 강제로 범했다고 루돌프공(公)의 부친인 요셉 황제에게 고발했다. 명문가에 오점이 될 바에는 결투해서 여동생의 치욕을 씻겠다고 했다. 그래서 다혈질인 엘리자베스의 오

---

105 프란시스 요셉 황제의 적남. 사후 마이어 링크 수렵관은 철거되었고, 그 자리에 수도원과 예배당이 세워졌음.

빠는 루돌프공(公)과 비밀리에 미국식 결투를 했다.

권총에 흰 탄알과 검은 탄알을 장진하여 검은 탄알을 쏜 쪽이 지는 것이다. 루돌프는 검은 탄알이었다. 그는 6개월 이내에 스스로 목숨을 끊지 않으면 안 될 처지에 놓였다. 루돌프는 날이 갈수록 초조하고 우울해져 미쳐 날뛰었다. 그래서 왕비의 질녀가 그에게 미모의 마리 벳세라를 보내 위로했다. 그는 목숨을 연장하기 위해서는 황태자비 스테판과 이혼하고 엘리자베스와 결혼하는 것 외에 길이 없다고 생각하여 로마 법황에게 이혼신청을 했지만 응답도 없어 좌절하고 말았다.

드디어 그날이 다가왔음을 알고 그는 벳세라를 마이어 링크 수렵관으로 불러들여 동반자살을 한 것이었다. 그것은 정치적 희생도 아니며, 격정적인 러브 로망의 결과도 아니었다.

61 | 사랑의 유희 프라트의 유행

19세기, 여자들도 현명해졌다. 애인과 즐기고 곧바로 사생아를 임신하여 낙태의 고통을 감수하는 어리석은 행동을 반복하지 않게 된 것이다. 그러기 위해서는 정사에 있어서의 마지막 행위를 남자에게 맡기지 않고 절대로 한계를 넘어서는 안 되는 마지막 순간에 멈추는 방법, 즉 〈프라트〉라는 연애유희를 착안했던 것이다.

19세기 영국에서 시작한 〈프라트〉라는 말은 〈남녀가 농탕치다, 유희를 즐기다〉 등의 의미인데, 그런 가벼운 변죽만 울리는 것으로는 남자도 여자도 만족하지 못했다. 오늘날 말하는 헤비 페팅(Heavy Petting)이다. 처음은 입김을 세게 내뿜거나, 조금 대거나, 가볍게 입을 맞추는 정도인데, 그것이 점차로 증폭되어 애무행위로 발전하고 유방키스, 농후한 키스, 그리고 상호 성적 만족을 하는 것이 프라트이다.

이 프라트는 남자에게는 처녀성의 존중, 여자에게는 사생아를 갖지 않는 자위적인 연애술이 되었다. 특히 소시민 계급 사이에서는 프라트 연애유희가 만연했다. 마르셀 프레보(1862~1941년)[106]는 이것을 즐기는 여자들을 가리켜 〈반처녀〉라고 했다.

---

106 프랑스 소설가. 「반처녀」의 관능적인 묘사로 유명해짐.

여자들에게 있어 프라트는 〈뒤탈 없는 즐거움〉이고, 이성적인 섹스게임이었다. 프라트는 위선적인 모랄(moral)로 여겨져 식자들로부터 비난을 받았다.

한나 파울[107] 여사와 하베로크 엘리스(1859~1939년)[108] 등은, 프라트는 불건전하며 처녀막을 깨지만 않으면 신부 잠자리에서 자신의 과거를 합법화할 수 있다는 풍조는 그야말로 위선과 다를 바 없으며, 선을 넘어 자연의 충동에 따라 성교를 한 여자를 타락하고 음란한 여자라고 죄를 씌우는 것과 비교했을 때, 어느 쪽이 진실한 순결일까라고 물었다.

런던, 파리, 빈, 모스크바에서도 이러한 프라트를 위한 〈연애방〉이 생겼다. 과거에는 숲 속, 공원 벤치, 온실이나 부모가 없는 방에서였지만, 시내 다방 살롱풍의 약간 어두운 프라트 전용 〈연애방〉이 번창했다. 여기에서는 누구나 체면 차리지 않고 페팅을 즐겼다. 이윽고 이 프라트에도 창부들이 가세하여 한층 문란한 양상을 띠게 되었다.

천둥. 1825년. 석판화.

107 독일 의학 박사. 논문 「처녀성의 과대평가」를 참조.
108 영국의 성 문제 연구의 일인자. 「성 심리 연구」의 제4장 「사랑의 기교」 참조.

62 | 런던의 파란, 과실의 비극

여중고생의 소녀매춘(원조교제)은 사회문제가 되고 있는데, 이미 100년 전 1885년경 영국에서는 〈숫처녀 매매〉 〈처녀 능욕〉이 유행했었다. 고객은 쇠미한 늙은 영국인들이었다.

지금도 영국은 사회복지가 널리 보급된 국가이지만, 산업혁명 당시(19세기 중엽)의 영국은 독점 자본주의 국가였고, 무산계급은 자본가의 먹이가 되어 그야말로 가난과 노동에 시달리는 가축 이하의 생활을 하고 있었다.

하물며 여자 어린이는 인간이 아니라 동물 취급을 당했다. 런던에서 성행했다는 〈숫처녀 매매〉 매춘의 배경에는 이러한 인간 경시의 부도덕성이 숨겨져 있다. 유명한 이반 브로흐(Iwan Broch) 저서[109]에는 이렇게 쓰어 있다.

런던에서는 처녀 능욕을 지극히 당연한 것으로 생각하고 있는 조직이 맹위를 떨치고 있다. 이 처녀들은 대부분 어린 소녀이며 자신들이 마지못해 희생되고 있는 범죄의 성격을 이해하지 못한다. 이 폭행은 일상생활처럼 행해지고 있음에도 불구하고, 거의 처벌을 받지 않는다. 이들 범죄가 어느 정도로 용이하게 이루어지는가는 실제로 눈으로 확인하지 않고는 믿을 수 없을 정도이다.

---

109 「영국에 있어서의 성생활」, 1903년.

처녀 검사. 19세기 석판화.

이 〈숫처녀 매매〉의 매춘 알선
업자는 런던 동쪽 끝의 빈민가나
하이드(Hyde, 웨스트민스터 공원)로
숫처녀 사냥을 나간다. 어떤 때에
는 목사의 검은 미사복을 차려입
고 모친이나 형제를 믿게 하여 딸
을 데려가기도 하고, 지방으로 멀
리 나가 순진한 처녀를 교묘하게
설득하여 런던 구경을 시키주거
나, 연극을 구경시켜주거나 레스
토랑에서 맛있는 요리를 대접하면
서 집 생각을 못하도록 환심을 산

후에, 밤에는 깨끗한 방에서 재워 완전히 안심시킨다. 이 소녀가 자고 있을 때
살짝 손님을 들여보낸다. 소녀가 아무리 저항하더라도 고객은 더욱더 처녀 파
괴라는 배덕에 만족한다. 알선업자는 일반적으로 창부의 화대보다 5배, 10배
이상의 화대를 손님으로부터 받았다. 소녀는 첫날을 보내면 인간이 변한 것처
럼 얌전해져 창부의 일원으로 일을 하게 되는 것이다.

유럽 독점 자본주의의 체제 하에서 국가 노동력인 무산계급자는 가축동물과 다를 바 없는 비참한 생활을 강요받았다. 특히 1870년대 영국 도시에서는 그야말로 참담했다. 사회적으로는 노동자를 동물처럼 방치하고, 가난에 대한 사회적 배려도 없었다. 무산계급자의 성생활은 가축 이하로 방종했으며, 거기에 기독교적 도덕률은 없었다. 하나의 가옥, 하나의 방에서 부부, 자식들이 잡거(雜居)했다. 아이들은 부모의 성생활을 언제나 침대 한편에서 바라보며 성장했다. 결과는 어떠했을까. 상상하기에도 끔찍한 일이다.

윌리엄 스테드(William Stead)[110]는 1884년 이러한 빈민촌의 상황을 묘사하며 말한다.

19세기 70년대까지의 연애는 거의 음탕했다. 수치심도 존재하지 않았다. 이 시대만큼 근친상간 범죄가 많은 적은 없었다. 모친이 자신의 아들에게, 딸은 부친에게 강간당하고 임신도 했다. 그리고 형제, 자매끼리도. 12세도 채 되지 않아서 임신한 소녀들은 흔히 존재했다. 같은 방에 하숙인을 두었을 때에는 한층 풍기가 문란했다. 노동에 시달려 숙면에 취한 여공은 잠결에 하숙인에게 몸을 맡겨도 누가 자기를 범했는지 오빠인지, 남동생인지, 남편인지, 하숙인인지 전혀 몰랐다.

---

110 「그림 풍속사」

어느 날 정부 관리가 이 문제로 질문했을 때, 노동으로 여위어 초췌한 아내는 힘없이 「상대가 누구든 결국 같은 거 아니에요?」라고 대답했다. 결과는 임신하여 사생아가 태어나 죽이거나, 태어나기 전에 약을 먹고 낙태시키거나, 뒷골목 싸구려 의사에게 중절수술을 받을 수밖에 없었다.

이러한 가정환경은 필연적으로 여자를 창부로 만들고 스스로 타락한 생활로 몰고 가는 것이었다. 영국에서 무산계급의 빈곤한 생활환경 개선, 미성년자 보호 등의 사회복지정책을 실시하게 된 것은 1906년 구(舊)제도가 끝나고 노동당이 선거에서 52의석을 획득하고 나서였다.

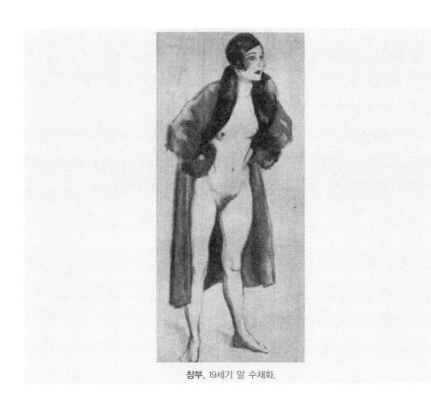

창부. 19세기 말 수채화.

1800년대 마지막 10년간, 세기말 파리에 서민적인 오락장 카바레가 탄생했다. 바람이 통하게 한 높은 천정, 각층에는 갤러리식의 객석을 마련하고, 홀 중앙 또는 정면에 무대가 있어 밴드가 연주하고 있었다. 선술집과 댄스홀을 믹스시킨 것 같은 오락장이 카바레였다. 손님은 각자 애인이나 창부를 동반했다.

파리에서는 몽마르뜨언덕, 몽파르나스 주변에 〈검은 고양이〉〈갈색 달〉〈경마기수〉〈두 마리의 당나귀〉 등의 예술적 카바레가 문을 열었으며, 화가, 문인 등의 아지트가 되었다.

일반 선술집과는 달리 음악도 있고, 예쁜 창부들도 모여 있어 떠들썩한 살롱이었다. 일찍이 고급 문인들이나 부유한 귀족들이 마련한 살롱과는 달랐으며, 거리낌 없는 정치 회의나 예술론이 거침없이 터져 나왔다. 젊은 날의 르노와르, 피카소, 위트릴로(Utrillo), 마티스, 드가(Degas), 로트랙(Lautrec) 등이, 샹송 작사가 겸 경영자였던 아르스테드 보르유앙의 〈검은 고양이〉 카바레에서 즐거운 시간을 보냈다. 파리 명물인 샹송이 태어난 것도 〈검은 고양이〉에서였고, 미스탕게트(Mistinguett)와 다미아(Damia) 등이 애조 섞인 노래를 불렀다고 그림 상인 보라르는 회고한다.

당시 화가들은 무명이고 가난했으며 그림은 팔리지 않았다. 로트랙 등은 〈물랑루즈〉와 〈검은 고양이〉의 광고 포스터를 석판화로 제작하며 입에 풀칠했던 시대이다.

어떤 때에는 카바레에 출입하는 창부들이 가난한 화가들의 모델이 되기도 했으며, 그들의 고독을 상냥하게 위로해 주기도 했다. 몽마르뜨의 카바레는 기성화단의 아카데믹한 미술에 대한 반항의 요새이기도 했다. 그들 인상파 화가들 또는 전위 예술가들은 먹이를 서로 나누는 들개들처럼 서로 체온을 나누며 살았다.

파리에는 카바레 외에 나이트클럽도 탄생했다. 그곳은 부인 동반 댄스도 가능한 고급 레스토랑이었다. 또 샹송의 레코드를 들려주는 음악다방이 생긴 것도 이 무렵이었다.

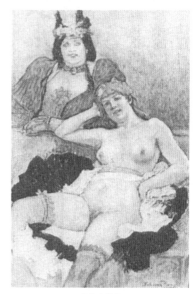

파리의 창부.
19세기 말. 로트랙의 석판화. 채색.

65 | 비너스의 경이로움, 누드 사진

현재 사진술의 발명은 1839년 13세 때 초상화로 유명했던 프랑스 천재 화가 다게르(Daguerre, 1789~1851년)[111]에 의해서였다. 에디슨이 영사기를 발명하기 48년 전의 일이었다. 물체가 렌즈를 통해 은판에 화상을 그대로 투영, 묘사되는 것은 정말 경이적인 발명이었다. 그 당시의 은판 사진은 노출 시간이 30분에서 50분이나 걸렸는데 물체가 비록 흑백이지만 그대로 찍힌다는 것은 미술에 있어서도, 모든 시각적 분야에 있어서도 혁명적인 사건이었다.

이리하여 이 은판 사진은 개량에 개량을 거듭하여 노출 시간이 15~30초로 단축되었고, 1840년경부터 실용화되었다. 이 은판 사진술을 이용하여 최초로 누드 사진을 제작한 것은 화가 외젠 들라크루아(Eugene Delacroix, 1798~1863년)[112]였다.

1855년 10월 5일, 그는 친구인 프랑스 사진협회장 위제니 디류를 아뜨리에로 초대하여 누드모델을 촬영했다. 들라크루아는 이 사진을 보고 누드 소묘를 수정하고, 완벽한 나녀상(裸女像)을 완성했다. 이러한 사진술에 의존한 그의 나체화는 살롱에 출품되어, 사람들은 너무나도 사실적인 아름다움과 세밀함에 경탄했다.

111 프랑스 화학자, 화가, 사진 발명가.
112 프랑스 화가. 19세기 낭만파 화가의 거장.

1902년 뉴욕의 출판사에서 찰스 셍크의 누드화집이 간행되었고, 누드 사진이 비로소 미술 장르로서 개화하게 되었다. 동시에 알프레드 슈테그리스(1864~1946년)[113]에 의해 카메라 잡지가 발행되어 누드 사진이 나체 미술의 새로운 영역을 구축하게 되었다. 물론 이러한 사진술의 발전 뒤에는 사진 감광 재료의 개량, 사진 재판술의 발명이 있었기 때문이다.

한편 누드 사진은 새로운 에로틱한 상품이 되었다. 프렌치 카드라 불리는 파리 창부들의 누드 사진이 그림엽서에 이용되어 파리 관광 명물이 되었고, 아마추어 화가를 위해서라는 명목으로 음모를 제거한 박제 같은 누드모델의 카탈로그 사진집 등이 팔려나갔다. 마르세이유 등에서도 외설 사진이 태연하게 판매되고 있었다. 100여 년 후 오늘날 사진은 컬러사진으로 변모했으며 누드 사진은 거대한 산업이 되었다.

누드 모델. 19세기 말 사진.

113 미국 사진가. 사진예술의 개척자.

일본에서도 1910~30년대 공장의 여자 노동자는 비정한 노동 착취에 의해 처참한 생활을 했었는데, 19세기 중엽 영국의 여공은 일본보다 더 가혹한 환경에 놓여 있었다. 또 성적으로도 잔혹하리만큼 혹사당했다. 훅스(Fuchs), 브로흐(Bloch), 엥겔스(Engels) 등은 이러한 산업혁명기의 영국 여성 노동자의 실태를 남김없이 고발했다.

산업혁명은 젊은 농촌 노동자를 도시로 집중시켰다. 그들은 지적 수준이 낮은, 도덕심도 없고 조잡한 욕망만이 노출되어 있는 젊은이들로, 남자도 여자도 모두 성애에 있어서는 무질서, 무궤도였다. 풍기는 퇴폐해 있었다. 특히 야간 업무 때에는 한층 풍기가 문란했으며, 여공들은 강간당하고 유혹자들의 손에서 벗어날 수가 없었다. 1830년대까지 영국 여공의 절반은 원하지 않는 임신을 한 적이 있다고 F.엥겔스는 전하고 있다. 1850년 때만 해도 강간으로 인한 고소가 2,000건이나 법정에 회부되었고, 사생아 수도 증가했다.

공장에 고용된다는 것은 고용주에게 새로운 것을 맛보게 하는 권리를 주었다. 수많은 공장은 공장주의 할렘 같은 느낌을 주었다. 공장주는 사회적인 체면 같은 것은 전혀 개의치 않는, 수치심도 모르고 교육도 받지 않은 무식한 벼락부자였다. 공장주는 여공들에게 말을 듣지 않으면 해고하겠다고 협박하여, 대부분의 여공들을 자신의 욕망의 먹이로 만들었다.[114]

114 『영국 노동자 계급의 상태』, 엥겔스 저(著).

그러나 이것은 공장만이 아닌 런던의 번화한 상점이나 회사에서도 마찬가지였다.

양품점 종업원, 양복점 재봉사도 터키 왕족의 후궁에 봉사하는 여자들처럼 되어버린 것이다. 훌륭한 회사도 역시 창가(娼家)와 비슷한 가공할 대기실이 되어버렸다.

라고 엥겔스는 기술하고 있다. 젊은 아가씨가 예쁘고, 육감적인 매력, 즉 섹스어필만 한다면 어디서나 고용했지만 모두가 고용주의 첩이 될 운명을 등에 업고 있었다. 만약 고용주의 욕망을 거부하면 그 자리에서 해고되었다. 그러나 이것은 비단 영국만의 현상은 아니었다. 파리에서도 독일에서도 마찬가지로 파렴치한 일들이 지극히 당연한 일처럼 행해지고 있었다. 그 당시의 여자는 남자의 호색에 아첨하지 않으면 살아갈 수 없었다.

점원과 주인. 1840년.
프랑스 호색본 삽화. 석판화. 채색.

67 | 여성미의 상징, 풍만술의 유행

유방이 여성의 제2의 성(性) 상징물임과 동시에 여성미의 상징적인 존재인 것은 모든 시대의 공통적인 의식이었다. 18세기 로코코 시대에는 두 손으로 감싸면 약간 틈이 보일 정도의 크기, 사과처럼 탄탄하며 둥근형의 유방을 선호했다. 하우젠슈타인(Hausenstein)[115]도 지적하고 있듯이, 풍만하고 수려한 나체미가 애호 받는 시대는 시민사회에서였다. 프랑스혁명을 계기로 유럽 각국에서 절대 군주제가 붕괴해 가고 시민사회가 출현한 것은 19세기 중엽의 일이었다.

자연 그대로의 풍만한 유방은 빛을 발하게 되었다. 그러나 선천적으로 유방이 작고 두꺼운 판자처럼 평평한 유방의 소유자는 어떻게 해서든 크고 풍만하게 보이고 싶어 했다.

19세기 말경 유행했던 풍만술은 그러한 여성의 허영, 성적 미혹술에서 태어났다. 작은 유방을 프렌치 브래지어로 밀어올려도 한계가 있고, 패드로 위장해도 규방에서 탄로가 나버린다.

그래서 풍만술을 시도해 본다. 갖가지 광고문이 있다.

---

115 『나체예술의 사회사』(1932).

동양 환약으로 만든 유방 크림으로 마사지하면 부작용 없이 유방은 잘 발육하고, 탄탄하고, 예쁜 모양이 됩니다.

라던가

유방 자양산 유노를 복용해 보십시오. 당신의 유방은 반드시 솟아오르는 아름다운 모양이 됩니다.

이상적인 유방, 당사의 공기에 의한 유방 마사지기 아리를 사용해 보십시오. 만약 풍만해지지 않으면 당사에서는 대금을 반환해 드립니다.

등의 유방 자양 크림이나 마사지 기구까지 팔면서 여성의 꿈을 만족시키려고 시도했지만 결과는 뻔했다. 일종의 위안밖에 되지 않았던 것이다. 물론 당시 정형미용(외과 수술)이나 파라핀 주사 등도 있었지만, 의학이 발달하지 않은 탓에 시술 후의 후유증이 있어 이용률은 극히 낮았다.

지금도 그렇지만 유방을 풍만하게 하는 묘약은 없다. 사실 미용체조나 마사지로 유방의 풍만도를 두 배, 세 배로 하는 것은 불가능하며 단지 약간 젊게, 탄력 있게 하는 정도의 효능밖에 없다.

19세기 중엽, 영국에서 출발한 산업혁명은 섬유제품의 대량생산 시대를 열었다. 의복은 소비물자에서 사치물자로 질적 변화가 이루어져 복식은 화장품과 마찬가지로 사치 경제적(Prestige economy)인 성격으로 바뀌었다. 인쇄기술, 사진제판기술은 매스미디어를 완성하고 상품의 대량 판매 매체기관이 되어 서민의 구매의욕을 부채질했다. 영국에서 생산된 원자재 직물은 파리에서 디자인되어 팔렸다.

1871년 1월 세당전투에서 루이 나폴레옹3세의 프랑스군이 패배하여 다시 부르봉 왕조가 부활했다. 궁정 여자들의 사치가 다시금 유행(Fashion)의 진원지가 되어 고전적인 왕조풍 복식을 선호하게 되었다.

또 고무합성의 코르셋을 사용하게 되었다. 여성의 몸통과 허리 주위는 마치 말벌처럼 잘록하고, 가슴은 크게 벌어져 넘칠 듯한 유방의 융기를 노출시키고, 하반신은 크리노린이라 하는 범종 모양의 페티코트(Patticoat)를 여러 벌 포갠 스커트를 착용한 코르셋 미인이 탄생했다. 드로우즈(Drawers)와 팬티 등의 아랫도리 속옷도 입게 되었다.

남자들 사이에서도 사관은 코르셋을 착용하여 늘어진 배를 졸라 몸이 잘록한 화사한 모습이 유행했다.

1916년 영국 제이거사(社)에서 브래지어를 시판했다. 어깨 끈이 붙어 있는 브래지어였다. 또 이것과는 별도로 〈레몬의 가슴〉이라는 정장복도 고안되었다. 옷의 흉부에 미리 레몬 모양의 유방에 대는 패드가 삽입되어 있는 것으로, 가슴의 아름다움을 한층 강조하여 유방이 평평하고 몸이 작은 여성에게 위장용으로도 쓰였다.

아랫도리 속옷도 19세기까지는 거의 면제품이었는데, 제1차 세계대전 중 면화약 제조 때문에 면화는 일반에게 통제되어 면 대신 명주를 사용하게 되었다. 명주는 노랗게 변색되기 쉬워서 이 변색을 감추기 위해 염색해서 중간 정도의 엷은 색으로 했다. 핑크 계통의 엷은 홍색, 혹은 푸른색 계통의 엷은 청색 속옷이 만들어졌다. 이것은 생각지 않게 유행을 초래했다. 촉감도 좋고 게다가 남자들의 눈을 매우 즐겁게 했다. 이윽고 명주는 여성의 제2의 피부, 제2의 나체로 다시 태어났다.

코르셋 광고 사진(1913년).

69 | 세기말 파리 창가의 풍속

1850년대 파리의 창가 풍속을 공쿠르은 이렇게 전하고 있다.

어느 창가에 갔다. 꽃 모양의 석류색 벽지, 빨간 면비로드의 등받이 없는 소파, 허술한 큰 거울, 벽시계가 1개, 마치 치과 응접실 같다. 청의, 홍의, 백의, 황의를 입은 여자가 10명, 애완동물이 아양을 부리는 듯한 자태를 하고, 그리고 빨간 슬리퍼를 신은 채, 감질 나는 듯이 조금씩 몸을 흔들면서, 등 없는 소파에 누워 있거나, 큰 대 자로 누워 자기도 하고, 잠꾸러기처럼 엎드려 자고 있다. 이미 이곳에는 노래를 연주하는 연못도 없고, 미술도 없고, 견사 옷을 걸친 아름다운 여자들도 없다.[116]

그저 육체만을 파는 창가로 변해버린 것이다. 즐거운 대화, 약간의 미식과 술도 없다. 이러한 홍등가가 파리에는 2,000여 곳 이상 있었고 창녀들도 3만 명이나 되었다. 벨 에포크(Belle Époque)의 파리는 유럽의 환락시장이고, 쾌락의 메카였다. 당시 팔레이 로얄(Palais Royal) 앞에 모여 있는 거리의 창녀들만해도 2,000명 가까이 달했다.

성도착자나 노인을 위해서 거울 방이라 부르는 〈들여다보는 방〉이 마련되어 있었고, 사디·마조히스트용 창가도 있었으며 여성 전용의 음성적인 동성애 창가도 있었다. 물론 남색 전용의 〈소돔의 집〉도 있었다.

116 공쿠르의 『일기』.

파리의 창부, 프렌치 카드.

또 프렌치 카드 같은 것도 제작되었다. 창부들의 가꾸지 않은 나체 사진이 인쇄된 포스트카드이다. 이러한 프렌치 카드는 성냥과 마찬가지로 대량생산되어 연간 2억 장이나 팔렸다.

파리의 창가는 프랑스의 관광 사업이고 자원이었다. 말하자면 이들 창가가 성행한 것은 발루아 왕조의 음탕한 궁정문화의 서민화였다. 이 풍속도 이윽고 제1차 세계대전의 시작과 함께 쇠미해졌으며, 파리 홍등가의 불빛은 하나씩 하나씩 꺼져갔다.

70 | 피부는 진주색으로, 낭만적 미인의 매력

20세기 초 일본에서는 피부가 희고, 눈은 크고 드라마틱하며, 게다가 마른 몸매에, 건강하지 못해 남자들의 동정을 자아내게 하는, 병들어 수척한 분위기의 나약한 미인을 선호했다. 즉 낭만적인 미인상이다. 세기말 19세기 중엽에서 말기에 걸쳐 유럽, 특히 프랑스, 독일, 영국 등의 이상적 여성미는 이러한 병을 앓고 있는 듯한 낭만파적인 미인에 있었다.

살은 조금 파란색을 띠는 듯한 진주색, 얼굴은 창백하고, 머리는 스페인이나 이탈리아 여성처럼 진한 갈색이나, 검은색의 여자들이 환영받았다.

눈은 크고 그 주위에는 약간의 검은 기미가 있는 듯하여 눈을 한층 극적인 크기로 만들었다. 그러기 위해서 여자들은 일부러 잠을 자지 않거나, 벨라돈나 또는 아트로핀 등의 마약을 복용하여 눈언저리를 검게 했다. 그리고 살을 빼기 위해 식사량을 줄이고 식초와 레몬을 마셔, 고의로 위의 상태를 나쁘게 해 병들고 지친 용모를 만들어 갔다. 즉 폐병에 걸린 듯한 병적인 아름다움이 매력적으로 보였던 것이다.

사실 서양에서는 폐병으로 사망하는 여성이 많았는데, 이러한 풍조는 환자를 한층 중대시켜 여성 스스로가 위험 속으로 빠져들어 갔다. 플로베르 소설의 여주인공 〈보바리 부인〉 등은 낭만파 미인의 전형적인 타입이며, 병적인 아름다움을 연출하기 위해 마약과 식초로 섬세하고 정서적인 미를 연마했다.

19세기 말엽에는 이미 볼연지를 바르거나, 하얀 분을 두껍게 바르는 화장은 한물갔다. 하얀 분으로 얼굴을 두드리는 것이 아니라, 맨살이 창백하고 진주색으로 색기를 띠고 있어야 했다.

그러나 이러한 화장이나 유행미는 어디까지나 상류부인과 고급유녀의 것으로, 일반 서민 여성에게는 해당되지 않았다. 그녀들은 그런 경제적 여유도 없었을 뿐더러 시간적 여유도 없었다. 그러나 이러한 세기말적인 미는 제1차 세계대전이 끝나자 자연스럽게 소멸되었다.

화장비누가 발명(1862년)되고, 호르몬 합성(1912년)에 성공하여 화장품은 의료관리를 받게 되어 여성들은 새로운 건강미를 추구하며 20세기를 향하여 발을 내딛었다.

낭만적 미인. N 마린의 석판화. 1852년.

71 | 풍속혁명, 수영복 마인의 등장

오늘날의 감각에서 보면 신기할 것도 없는 광경이지만 1850년대 처음으로 등장한 수영복은 프릴(frill, 주름)이 붙어 있는 원피스 같았다. 스타일은 여러 종류로, 반소매이며 노슬립형으로, 스포츠 셔츠를 껴입은 듯한 수영복이었다. 물론 하반신은 무릎 위 10~15cm까지 노출된 것이었다.

그러나 발레댄서 등의 무용수와는 달리 묘령의 숙녀가 허벅지를 그대로 대중의 눈앞에 공개하는 것은, 당시로서는 전대미문의 풍속혁명이었다. 유럽에서 최초로 개장한 프랑스 노르망디 트레빌 해수욕장에서는, 수영복 미인을 구경하기 위해 해변에 울타리가 세워질 정도였다. 도학자들은 추잡하다고 비난했지만 매년 수영복 미인들은 남프랑스나 벨기에 오스틴드 해안 피서지를 떠들썩하게 했다.

개중에는 물속으로 들어가지 않고 그냥 해변을 산책하며 몸매를 뽐내는 여성도 있었고, 바닷물 속에서 수영하는 대담한 여자도 있었다. 물에 흠뻑 젖어 나오는 수영복 모습은 또한 매력적으로 느껴졌다. 남자들의 호기심어린 눈은 마치 스트립쇼를 바라보는 듯한 뜨거운 눈길로 집중되었다. 수영복이 살에 착 달라붙어 나체보다 더 에로틱한 느낌을 주었다.

또 한 장의 트리코트(tricot) 수영복의 모습은 그야말로 비너스 조각 같은 바디라인(body line)의 아름다움이 느껴졌다. 그녀들은 남자들로부터 뜨거운 시

수영복 미인. 1920년 사진.

선이 집중되면 될수록 더 바디라인을 강조하려고 당시의 수영복보다 더 얇은 옷감인 트리코트(tricot)로 짠, 착 달라붙는 수영복을 입었다. 그것은 나체를 감싸는 제2의 피부로 여성의 매력을 한층 높였다.

1912년 미국 영화회사 마크 세네트가 〈수영복 미인〉[117]이라는 무성영화를 만들어 사람들의 관심은 더욱더 수영복 미인에게 집중되었다. 남자 수영복은 스포츠 셔츠 스타일로, 굵은 세로 줄무늬가 들어간 죄수복 같은 것으로 멋이 없었다. 이리하여 수영복은 점차로 육체를 덮는 부분이 적어지고 분리형으로 되었으며, 비키니 스타일이 나온 것은 수영복이 등장한 지 100년째의 일이었다.

117 정확하게는 마크 세네트 키스톤사의 〈코니 섬의 코엔〉.

19세기 영국은 산업혁명, 광대한 식민지 경영에 의해 서구 제1의 부호국가가 되었다. 따라서 사치풍조는 만연해지고, 전례 없는 타락한 사회를 형성했다. 근대 영국의 교육자 마르크스 르크렐의 지적에 의하면

1800년대 영국민의 모든 증인의 말에 의하면, 영국인은 둔감하고, 짐승처럼 살아가고 있으며, 위에서 아래까지 전 사회층이 도박과 카바레에 정신이 팔려 있다.

고 개탄하고 있다. 그중 청소년의 정조 문제에 있어서, 유해한 사회적 환경이 조성되어 청소년의 조숙이 증대되었다는 것이다. 그래서 고안된 것이 스포츠의 진흥이었다.

중학교 기숙사에서는 취침 전에는 반드시 500m 트랙을 2, 3회 완주하고, 뜨거운 욕탕에서 들어가 심신이 지친 상태로 취침시켰다. 또 자위행위를 하지 않도록 반드시 이불 위에 양손을 내놓고 자야 했다. 즉 철저하게 육체를 학대함으로써 성적 욕망을 감퇴시키려 했다. 축구와 럭비가 성행한 것도 19세기의 이러한 교육자들의 교육개혁에 의한 것이었다. 쿠베르틴(Coubertin) 남작이 올림픽을 1896년 아테네에서 개최한 것도 국제친선이라기보다 우선적으로 청소년 체력 향상과 더불어 성적 조숙을 방지하려는 시도였다. 프랭크 해리(Frank

Harris)[118]가 자서전에서 기술하고 있듯이

12세 소년 소녀들 대부분은, 특히 영국에서는 자위가 상습적으로 행해지고 있었다.

고 하며, 중학교나 고등학교 기숙사에서는 침상에 버터를 가지고 가서 남색행위를 태연히 하고 있었다고 전한다. 결국 스포츠의 장려는 이러한 사회정화 차원에서 실시된 것이었다.

남자뿐 아니라 여자에 대해서도 엄격한 예절과 스포츠를 가르쳤다. 남자와 마찬가지로 격심한 운동을 부과했다.

이리하여 19세기에 시작된 영국 청소년에 대한 성적 조숙 방지 대책은 오늘날에도 엄격하게 실시되고 있다. 성적 욕망 감퇴의 묘약으로서의 스포츠는 영국을 모델로 세계 각국 학교교육에 받아들여져 보편화된 것이다.

118 영국의 저널리스트이자 소설가.

73 | 최초의 키스신 영화

1895년 영화가 흥행에서 성공하자 보다 많은 이익을 추구하려고 했다. 그러기 위해서는 영화 내용을 흥미 있는 것으로 해야 했다. 단순히 움직이는 사진으로는 관객은 쉽게 지루해 한다. 그래서 에디슨 밑에서 사진 기사를 하고 있었던 에드몬 쿤은 1896년 두 편의 영화를 제작했다. 한 편은 〈메리 스튜워드의 목〉이라는 프랑스 혁명 당시의 길로틴(guillotine, 단두대)을 주제로 한 잔인한 영화였다. 다른 한 편은 〈메이 어빙과 존 라이스의 키스〉라는 키스 영화였다. 공원 벤치에서의 장장 2시간에 걸친 키스였다. 이 영화는 뤼미에르(Lumière)와는 달리 키네스코프(Kinescope)라는 1인용의 작은 〈만화경 영화〉였다.

세상 사람들의 빈축을 산 것은 물론이었지만 커다란 반향을 불러 일으켰다. 대중들은 난생 처음 타인의 키스, 애정 장면을 클로즈업시켜서 차근차근 볼 수 있었던 것이다. 그 심리학적 효과는 대단했다. 그것은 바로 인간의 심층 심리에 있는 시간성(視姦性), 절시욕(竊視欲)을 충족시킨 것이다. 그 이후로 영화에는 키스 장면을 반드시 삽입시켰다.

발렌티노(Rudolph Valentino)의 집어삼킬 듯한 키스, 밀턴 실즈의 빨아들일 듯한 키스, 보레스 리드의 탐욕스러운 키스 등 세기의 연인들의 키스 영화가 1920년대 무성영화에 속속 등장했다. 키스 장면은 관객을 사로잡는 마약이었다. 이윽고 할리우드에 그린 오피스(green office, 영화윤리규정)가 제정되어 키스에도 제약이 생겼다.

여배우가 기혼일 경우에는 아랫입술에 입을 맞추면 안 된다, 키스할 때 남자는 부인의 허리, 또는 엉덩이를 손으로 감싸면 안 된다, 키스 시간은 최대 15초 이내로 한다.

등의 조항이 그러했다.

그러나 이 원칙은 1910년대 덴마크 영화에 의해 깨졌다. 북유럽 요부역(Female Fatal)의 키스는 입술과 입술이 서로 닿는 단순한 것이 아니었다. 서로 혀를 교환하는 리얼리즘의 키스였다. 할리우드 영화의 러브신은 덴마크 영화에 의해 구축되어 달콤한 케이크는 변질되고 말았다. 영화는 대중의 성교육 자료로서 성풍속의 표준이 되었다.

코로딧 콜버트(Claudette Colbert).
1930년대 무성영화시대의 인기 여배우.

현대
contemporary

01 | 키스는 무언의 사랑의 대화

잘 들어라.

너희들은 촌스러운 거구의 남자들이, 만나면 선임하사의 점호처럼 군침을 흘리면서 키스하는 나라라고 생각하고 있느냐?

우리 대영제국에서는 그러한 짓을 하도록 그냥 놔두지 않는다!

19세기 말엽의 영국 신사는 호통치고 있다. 이 외침은 아마도 이웃 나라 프랑스의 키스풍속을 의식하고 하는 말이었다.

프랑스, 스페인, 이탈리아 등 라틴계 나라에서는 지금도 여러 가지의 키스풍속이 있다. 양 볼에 키스를 서로 교환하는 우정·우애의 키스, 부인의 손등에 하는 존경의 키스, 입술과 입술을 서로 맞추는 애정의 키스 등이 그것이다.

프랑스에서는 반 드 베르데가 『완전한 결혼』에서 소개했듯이, 애인끼리는 서로 혀로 상대의 구공을 자극하기도 하고, 입술과 혀끝을 서로 빨기도 하는 〈프랑스풍 키스〉(French kiss)가 있다. 이것은 프랑스 지방의 독특한 풍속으로 〈마레시나쥬〉라 부른다. 〈남녀가 때에 따라 몇 시간이라도 혀로 서로의 입 안을 더듬는〉 키스로, 마레샹, 즉 브르타뉴(Bretagne)의 반데 지방 주민의 풍습에서 유래한다고 한다.

영국인은 이러한 진한 키스는 음란하다고 경멸하고, 또 남자끼리 우정의 표시로 양 볼에 하는 키스도 매우 혐오해서 17세기 말경까지 〈키스규제〉를 하고

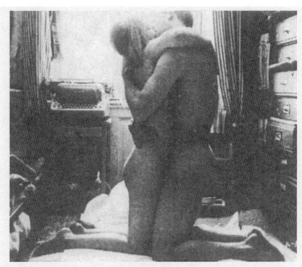

딥 키스(Deep kiss).
〈나는 호기심이 강한 여자〉(1967, 스웨덴 영화)에서.

있었을 정도이다.

　애인끼리의 애정표현 키스나 전희적인 키스를 제외하고 양 볼과 손, 혹은 복종의 증거로 발끝에 키스하는 것은, 고대 로마인들의 풍속이었다.

　키스는 서약이고 성의의 표시였다. 라틴계 나라에 여러 종류의 키스 스타일이 있는 것은 고대 로마시대부터 내려온 풍습이다.

　애인끼리 혹은 성적 교섭의 전희로서 행해지는 프렌치키스는 애정 표현이라기보다는 성교의 대상적(代償的)인 행위일 것이다. 혀끝으로 서로의 입 안을 애무하는 것은 다음에 무엇을 하면 좋은지 암묵 중에 양해되는 사랑의 대화인 것이다.

02 | 세계의 매춘지리, 유럽

1949년, 국제 폐창(창가폐지)회의 조약에 조인한 나라는 100개국에 이른다. 유럽의 여러 나라도 네덜란드를 제외하면 거의 폐창국이다. 폐창국이라 함은 창부의 등록·감찰제도의 폐지, 창가 경영을 금지한 나라이다. 따라서 어느 나라에서도 창부의 존재는 법에 저촉되며, 〈창가 경영〉이 위법임은 두말할 필요도 없다. 그러나 이것도 표면적인 이야기에 지나지 않았다.

런던에서는 피카디리 극장이나 웨스트엔드 고급 주택가에서의 공공연한 호객행위나, 양초[1]라 부르는 거리의 창녀가 모습을 감추었다. 그러나 카페, 나이트클럽에서는 매춘부들이 아직도 많다. 특히 콜걸 매춘은 유럽에서 가장 번성하고 있으며 그 시스템은 교묘하다. 역 주위의 전화박스, 신문광고에도 그러한 류의 여자 전화번호가 기입되어 손님을 기다리고 있다. 또 클럽이나 바에서는 〈샴페인에 여자〉가 세트화 되어 그녀의 아파트로 유인한다. 파리도 마찬가지다. 경찰과 같은 수[2]의 사창이 있다. 거리 매춘부도 많고, 최근에는 공원 등의 거리에 차를 세우고 호객하는 창부가 눈에 띄게 많다. 인종도 잡다하며, 그 대부분은 영국이나 스페인계의 여자들로 점유되어 있고, 파리젠느는 손에 꼽을 정도이다. 로마에서도 마찬가지이며, 관광도시인 만큼 피렌체, 밀라노,

---

1   은어로 건물 벽을 따라 서는 것에서 부르게 되었음. 거리 창녀를 의미.
2   파리에는 12,000명의 창부가 있다는 것을 암유.

메론 장사와 창부. 프랑스 포스트 카드에서….

베네치아 등에는 거리의 창녀도, 호객꾼도 많다. 유고슬라비아, 그리스 등지에서 온 외국 여자들이 이들 창부의 반을 차지하고 있다.

포르투갈 리스본, 네덜란드 암스테르담, 프랑스 마르세이유 등의 항구에는 공공연하게 영업허가를 받은 매춘관이 존재한다. 암스테르담에는 유명한 〈장식창의 여자들〉이 있어 선원이나 여행자를 상대하고 있다.

스페인과 그리스는 풍토가 척박하고, 봉건성이 강하기 때문인지 사창의 수는 놀랄 정도로 많다. 대부분이 거리의 창녀이다. 아테네만 해도 1,000명 이상이나 된다.

또 그리스 창부의 대다수는 얼마 전까지만 해도 〈아주 어렸을 때 마을에서 나온 하녀의 딸로, 처음에는 모시고 있는 여주인의 암묵적 양해로 주인집 남자의 성적 욕구를 충족시켜주는 데 쓰였다〉고 한다(1980년 기준).

03 | 세계의 매춘지리, 남북아메리카

라틴아메리카(중남미) 중, 브라질, 아르헨티나, 멕시코 등은 지금도 매춘이 공인되어 사창가는 조직적으로 운영되고 있다. 창부는 등록·감찰제도 하에 있으며, 매춘부의 인신매매도 성행하고 있다. 물론 대도시에는 자유매춘(사창)이 홍등가에 개미떼처럼 운집되어 있다. 고급 창부는 나이트클럽이나 술집에 있으며, 인종도 라틴계 미인이 많다.

멕시코에서는 대도시나 지방도시 가릴 것 없이 관광객이 많은 곳에는 대개 바라라소나(밤의 별장)가 있다. 카바레인지 스트립 극장인지 잘 구별이 안 되는 술집으로, 그곳에 모여 있는 여자들은 모두 창부이다.

예를 들면 미국 국경 변에 있는 티와나, 유마 등의 도시에서는 카바레 입장료 1달러, 맥주 작은 병 1달러만 지불하면 전라의 스트립쇼를 볼 수 있으며, 창부들이 테이블로 다가와 호객(making love) 교섭을 한다. 교섭이 성사되면 가까운 창부의 작은 집으로 동행하게 된다.

북미에서는 캐나다도 미국도 매춘금지 국가이지만, 미국의 경우는 각 주의 입법조치 때문에 사정이 주(州)마다 다르다. 뉴욕[3] 등의 대도시에서는 터키탕[4]이나 비밀클럽이 매춘의 온상인데, 거리의 호객꾼도 많고, 거리의 창녀, 기둥

---

3   1960년 기준으로 20,000여 명의 사창 중의 60%가 콜걸임. 또 남창은 6,000명.
4   미국, 동남아시아에서는 당당하게 터키 스타일 간판을 내걸고 영업하고 있음.

서방이 있는 창부도 중심가(Main street)에 출몰하고 있다.

　이러한 매춘에는 콜걸(Call girl)조직이 매우 발달되어 있으며, 중소 도시의 호텔에까지 콜걸 조직이 손을 뻗고 있다. 라스베이거스가 있는 네바다주(州)는 미국에서 유일하게 도박과 매춘이 공인되고 있는 주이다. 라스베이거스 호텔에서는 콜걸이 전화로 의사를 타진해 온다.

　또 시외의 데스 벨리(Death valley, 죽음의 계곡) 입구에 있는 베티마을에는 프렌치 런치(French lunch, 여자의 집)가 있으며, 한 곳에 7, 8명의 젊은 여성을 데리고 있다. 모두 젊고 미모의 창부이며 백인, 흑인, 혼혈 등 인종도 다양하다. 값은 50불 정도이다.

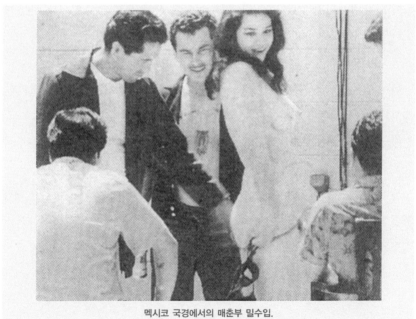

멕시코 국경에서의 매춘부 밀수입.
다큐멘터리 영화 〈세계엽기지대〉. 1969년 미국 영화에서.

04 | 세계의 매춘지리, 동남아시아

설령 캠브리지국제회의[5]에서 매춘영업, 인신 매매방지 협약에 조인, 비준했다 하더라도 세계 어느 곳에서도 매춘이 없어진 곳은 없다. 공산권 나라에서조차도 창부는 존재하며, 하물며 동남아시아 등지에서는 매춘이 공공연하게 행해지고 있다.

이유는 얼마든지 있다. 그러나 필경 여성이 직업, 돈도 없으면서 사치를 즐긴다면 하룻밤 사이에 창부는 만들어진다. 그것은 가장 손쉬운 현찰 수입의 지름길이며 사치욕을 충족시키는 방법이다.

한국, 일본을 제외한 동남아시아 여러 나라 홍콩, 태국, 싱가포르, 필리핀, 캄보디아, 인도네시아 등은 공공연하게 매춘을 하고 있다.

홍콩, 대만에서는 관리 매춘으로, 터키탕, 다방, 술집, 미용원, 댄스홀 등이 운집해 있다.

태국에서는 방콕에 창부들이 운집해 있으며, 정부(情夫)가 거리에서 호객행위를 하거나, 창부가 직접 가두호객을 한다. 또 터키탕도 창가화 되어 있다. 싱가포르도 방콕과 다를 게 없다.

필리핀의 마닐라도 마찬가지로, 술집에 창부들이 모여 있으며 또 호텔에서

---

5   1960년 개최된 상업적 매춘에 관한 국제회의를 말함.

는 콜걸시스템이 발달되어 있다.

혁명 후의 캄보디아는 모르겠지만 혁명 전에는 프놈펜을 비롯하여 어느 도시에나 창가가 있었고, 가두도박[6]도 성행한 퇴폐적인 나라였다.

동남아시아에서는 술집 여자는 거의 창부이다. 이들은 술집에 고용되어 있는 것이 아니라, 여자들이 술집에 장소 대금을 지불하고 영업허가를 받고 있는 것이다.

6   주로 룰렛, 트럼프로 미성년자도 거리에서 도박을 했음.

05 | 세계의 매춘지리, 인도

한센병, 콜레라, 장티푸스 환자가 많고, WHO(국제보건기구)도 난감해 하는 인도는 매춘 금지국가이지만 현실적으로는 유명무실하다. 뉴델리, 캘커타, 마드라스, 봄베이 등의 대도시에는 엄청난 수의 사창가가 있으며, 빈민가에는 길게 늘어선 흙벽 건물의 창가가 운집해 있다. 독방 같은 작은 방에는 10세 전후 소녀에서 25, 6세 여자까지 2, 3명씩 허술한 침대에 웅크리고 있다. 이러한 빈민가의 창가[7]는 필리핀, 태국, 대만에서도 마찬가지이다. 인도에는 창가가 3,000개 이상 있다고 한다.

도회지 번화가에는 언뜻 봐서는 평범한 가정집 같은 건물 안에 창가가 있다. 넓은 진홍색 주단을 깐 큰 거실이 있으며, 거기에 10명 전후의 젊은 창부들이 소파에 앉아 손님의 지명을 기다리고 있다. 서양식 창가 스타일이다.

북방 올드 데일리 부근 창가는 아라비아풍이며, 동남아시아에서는 볼 수 없는 정서적인 면이 있다. 그 창가는 꽤 넓으며, 큰 거실에 악사들이 시타르 등의 인도 악기로 애조를 띤 무악(舞樂)을 연주하고 있다. 14, 5세 정도의 무용수가 그 무악에 맞추어 손가락을 구부리고, 허리를 꼬며 춤을 추고 있다.

창부는 이 무용수들이다. 음악이 끝날 때까지 손님들은 마음에 드는 무용수

---

7   캠브리지 회의 보고서(1960) 및 1970년 조사 자료에 의거한 것.

를 지명한다. 인도 도회지에서는 겉으로는 카바레풍으로 위장하고, 매춘영업과 다를 바 없는 무용악단이 많다. 가수나 무용수 중에는 창부가 많고, 소년처럼 젊은 악사들은 남색용의 치아(稚兒)이다.

또 댄스홀이나 나이트클럽, 술집에도 창부는 많다. 그러나 거리의 창녀는 없다. 결혼적령기의 아가씨가 밤에 혼자 외출하는 법은 없다. 신문에서는 자주 4, 5명의 부녀자가 노상에서 행방불명되었거나 유괴 당했다는 기사가 나온다.

06 | 세계의 매춘지리, 중근동(中近東) · 아프리카

마호메트교전에 의하면, 매춘은 태형에 처하는 무거운 범죄 행위이며, 아랍 연합국가들은 표면적으로는 매춘 금지국가이다. 그러나 현실적으로는 수많은 사창, 창가가 있다. 지금도 레바논, 이집트에서는 여자 노예의 인신매매가 공공연하게 행해지고 있다. 아프리카도 이슬람 교도가 많으며, 『코란』을 신봉하는 매춘 금지국가이지만 현실적으로는 그렇지 않다.

북아프리카의 에티오피아, 알제리에서는 매춘집이 성행하고 있다. 특히 과거 프랑스 식민지였던 모로코는 파리 이상의 호화스러운 창가가 즐비하며, 홍등지구를 이루고 있다. 말라케슈[8] 지구에서는 영주가 경영하는 매춘집이 당당하게 영업을 하고 있다.

또 카사블랑카 부근에 있는 메키네에는 과거 일본의 요시와라(吉原) 이상의 유곽이 늘어서 있다. 매춘 규제가 엄격한 유럽에서 건너온 백인 창부도 이들 아프리카 연안 도시 유곽에 많은 진을 치고 있다. 북아프리카에서는 아랍계 우라드 나일족[9] 여자들이 결혼 비용을 모으기 위해 북아프리카 연안 도회지 창가로 일하러 나간다. 대체로 미인이며, 얼굴에 면사포를 쓰지 않고 화려한 머리 장식을 하고 손님을 기다린다.

---

8 모로코 서남부 도시.
9 북 아프리카, 주로 이집트에 살고 있음.

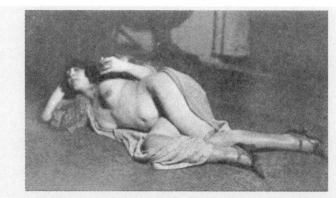

아프리카, 모로코의 백인 창부.

소말리아, 케냐, 탄자니아 등의 동아프리카 연안에서는 스와힐리족[10], 야오족[11] 아가씨들이 거의 창부이며, 아프리카 흑인 사이에서는 유명하다.

보통 젊은 여자들은 전라에 가까운 모습인데, 이들 창부들은 평소에 현란한 무늬의 원피스를 입고, 양산을 쓰고 있어 바로 식별이 가능하다. 그녀들도 결혼 준비금을 벌기 위해 매춘을 하며, 어느 정도 돈이 모이면 고향으로 돌아가 결혼한다.

아프리카 대륙의 연안이나 도회지에는 이러한 창부들이 한시적으로 일하는 매춘 집이 얼마든지 있다. 이들 신흥 아프리카 여러 나라는 기독교적 도덕 국가의 체면을 유지하는 선진국과는 달리, 매춘혼, 일부다처제로 인해 옛날부터 서민의 부녀공산제 사상이 존재하고 있으며, 매춘에 대해서도 죄의식이 없다고 한다.

10 케냐 등지에 사는 부족.
11 케냐에 사는 부족.

07 | 인간에게 있어서 섹스는 무엇인가?

성, 즉 섹스(Sex)는 라틴어로 세크타스(Sectas, 분리)가 어원으로 되어 있다. 마찬가지로 〈결혼〉의 라틴어는 〈생식세포〉를 의미하는 말이다. 결국 성이라는 것은 자웅의 종별을 분리한 표상적 의미를 가지는 말이다. 웅(雄)은 정자라는 생식세포를 가지고, 자(雌)는 난자라는 생식세포를 가짐으로써 성이 성립되고 있는 것이다. 물론 이 성의 기능은 원숭이, 개 등 일반 포유류 동물과 동일하며, 동물 기능의 생식세포로서 자연적으로 갖추어진 것이다. 결국 본능적으로 무의식화된 존재이다.

그러나 재배기술을 가지고, 기아에 떠는 일 없이, 충분한 식량을 생산하여 보존 능력을 가지게 된 인간은, 언제부터인가 성 본능은 퇴화되고 성 에너지의 충족욕으로 밖에 존재하지 않게 되었다. 개나 원숭이처럼 태어나면서 누구한테서도 배우지 않아도 성행위를 할 수 있는 인간이 아니게 된 것이다.

이유는 무엇인가? 영양과잉과 대뇌생리의 진화이다. 인간에게는 사계절 관계없이 성적 욕망이 있고, 여성은 매월 배란이 있어 1년 내내 임신 가능한 생리 상태에 놓여 있다. 개나 원숭이의 성주기는 연1회이다. 결국 그만큼 인간은 영양과잉이다.

또 동물의 발기와 사정은 척추신경을 파괴해도 가능하지만, 인간의 남성은 불가능해진다. 그러나 여성은 성주기(월경)·수태·분만은 가능하다. 이 생리

스웨덴의 성 과학 영화의 한 장면.

학적 사실은, 여성의 생식기능은 동물의 성적 메커니즘과 동일하지만, 남성의 생식기능은 대뇌에 의해 지배되고 있다고 연구되어 있다.

성적 욕망은 본능이 아니라, 개인의 성적 상상력＝추리력에 의해 배양되고, 과도한 성호르몬(에너지)의 충족욕에 의해 환기된다고 한다. 그러나 고환을 제거하여 성호르몬 기능이 파괴된 환관은 사정 능력은 없지만 충분한 발기능력이 있고, 성적 쾌감도 느낄 수 있다는 사실에서, 성적 쾌감은 대뇌생리가 이룩한 업적이라고도 이해할 수 있겠다.

08 | 마스터스 보고 〈인간의 성(性) 반응〉

마스터스 존슨 부처의 「인간의 성 반응」 연구는 획기적인 시도였다. 이전 「킨제이(Kinsey)[12] 보고」에서 인간의 성 행동에 대해 다각적으로 고찰되어 방대한 통계수치와 분석이 이루어졌는데, 「마스터스 보고」에서는 진일보하여 성 반응을 세밀하게 관찰하여 종래의 성 반응에 대한 오해를 해소하고 새로운 생리학적 사실을 발견했다.

연구는 1954년 워싱턴대학 의학부 산부인과 교실에서 개시되어 11년간의 연구 끝에 완성되었다. 그동안 동원된 피실험자는 남성 312명, 여성 382명이었다. 또 이 실험 참가자 중 552명이 276쌍의 부부이며, 남자 36명, 여자 106명이 독신자였다. 여성(매춘부는 포함하지 않음)은 21~30세가 총수의 2/3를 차지하고, 31~40세가 1/3 정도였다. 남성의 경우는 21~30세가 120명, 31~40세가 111명, 41~50세가 42명, 51~90세가 39명이었다.

학력은 고등학교 졸업자가 전체의 1/3, 나머지는 대졸자로, 전반적으로 인텔리 층을 주축으로 선별했다. 물론 참가자 중 성적 이상자, 성기 질환자는 제외시켰으며, 정신적으로나 육체적으로 건강한 남녀가 실험에 동원되었다.

11년간에 걸쳐 실험한 성교 횟수는 약 10,000회, 그중 여성 측이 7,500회, 남

---

12 미국의 동물학자. 주요 연구는 「남성의 성적행동」(1947), 「여성의 성적행동」(1953) 등이 있음.

성 측이 2,500회였다. 남성의 경우, 손 또는 기구에 의한 국부 마찰법과 정상위, 여성상위 등의 자연 성교 체위였다.

여성의 경우 가장 횟수가 많았던 것은 누워서 인공페니스[13]를 이용한 성행위였다. 이유는 성적 자극에 대한 질 내의 성 반응을 관찰하기 쉬우며, 생리학적인 데이터를 얻을 수 있기 때문이다.

연구 결과 다음과 같은 성적 오해가 해명되었다.

(1) 성기의 크고 작음은 성 쾌감을 결정짓는 요인이 될 수 없다.
(2) 여성의 클리토리스는 남성의 페니스와 대응되는 기관이 아니다.
(3) 성 반응에 있어서는 성적 홍조(性的紅潮)가 체표면에 표출된다.
(4) 여성에게는 질 내에 성적흥분기 상승과 동반하여 발한 반응이 보인다.

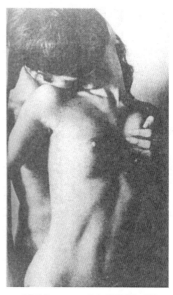

미국의 〈How to sex〉의 사진집 중에서.

13 플라스틱 제품으로 광학 유리 특성을 가지며, 무열 광선에 의한 조명으로 질내를 관찰하고, 또 전동식이어서 페니스와 마찬가지로 교접운동도 가능함.

09 | 촉각반응, 섹스 플래쉬

인간의 성 반응은 4개의 단계를 거치며 높아진다. (1) 흥분단계 (2) 고원(高原)단계 (3) 오르가즘단계 (4) 해소단계이다. 흥분단계에 달했는지 여부는 남성의 경우 페니스의 발기로 확인되며, 여성은 질내의 습윤에 의해 인정된다. 「마스터스 보고」에 의하면 체표면 전체의 홍조(Sex flash)가 나타나 성적 흥분을 표현한다. 이것은 여성 실험 대상자 중 75%가 현저한 반응을 나타냈다. 남성은 불과 25%였고, 여성에 비해 촉각반응, 체표면의 전신적인 성 반응은 극도의 열성을 나타냈다.

이 사실은, 여성이 성적 능력, 성 반응에 있어서는 본질적으로 남성과 달라 우위성을 가지며, 예민할 뿐 아니라 성적 구조가 온몸에 산재해 있음을 증명하고 있다.

이 성적 홍조는 홍역 같은 발진이 체표면에 나타나며, 흥분단계에서 오르가즘단계에 이르는 과정에서 보인다. 흥분은 성적 충혈과 종창(腫脹, 부풀어 오름) 작용인데, 성적 홍조는 습진과 비슷한 붉은 반점으로 나타난다. 처음에는 상복부, 하복부에, 그리고 안면, 머리 부분, 유방, 흉부, 팔, 대퇴부, 허리 부분 등의 순으로 나타난다. 그리고 오르가즘에 도달하여 성적 흥분의 퇴조기가 되면 홍분도는 서서히 소실되어 간다.

물론 이러한 체표면의 성적 홍조 변화는 실험실에서 강한 조명을 비추게 한

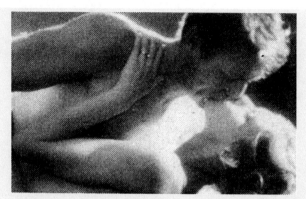

서독의 성과학 영화의 한 장면.

결과 확연하게 나타났다. 특히 피부가 하얀 백인 여성에 있어서는 그 변조, 변색이 선명하게 관찰되었고, 황색, 흑색 피부에서는 식별하기가 힘들었다. 그러나 이러한 홍조 변화는 피부색을 불문하고 모든 여성들에게서 볼 수 있는 성반응이다.

또 섹스스킨이라고 하는 여성의 소음순도 흥분 단계에서는 홍조 현상이 일어나며, 출산 경험이 없는 여자는 자주색, 출산 경험이 있는 여자는 와인색으로 변색한다. 이러한 현상은 성적 충혈 현상이다.

인간의 성 반응은 미모사(Mimosa)[14]처럼 촉각성이 풍부하고, 신체 어느 부분보다 정묘하며 뛰어난 기능을 가지고 있다고 판단된다.

14 참수초, 공과 일년초. 잎을 건드리면 마치 시그러들 듯이 오므라들며. 신경초, 감응초라고도 부름.

10 | 비너스의 환희, 발한반응

「마스터스 보고」가 발표되기까지는 여성 성기 = 질의 습윤은 소음순에서 분비하는 발토린(Bartholin)선액(腺液)으로 되어 있었다. 사실 그 액은 성적 흥분 단계에서 분비되는데, 한 방울 정도의 미량으로 소음순 전체를 적시지만 질 벽을 적실 정도는 아니다. 소음순의 발토린선의 분비는 페니스의 삽입을 원만하게 하기 위한 자연의 섭리인데, 동시에 질 벽 내에는 흥분단계에서 오르가즘에 이르기까지의 성적 환기 중에 상당한 양의 발한 반응이 보인다. 마치 이마의 땀처럼 질 벽의 정맥에서 분비되는 것이 마스터스에 의해 발견되었다. 이 점액 = 분비 물질이 어떤 화학물질인지 모르지만, 발토린선의 분비액과 같은, 정자가 질 내에서 활동을 계속하도록 하기 위한 산성 중화제적인 알칼리성 물질, 분비액이 아닌가 생각된다. 이러한 쾌적한 성교를 준비하는 성기 작용은 그야말로 불가사의한 자연의 섭리라고 할 수밖에 없다.

예를 들면, 대음순도 평소 내측에 종이를 접은 듯이 질구부(膣口部)를 감싸고 있는 것인데, 흥분단계에 들어가면 바깥쪽으로 뒤집혀 지금까지 외음순 벽에 가려져 있던 소음순이 나타나 페니스를 맞이할 준비를 자동적으로 하게 된다. 소음순도 마찬가지로 충혈되면 그 두께는 평소의 2배 이상으로 부풀어 오른다. 또 발토린선의 분비가 시작되며 매끄러운 점액으로 싸여 페니스의 삽입을 원활하게 한다.

또 질의 발한 반응이 발생하면서 질공(膣腔)은 확장되어 질 벽의 2/3는 풍선 모양으로 부풀어 평소의 2배 이상의 크기가 된다. 길이도 2~4㎝로 신장한다. 과학자들은 〈질은 해부학적인 실질 공간보다 훨씬 잠재력 있는 공간〉이라고, 그 성 반응의 신비성을 시사하고 있다.

남성의 페니스에 대해서도 마찬가지이다. 흥분, 고원기(高原期)를 거치는 페니스의 팽창은 평소의 2배 이상이 되며, 그랜스(glans, 귀두)의 요도구에서 코버선 점액이 분비되어 그랜스를 적셔 질로의 진입을 한층 원활하게 한다. 이 성 반응의 작용은 인간에게 잠재하는 무의식의 비너스가 이룩한 업적이다.

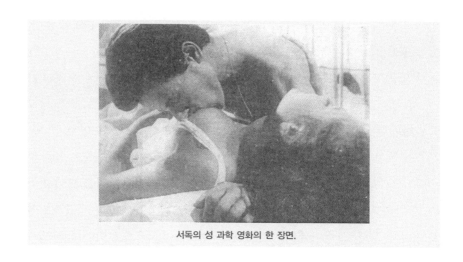

서독의 성 과학 영화의 한 장면.

11 | 천사의 방문, 필(Pill)과 F6103호

「미국인은 버터처럼, 영국인은 홍차처럼, 프랑스인은 와인처럼」 필(Pill, 경구 피임정제)을 복용한다.

필은 1960년 미국에서 개발한 경구 피임약이다. 약품은 두 종류 있으며, 여성 호르몬 성분인 게스타겐(gestagen)과 에스트로겐(estrogen, 발정호르몬)을 혼합한 것과, 에스트로겐을 20일간 연속 복용하고, 그 후에 게스타겐을 복용하는 것으로 나뉘어져 있다. 일반적으로는 이것을 총칭해서 스테로이드(Steroid) 피임약이라 부른다.

작용 효과는 자궁 안을 항시 호르몬작용에 의한 임신 상태로 해 놓고, 자궁 안의 작용을 무효로 해 버린다. 따라서 투약 기간 중에는 수태 능력이 없다. 보통 생리주기 5일째부터 3주간 계속해서 복용한다. 그리고 복용 정지기 중에 배란(월경)이 일어나고, 끝난 후 다시 복용하면 언제 어떤 경우에도 수태의 가능성은 없다.

원래는 복용을 일시적으로 중지할 필요는 없지만, 월경이 없으면 여성다운 생리적 특성이 없어진다는 정서적 배려에서 고의로 휴지기를 만들고 있을 뿐이다. 그 피임의 실패율은 불과 0.3%이며, 거의 완벽한 피임 효과를 보이고 있다. 부작용도 거의 없고, 혈전증에 걸려 사망하는 여성이 10만 명 중 1.5명 정도 밖에 안 된다. 현재 세계적으로 7,000만 명 이상이 사용하고 있다. 일본에서

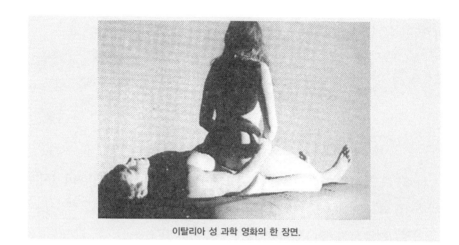
이탈리아 성 과학 영화의 한 장면.

는 금지하고 있지만, 생리불순, 생리조절이라는 명목 하에 시판되고 있다.

또 최근 스웨덴의 젊은 학자가 발견한 〈F6103호〉라 불리는 경구 낙태약이 있다. 한 알 복용하는 것만으로 즉시 자궁 내의 수정된 난자가 용해되어 배설 된다는 그야말로 놀랄 만한 효과를 가진 약품이다. 가격도 1년분, 12정에 1달 러 정도이다. 약은 파우더 슈가 분말로, 캡슐식으로 만들어져 있다. 필 이상으 로 부작용이 없으며, 임신 초기(3개월 이내)에 복용하면 효력이 100%라고 한다.

이 피임 신약의 등장은 성의 고민을 해소시켜줄 뿐만 아니라, 성의 불행한 실수를 씻어주는 고마운 천사의 방문이기도 했다.

12 | 현대의 마약, LSD

마약으로 불리는 아편(헤로인)이나 코카인보다 성적 관능성을 환기시키는 마취약으로 LSD가 있다. 〈마약〉 〈현대의 몰약(沒藥)〉이라 불리며 〈인간과 신을 혼합시키는 신비약〉으로 상용자들은 복용하고 있다.

LSD는 호밀(rye)의 곰팡이에서 추출하여 생성시킨 무미무취의 산성화학물로, 1943년 스위스 생물학자 알버트 호프만이 개발한 신약이다. 정신분열증 환자, 알코올 중독자에게만 치료제로 투약한 약품이었다.

이것을 정상인이 복용하거나 혹은 정맥주사로 놓으면, 피부 전체 특히 성감대로 이어지는 원심성 신경이 유난히 민감해지고, 손을 조금 대는 것만으로도, 성기는 부풀어 오르고 발기 현상을 일으킨다.

또한 오르가즘의 발작(Spasm), 경련, 연축(攣縮)이 일어난다. 그리고 평형감각을 잃고, 원근감이 없어지며, 동공이 확대되어 색채나 물체의 윤곽이 흐려지고 흔들리며, 착란 반응이 나타난다. 이 현상은 뇌가 망막신경세포로부터 전달되어 오는 상(像)을 정확히 포착할 수 없어 뇌신경 기능이 순간적으로 마비상태에 빠지기 때문이다. 따라서 환각 상태, 반 실신 상태가 된다.

40년 전 유행한 〈사이키델릭 예술〉이라 불린 전위 미술은 이 LSD를 이용하여 일어난 색채적 착란을 조형화한 것이었다.

복용 후 수반 현상으로, 첫 단계에서는 다행상태(多幸狀態, 즐거운 상태)가 된다. 알코올 중독자 같은 방심 상태이다.

그 다음에는 황홀 상태에 빠진다. 탈력감(脫力感) 때문에 졸리고 과거의 기억이 주마등처럼 극단적 채색으로 회전한다. 얼마 동안은 환각 상태의 아름다운 세계로 몰입할 수가 있다.

다음에는 활발, 다동상태(多動狀態)가 되며, 일순간 쾌활하게 이야기하기도 하며 계속 움직인다.

4단계에는 불안, 긴장 상태가 되어 착란 상태가 진행된다.

다음은 둔마(鈍痲) 상태가 온다. 무관심, 무저항으로, 외부 자극에도 전혀 반응이 없어진다.

마지막으로 우울 상태가 되어 절망, 좌절감에 시달린다. LSD의 복용은 습관성, 중독성도 있으며, 최악의 경우에는 신경계를 황폐화시켜 식물인간이 되어버리는 무서운 마약이다.

13 ｜ 사랑의 활인화, 라이브 쇼의 역사

라이브는 실황·실연의 의미인데, 일반적으로는 성행위의 실연(實演)을 라이브 쇼라고 부른다. 나훔[15]이 전하는 바에 의하면, 고대 유태교 등의 제례일에는 미모의 창부 오호리바가 높은 누각의 제단 위에 설치된 무대에 젊은 여자 노예를 거느리고, 나신(裸身)이 그대로 비치는 투명한 엷은 천을 몸에 감고, 옆으로 누워 정숙히 미소 짓고 있다가 고뇌스러운 모습으로 몸의 천을 벗고, 군중의 면전에서 치부를 드러내며 춤을 추었다. 그리고 골격이 장대한 미남 노예를 불러들여 침상에서 성교를 해 보였다고 한다. 군중들은 이 클라이맥스에 흥분하여 야단법석을 떨면서 제례의 서막을 열었다.

네로 치하의 고대 로마에서도, 원형극장 무대에서는 이러한 애욕 행위의 활인화가 당당하게 연출되었다. 5세기 동로마 제국 유스티아누스(Justinianus, 527~565년)1세[16]의 황비였던 테오도라(Theodora, 508~548년)[17]는 원래 팬터마임(무언극) 배우였는데, 연기자로서는 무능했지만 젊음과 미모에다 풍려한 육체의 소유자였기 때문에 콘스탄티노플 극장에서 스트립티즈(Striptease, 스트립쇼) 못지 않은 섹시함을 보여주었으며, 애욕의 무언극, 즉 활인화를 연출하고 있었

---

15 기원전 7세기경의 고대 유태인 예언자.
16 동로마 제국 황제.
17 유스티아누스1세 황비. 원래는 유랑단의 무용수로, 황제를 도와 국력을 충실하게 했음.

다고 기본(Gibbon)은 기술하고 있다.

이러한 성의 활인화는 16세기경까지 계속되었는데 너무 음란했기 때문에 금지되었다. 그러나 18세기에는 연극 중에 강간 장면을 삽입하여 존속시켰다.

요즈음 한발 앞서 성 해방을 주장한 스웨덴에서는, 스트립쇼와 함께 라이브 쇼를 소극장에서 상연하고, 카바레, 클럽의 벌레스크 쇼(Burlesque show)로 흥행하고 있다. 근래에는 함부르크, 파리, 뉴욕 등의 환락가의 스트립극장 등이나 나이트클럽에서도 적나라한 애욕의 활인극이 상연되고 있다.

라이브 쇼의 무대 사진.

라이브 쇼도 스트립쇼도 인간의 절시욕(竊視欲)의 충족이며, 포르노 영화와 마찬가지로 없어질 수 없는 정신적 미약이다. 이러한 활인극의 에로틱한 나체나 정사 연출은 보는 사람으로 하여금 성의 황홀한 순간에 접근시켜 의사(疑似) 체험을 하게 하는 자극흥분제라 할 수 있겠다.

14 | 스트립에서 누디티(Nudity)로

교태로운 분위기로 엷은 옷을 하나씩 하나씩 벗는 스트립쇼의 시대는 이미 지나갔다. 격렬한 그라인드(Grind)[18]춤도, 벨리댄스(Belly dance)[19]도, 장식장의 골동품이 되어 버렸다. 스트립은 변두리의 어두운 창고 구석에서밖에 존재할 수 없게 되었다.

스트립쇼는 사이키델릭한 〈핫 발레(Hot ballet)〉[20]나 뮤지컬 〈헤어(Hair)〉, 언더그라운드 극 〈오, 칼카타〉[21] 등의 누디티쇼(Nudity show)에 자리를 빼앗기고, 라이브 쇼에 압도되어 쇼 사이의 부록이나 서막의 좌흥으로밖에 존재하지 않게 되었다.

스트립쇼의 쇠퇴는 1968년 미국의 성해방, 포르노 해금 때문이었다. 종래 누디티한 구경거리는 이른바 언더그라운드 극장에서 몰래 상연되어 언제나 금지 단속에 걸려 형법상의 죄에 처해졌는데, 〈인체의 어떠한 부분도 외설로 인정하지 않는다〉는 뉴욕 순회재판 판결로 인해 일거에 햇빛을 보게 되었다.

〈핫 발레〉 또한 사이키델릭 아트로, 바디 페인팅처럼 보이는 투명한 발레복을 입고, 남녀가 성기를 완전히 노출시키는 누드발레이며, 〈오, 칼카타〉는 전

---

18 스트립쇼의 용어로, 허리 부분을 크게 회전시키는 춤이나 동작을 말함.
19 아라비아풍의 댄스를 말함. 복부의 근육을 여러 가지 모양으로 움직이며 추는 춤.
20 전라(全裸), 또는 그것에 가까운 누디티한 발레.
21 프랑스어로 〈멋진 엉덩이〉라는 의미로, 머리글자를 취한 것.

14경(景)의 벌레스크(풍자극)인지 레뷰(Revue)[22]인지 구별이 안 되는 쇼로, 개막에서 종막까지 실오라기 하나 걸치지 않은 전라의 젊은 남녀가 노래하고, 춤을 추고, 걷기도 하는데 단, 스토리의 전개 같은 것은 없다. 그러나 이러한 전라 쇼는 뉴욕에서는 전대미문의 일이었다.

락 오페라 〈헤어〉 같은 것도 전 출연진이 완전 나체로 합창하는 장면이 마련되어 압도적인 갈채를 받았다. 이러한 누디티[23]의 매력은 스트립쇼처럼 세련된 아무래도 인공적이고 장식적인 쇼 댄스보다 훨씬 생생한 실연, 나이브(Naive)한 아름다움을 절시(窃視)할 수 있다는 점에 있다. 그리고 그 상업상의 성공은 금욕적이고 신사적인 일상성을 해방시키고, 야생적 욕망을 충족시켜 주고 있는 것에서 기인한다.

미국 핫 발레. 무대 사진.

22 노래, 춤, 음악 등을 조합하여 의상, 조명 등의 효과를 충분히 사용한 무대예술.
23 유행어로 나체풍의, 나체적인 등의 의미.

15 ㅣ 면죄 받은 포르노그래피(Pornography)시대

형법은 도덕가가 아니다.
개인 또는 사회에 미치는 행위만 처벌하면 된다.

서독의 얀 법무상(법무부 장관)의 말이다.

현대의 성풍속에 있어서 가장 특징적인 현상은, 선진 공업국에서 형법상의 외설죄가 소멸되어 가고 있는 것이다. 즉 성해방 시대를 맞이한 것이다. 그 선구자 역할을 한 것은 북유럽이었다. 일찍이 성은 종교의 제약을 받아 원죄성 안에 봉인되어 형법상의 제재를 받아왔다. 종교적 굴레가 약해지고 자유주의화된 사회에서는 인간성에 얽혀 있는 종교적 속박을 풀고, 진정한 인간성 해방을 성취한 것이다.

원래 외설성이라는 것은 주관적인 개인의 미의식에 의존하는 것이며, 정의도 없고, 객관성도 없다. 자기와 타인의 상관성에 의해 발생하는 감각적 존재에 지나지 않는다. 성은 추잡하지도 않을 뿐더러 미적 존재도 아니다. 그 개인의 감각적 미의식에 의해 혐오스러워지기도 하고, 살아있는 미적 존재도 될수 있다. 따라서 형법상의 규제는 사실상 불가능하며, 사상 표현의 자유를 속박한다. 덴마크에서는 1967년 형법 제224조 외설죄를 삭제했고, 이어서 통일 전의 서독과 스웨덴도 1969년에 형법에서 삭제했다.

미국 포르노 영화 중 해금 제1호
〈로미오와 줄리엣의 성생활 비밀〉의 한 장면(1968).

　미국에서는 68년에 완화되고, 다음 해에는 거의 전면적인 해금이 되었는데, 주 형법에 의해 지역적으로 금지 조령이 실시되고 있다.

　이탈리아, 프랑스, 벨기에, 네덜란드 등의 EC 국가도 전면적으로 해금했으나, 포르노 영화에 있어서는 프랑스만이 미국, 북유럽, 독일과 마찬가지로 규제 없이 자유롭게 상영할 수 있다.

　다른 EC 국가에서는 포르노 잡지 판매가 자유이다. 최근에는 스페인, 포르투갈이 규제를 완화하고 있다. 캐나다에서 퀘벡 주는 규제가 없는데, 다른 주에서는 약간의 규제가 있다. 남미에서는 멕시코를 제외한 나라들은 꽤 자유스럽다. 체코 등의 동구 국가도 최근에는 규제가 약해져 성 묘사의 자유가 보장되고 있다.

16 | 영상의 비너스, 메릴린 먼로(Marilyn Monroe)

1962년 8월 5일 구(舊)소련의 타스통신이 전 세계에 메릴린 먼로의 사망 소식을 최초로 보도했다. 메릴린 먼로(M.M.)는 할리우드 비버리힐즈 자택에서 평소대로 샤넬 No.5 향수를 뿌리고 전라의 모습으로 퀸 사이즈 침대에서 횡사했다. 수면제를 다량 복용한 자살이었다. 눈물을 감추고 유서도 남기지 않은 채……

M.M.은 1926년 LA에서 태어났고, 본명은 노마진 베이커라 전해지고 있다. 1949년에 할리우드에 들어간 그녀는 천성의 미모와 육체미의 소유자가 아니었다면, 창부가 되더라도 이상하지 않을 정도의 환경 속에서 자랐다. 사생아로, 모친은 정신병으로 죽고, 집도 없는 소녀였다. 8세 때 성폭행을 당했으며, 16세 때 젊은 하사관과 결혼하여 2년 만에 버림을 받았다.

그녀는 먹고살기 위해 영화 엑스트라나 누드모델을 하기도 했으며, 나아가서는 콜걸과 비슷한 생활에까지 영락했다. 그녀가 영화계에 들어간 계기는 전쟁 중 G.I 취향의 누드카렌더가 인기를 끌면서부터였다.

할리우드의 프로듀서는 이 항간의 인기 카렌더 속 누드모델을 찾아 그녀를 스타로 만들기 위해 승부수를 걸었다. 그녀를 할리우드적 뱀프(Vamp, 요부)로 만들기 위해 전후 6회에 걸쳐 성형수술을 시켰고, 비로소 여배우 메릴린 먼로가 탄생된 것이다.

M.M.은 14년간의 영화 출연으로 7,200억 원이라는 막대한 돈을 미모와 육체로 벌어들였다. 그녀의 육체는 기업이며 산업이었다. 그녀의 몬로 워크(Monroe walk), 가슴 노출 의상, 섹시 보이스(Sexy voice) 등의 코케트리(Coquetry, 요염, 교태)는, 할리우드 의사(疑似) 에로티시즘에서 만들어진 그녀의 가면이었다. 그녀는 평소에 성적 매력을 발산시키며, 색을 즐기는 여자로서 생활을 연기하지 않으면 안 되었다. 그 생활에는 내면적 자유조차 말살되었다. 즉 할리우드 상품으로밖에 존재할 수 없었다. 그녀의 죽음은 그것에 대한 거부였다. 상업주의의 독화살에 맞아 그녀는 죽임을 당한 것이다.

메릴린 먼로 누드사진 카렌다.

17 | 유니섹스(Unisex) 〈피코크(Peacock) 혁명〉

1960년대, 즉 히피풍속이 세계적으로 유행했을 때부터 젊은 남성들 사이에 서는 화장품 회사의 선전도 그랬지만, 남성의 화장화, 다시 말해서 〈피코크 혁 명(공작 혁명)〉이 일어나기 시작했다.

남성용 크림, 헤어드라이어, 향수 등 갖가지 화장품 용구, 게다가 칼라셔츠 의 유행, 판타롱, 부츠 등 복장에까지 미쳐, 남성이 코켓티쉬(Coquettish, 미혹 적)해졌다. 머리도 여성의 헤어스타일과 별 차이가 없었다. 남성의 여성화 현 상임과 동시에 심리학적으로는 나르시시즘 현상이다.

반면 장발에 당당하게 수염을 기르고 진(Jeans) 차림을 한 조야한 남성미도 유행했다. 이 〈양극성〉의 미의식 기저에 있는 것은, 가치관의 차이이기보다 남성의 나르시시즘화 현상이다.

이에 반비례적으로 여성의 복장미도 바뀌었다. 진즈룩스(Jeans looks)에다 사 파리 스타일(Safari style)의 유행이었다. 남성화된 복장으로, 여성다운 화려한 아름다움은 소실되고, 여성은 활동적이고 능동적인 스타일로 바뀌었다.

결국 복장에서 남녀성별의 벽은 무너지고 모노섹스(Mono sex)[24], 유니섹스

---

24 단일한 성, 양의성 없는 성을 말함.

젊은 여성 라이더.

(Unisex)[25]로 된 것이다. 말하자면 팬 섹슈얼(Pan sexual)[26]한 복장미로 바뀐 것이다. 이들의 다양한 변화는 고정관념적 성의식의 변혁이라 해석할 수 있다.

이제 과거처럼 남자답고, 야성적이고, 공격적인, 영웅호걸적 남성상은 절대적인 이상이 아니고, 부분적인 남성상에 지나지 않는다. 또 마찬가지로 여성상도, 여자답고 화려한 아름다움만이 이상상이 아니다. 각각 개성적이고, 자유롭고, 자립된 미를 추구하여 확립된 복장이 된 것이다.

자아지상주의이며, 나르시시즘 성으로서의 복장미시대인 것이다. 이들 현대 풍속의 배경에 있는 것은 민주주의, 자본주의 사회의 발달이며 자유와 평화이다. 또 이렇게 말할 수도 있겠다. 남성원리의 상실이며, 거세화 시대의 산물이라고……

25 통합적인 성, 즉 구별 없는 성을 말함.
26 양극성의 성, 양성이 복합된 성을 말함.

18 | 성어(性語)·속어·은어의 영어

한국이나 일본에도 성적인 속어나 은어의 성어는 많다. 영어, 불어 등의 외국어에도 마찬가지로 그 비유, 형용에는 공감할 수 있다. 미국에서 사용되고 있는 성어의 슬랭(Slang)은 다음과 같다.

blue는 외설. blue film은 외설 영화. french heat은 펠라티오(구강섹스). bitch는 닳고 닳은 여자, bitch you는 이 빌어먹을 놈, 똥 같은 새끼. fish는 동성애. shot은 사정(射精). tomato는 매력적인 아가씨. alligator(악어)는 우아한 여자. pan cake은 젊은 여자. hot pants는 헤픈 여자. safety는 콘돔. beefcake은 남자 누드 사진. cheesecake은 여자 누드 사진. ankle은 미인. barbecue는 섹시한 여자. fleshpot은 창가(娼家). bottom은 큰 엉덩이. blue balls는 성병. banana는 남근. dummy는 남근. hard는 발기한 페니스. cake는 여음 등 갖가지 속어·성어(性語)가 있다.

여성의 유방의 속어에는 이러한 것이 있다.

apple, milk bottles, tea cups, bulbs(전구), lemons, pumps, bubs(어린애).

성어의 make love는 성교의 의미가 강하다. 〈I want to make love to you〉라고 하면 〈당신과 자고 싶다〉라는 의미이다. come도 마찬가지로, I'm comming 하면 클라이맥스에 달했을 때 사용하는 말. French love는 구강섹스(fellatio)

의 의미이며, French가 붙으면 대개 정사어이다. 영화 제목이기도 했던 Deep Throat도 펠라티오이다.

최근 미국 여학생 사이에서 유행하고 있는 것은 I'm Rebecca라는 슬랭이다. 듀 모리아(Du Maurier)의 소설 『레베카』의 히로인에서 따온 것으로, 순결한 처녀라는 의미이다.

19 | 4문자(Four Letter)

역시 털을 길게 늘어뜨린 아름다운 귀부인으로,

빨간 명주 리본과 끈으로 그것을 묶어,

감아올린 가발 머리처럼 컬(Curl)스타일로 하여, 그리고 허벅지로 이어졌다.

브랑톰(Brantome)의 『염부전(艶婦傳)』의 1절이다. 16세기 프랑스 궁정의 매력적인 풍속을 알 수 있는 단편이다. 이 숱이 많은 'con'(불어로 음부, 질)을 〈곰의 피부〉라고도 한다.

이른바 4문자(Four letter)는 금구(禁句), 외설어로, 정상적인 서적이나 신사 숙녀가 입에 담을 말이 아니다. 사용 금지어이다.

한국이나 일본에서도 이 4문자는 금지되어 있으며, 외설죄에 해당될 정도이다.

영어로 이러한 금구(禁句)를 〈사문자(四文字)〉라 하며, cunt(여성 성기, 질), cock(음경, 페니스), fuck(정사, 성교) 등을 들을 수 있다.

'cunt'는 프랑스어의 'con'의 전화(轉化)로 어원은 암소의 의미. 'cock'는 남근, 'fuck'은 성교의 의미이다. 'con'의 애칭은, 현대어로는 〈새끼(푸쓰시) 고양이〉〈바다(비바) 너구리〉 등으로 부르고 있다.

여성 성기의 은어나 속어에는 hole(구멍), jewel(보석), bushes(풀숲), hotbox(뜨거운 상자), secret(비밀), receiving set(수신기), cavern(동굴), shell(조

개), field(밭), slit(틈새), trench(수로), little boat(작은 배), ring(반지), garden(정원), pouch(주머니) 등 주로 형상에서의 형용어가 많다.

'cock'의 어원은 수탉이다. 남성 성기는 여성의 성기 속어보다도 유머러스한 임기응변의 표현이 많다. short arm(짧은 팔), screw(나사), ball(공), joy stick(환희의 지팡이), pole(기둥), armlet(팔찌), bull(숫소), shaft(화살), specter(도깨비), obelisk(첨탑), dart(투창), tail(꼬리), hanger(단검), catapult(대포), hot stick(뜨거운 몽둥이) 등.

'fuck'의 어원은 미상. G.I(미군) 등 사이에서 〈이 새끼〉 Fuck you, 〈내가 알게 뭐야〉 What the fuck, 〈짜증난다〉 I'm fucked up, 〈시끄러워〉 Fuck it 등 말다툼 용어나 불량배들 사이에서 쓰이는 속어가 되었다.

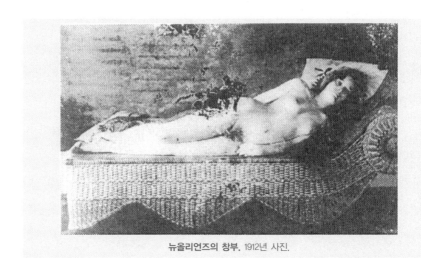

뉴올리언즈의 창부. 1912년 사진.

20 | 창부회관, 에로스 센터

정확히는 1967년 1월 9일이었다. 그날 독일 함부르크 일각에 유럽 최대의 창부회관, 비너스 여신의 신전, 에로스 센터가 화려하게 낙성식을 맞이했다. 4층 건물로, 136실을 보유한 이 근대 건축물은 어둡고 비밀스러운 사창가의 이미지를 말끔히 씻어버렸다. 함부르크에 시의회 공인 공창(公娼)이 탄생한 것이다.

우리 독일에는 45,000명의 매춘부가 있다. 그리고 연간 1조 1,320억 원에 달하는 총 매상고이다. 그러나 창녀들은 5%밖에 수입이 없다. 기둥서방이나 포주에게 대부분 빼앗긴다. 게다가 그녀들은 끊임없이 거리에서 또는 침대에서 위험을 감수하고 있다. 매춘이 이 사회에서 없어지지 않는 한, 건전한 창부 생활을 배려해 주는 것이 시의회의 의무이며, 또 나의 일이다.

이렇게 바르테스는 호언하며, 융통성 없고, 고상한 척하는 시의회의원들을 설득했다. 그는 경찰과도 몇 번이나 논의하여 서약서를 교환했다. 에로스 센터는 관리 매춘으로 하지 않는다. 창부들은 하루 단위로 방을 빌려 방값만 지불하면 된다. 그것뿐이다.

중개료, 착취도 전혀 없다. 또 센터 내에서 알코올류는 판매하지 않는다. 미성년자는 출입금지이고, 창부들에게는 정기적으로 성병 검사를 받을 의무를 부과한다는 내용이었다. 대실료는 1일에 약 6만 원으로 정해졌다. 창부들은

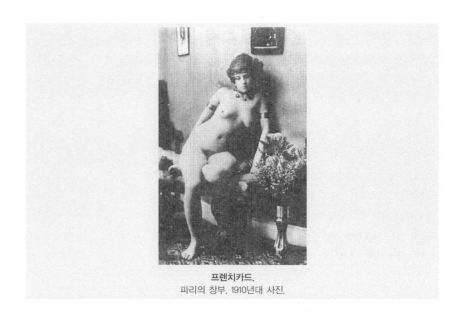

프렌치카드.
파리의 창부. 1910년대 사진.

공동으로 방을 빌릴 수도 있었다. 방은 조금 산뜻한 느낌의 호텔과 비슷했다.

3인용 응접세트, 화장실, 퀸 사이즈 침대가 있는 침실이 있고, 욕실에는 심장이 약한 노인을 위한 경보장치 등이 준비되어 있었다. 1층에는 살롱과 오락실도 있으며, 별동(別棟)에는 식통(食通)이라 부르는 레스토랑도 있어 꽤 쾌적한 비너스 회관이다. 현재 이 센터는 독일 각지에 체인을 가지고 있으며, 상당히 번성하고 있다고 한다.

21 | 비데(Bidet)와 일리게이터(Irrigator)

부부사랑의 화목은 비데로 끝이 납니다.
따뜻한 물이 솟아나와 저의 꽃줄기를 부드럽게 애무해 줍니다.
정말 좋은 기분. 황홀하게 저는 앉은 채 눈을 감아 버립니다.
따뜻한 물은 혀끝처럼 저에게 장난을 치는 겁니다.
욕조도, 세면대도, 변기도 아닌, 저의 귀여운 망아지!

라고 독일 속어에도 있듯이 비데, 즉 세척기는 19세기 말에 등장한 피임 신병
기였다. 프랑스어인 비데(Bidet)는 망아지란 뜻으로, 16세기경부터 서양의 귀
족계급들 사이에서 이용되었다. 도자기식으로 만들었으며, 따뜻한 물을 넣는
용기였다.

영국에서는 호화로운 은제품도 만들어졌다. 이 비데에 수도꼭지가 붙은 것
은 19세기 말엽이었고, 상하수도가 정비되었을 때 처음 사용되었다.

그때까지는 일리게이터(Irrigator)라 하는 질관주기(膣灌注器)가 피임용구로
사용되었는데, 미국인 의사 찰스 노턴이 발명했다. 그러나 수도처럼 계속 분
출하는 것과는 달리, 최대 2l 였기 때문에 피임 효과는 그리 높지 않았다.

19세기 초, 영국인 목사 멜더스(Malthus, 1766~1834년)[27]는 경세적(警世的)인
『인구론』을 제창하여, 인구의 기하학적인 증가는 장래에 경제적 파탄과 빈곤

27 영국의 근대 경제학자. 『인구론』으로 유명.

을 초래할 것이라고 호소하며 성욕의 억제와 금욕주의를 주장했다.

비데 보급에는 공죄(功罪)가 있었다. 유럽은 19세기 말부터 20세기 초에 걸쳐서 인구 증대는커녕 감소 때문에 문제가 되었다. 비데가 너무 많이 보급되어 버린 것이다. 그리고 낙태, 사생아의 출산이 극도로 줄어들었다.

파리의 명물 캉캉 춤은 1887년 프랑스 혁명 100주년 기념제 때, 흥행사 지드르가 사교댄스였던 콰드릴(Quadrille)을 응용한 것이었다. 초기의 캉캉 춤은 젊은 아가씨의 성기를 순간적으로 보여주는 것이었다. 무용수들은 팬티를 입지 않아 하반신은 완전 나체였다. 물론 음모는 깨끗이 깎았고, 흰 분으로 엷게 화장도 했다. 〈발차기〉〈엉덩이 올리기〉〈허벅지 벌리기〉라 불리는 도약행동은 모두 스커트 속을 일순 공개하는 취향이었다.

후에 캉캉춤은 〈물랑루즈〉나 〈타바랑〉 등의 벌레스크 극장에서 소박하고 우아하게 마무리되어 오늘날의 청아한 캉캉 춤이 되었다.

완벽한 전라 누드쇼가 상연된 것은 1912년 제1차 세계대전 중, 벌레스크 극장의 〈포리 베르셀〉 무대였다. 호박(琥珀)의 여왕으로 인기가 있었던 가수 조세핀 베이커(Josephine Baker)도 원래는 무용수로, 누드댄서였다.

이윽고 대전 후 파리 벌레스크 극장에서는 스트립쇼나 누드쇼가 빼놓을 수 없는 프로그램이었다.

또 〈스코피 시네마〉도 등장했다. 동전을 넣으면 작은 상자 안에서 영상이 비쳐 스트립적인 모습이나 성적 장면을 보여주는 것이었다. 내용은 블루 필름(blue film, 에로영화)과 다르지 않고 너무 음란하여 중지되었으며, 후에는 〈스코피 톤〉과 같은 자동 음악영화가 나타났다. 이것도 동전을 넣으면 유행가가 들리고 동시에 영화도 볼 수 있었다.

근대 미국 등에서는 〈핍 필름(Peep film)〉, 즉 만화경 영화관(들여다보는 영화)이 빌딩 지하상가나 번화가에 있는데, 이것은 〈스코피 시네마〉의 디럭스판이다.

어둡고 큰 홀에 20여 대의 박스가 놓여 있으며, 동전을 넣으면 높이 1m, 너비 2m나 되는 스크린에 칼라 16㎜ 포르노영화가 상영되며, 소리는 헤드폰으로 들을 수 있다. 상영시간은 겨우 10분 정도이다.

23 | 여행 중 추태를 부리는 파리의 미국인

제1차 세계대전은 미국에 전래 없는 호황을 가져다주었다. 독일 외의 전승국에 미국은 무기, 농산물, 철강제품, 면화 등을 수출하여 막대한 이익을 취했다. 대전 후(1918년)에는 이러한 신층 부르주아 미국인이 단체로 꽃의 도시 파리를 관광하며 돈을 뿌렸다.

두 번 다시 안 올 생각으로 온갖 추태를 부리는 여행자의 심리는 옛날이나 지금이나 다르지 않다. 남자들은 파리에서 창부들과 즐기고, 매일 밤 음란한 벌레스크 쇼를 보기도 하며, 샴페인을 마시며 누드쇼를 관람했다. 기념품으로 향수나 당시 파리 유행품이었던 포르노 사진, 호색본도 잊지 않았다.

부인은 남편의 그러한 행동에 대한 반발심으로 핸섬한 파리 남성과 정사를 즐긴다. 그러나 그녀들에게는 파리 남성들의 매일 밤 반복되는 익숙한 페니스보다는 이집트나 콩고 등의 열대지방의 맹수 사냥꾼 같은 강건한 남자들이 더욱 매력적이었다. 여자들은 고대 유적관광, 사냥관람을 핑계로 파리에서 카이로로 직행한다. 훅스는 독일 일간 신문 기사를 제시하며 이렇게 말하고 있다.

혼자서 여행하는 늙고, 젊은 영국, 미국 부인들은 피라미드가 있는 열대지방에서 보내는 것을, 자신의 나라에서 해서는 안 되는 호색적인 모험에 이용하고 있다. 뉴욕에서는 모범적이고 존경받을 숙녀나 고상한 부인조차 카이로에 도착하면, 정열을 발산하며 그 지방 사람이 누구든 추잡한 아랍 안내인과도 일시적인 교섭을 갖는다.

이러한 행동은 베네치아, 로마, 스위스에서도 마찬가지로, 그곳 남자들은 미국 부인과의 섹스를 즐기고 팁도 많이 받았다.

하와이의 와이키키 해변에서는 비치보이들이 관광객 유부녀들의 섹스 파트너가 되었다. 그녀들의 사진이나 편지의 사인(Sign)이, 모두가 〈미스 스미스 (Miss Smith)〉[28]였다고 한다.

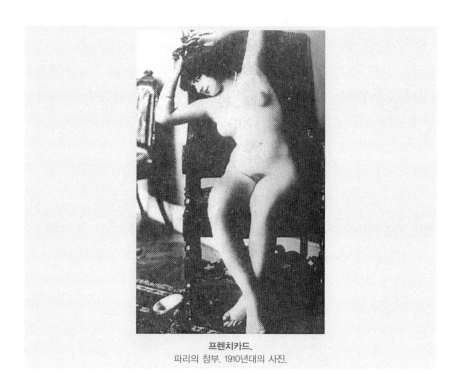

프렌치카드.
파리의 창부. 1910년대의 사진.

28 미스 스미스 웹스터(Webster) 소설 『키다리 아저씨』는 항상 미스터 스미스라는 이름으로 거액을 기부했는데, 미스 스미스는 그 우의(寓意)임.

24 | 메치니코프의 처녀막 무용론

20세기 초, 다윈의 『종의 기원』과 메치니코프(Elie Metchnikoff, 1845~1916년)[29]의 『인간의 본성에 관한 논고』(인생론)는 봉건적인 미신을 타파하는 획기적인 저작이며, 인간을 종교적 교조주의(Dogma)의 속박에서 해방시켰다.

메치니코프는 19세기적 성의 신화도 예리하게 관찰하여 그 오해와 편견을 대담하게 거부했다. 그중에서도 특히 〈처녀막 무용론〉은 위선적인 도학자들에게 통렬한 쇼크를 주었다. 이하 그 저작을 참조하면서 설명해보겠다.

메치니코프는 동물학자들의 연구를 토대로 결론을 유도하고, 처녀막이 존재하는 것은 인간 여성뿐이며 유인원에게는 처녀막이 없다고 하면서, 인간 여성의 처녀막은 여성에 있어서 생리적 기능에 아무런 역할을 하는 것도 아닐뿐더러, 오히려 장해가 되는 존재밖에 되지 않는다고 했다.

또 〈생식기능에 있어서는 전혀 필요가 없으며 때로는 건강에도 좋지 않다〉고 했다. 또 처녀막은 동물적 선조로부터 직접 유전된 것이 아니라, 남성의 표피와 마찬가지로 성기의 부조화적인 기관일 뿐이다. 성생활에 있어서는 처녀막이 없는 편이 바람직하며, 처녀막은 질의 청결을 저해하고, 생리 때에는 장애적인 것으로 존재한다고 했다.

---

29 프랑스 동물학자. 세균학자. 러시아 출생. 해산동물(海產動物) 발생학에 획기적 연구성과를 거둠.

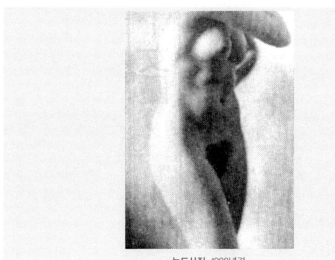

누드사진. 1900년경.

　메치니코프도 인정하고 있듯이, 처녀막이 자연의 어떠한 섭리 하에 만들어졌는가는 확실치 않다. 그 목적은 무엇인가? 생각컨대 처녀막은 태아의 발육 후기, 임신 19주째가 되어 형성되는 질구를 덮는 엷은 피막이기 때문에 질에 불순물이 들어가지 않도록 만들어진 보호막일 것이라 추측된다.

　페니스의 머리 부분의 표피와 마찬가지로 필요 없는 것이며 육체적, 생리적 장애가 된다.

　이 처녀막을 결혼할 때까지 소중히, 마치 처녀증명서처럼 하고 있는 세상의 풍조, 도덕관은 그야말로 우스운 일이다. 그것은 종교적 금욕주의의 미신이며, 남성의 에고이즘의 환상이자, 여성을 사치적 동물로 경멸하려는 봉건적인 사상일 뿐이다.

25 | 현대의 오델리스크(Odalisque), 글래머 배우

　과거의 매혹적인 여배우로 유명한 그레타 가르보(Greta Garbo)나 〈나는 천사가 아니에요〉(1933년 개봉)에서 풍만한 육체미를 아낌없이 공개한 메이 웨스트(May West)는 일약 섹스어필 여배우로 대단한 인기를 누렸다. 이른바 글래머 여배우의 등장이었다. 그녀는 신장 162㎝, 체중 52㎏, 바스트 87㎝의 미인이었다. 그러나 그녀의 성적 매력은 물의를 일으켰다.

　1934년 가톨릭의 영화정화연맹은 메이 웨스트의 섹스어필이 청소년 정서에 해롭다는 이유로, 영화 내용은 물론 영화 입장 자격 연령을 규제하여 미국의 영화를 성인영화와 일반영화로 구별했다.

　1941년 1월 12일 2차세계대전의 발발과 동시에 미국은 전시 체제 하에 들어가 이미 육체파 여배우에게 정신을 빼앗기는 시대는 끝났지만, 그녀들은 전선 위문대에 참가하여 병사들을 고무시켰다. 또 CIA(미국중앙정보국)는 최전방 장병들을 위해 섹스 폭탄 같은 것을 투하하여 병사들의 생리적 욕망을 위로했다. 그중에는 메릴린 먼로 등의 글래머 걸 누드포스터가 있었다. 그리고 전쟁 종결과 더불어 다시금 스크린에 글래머 여배우들, 린다 헤이워드, 에바 가드너, 제인 러셀 등이 등장했다.

　그중에서도 전시 중 하워드 휴즈가 제작한 〈아웃트로(Outlow)〉(1941년 제작)는 과도한 흉부 노출로 상영이 금지되었으나, 종전 후 재판에서 승소하여

글래머 여배우 소피아 로렌(이탈리아).

1945년 개봉하게 되었다.

본격적인 글래머 여배우는 이탈리아 영화계로 수출되었다. 실바나 망가노, 지나 로로부지리터, 소피아 로렌, 에니터 에크버그 등 모두가 바스트 95㎝ 이상으로, 특히 소피아 로렌은 105㎝나 되는 바스트의 소유자였다.

영국에서는 제인 먼스필이 100㎝, 프랑스에서는 브리지트 바르도가 90㎝의 가슴과 89㎝의 히프로 등장했다.

1887년 토마스 에디슨이 발명한 영화는 8년 후 1895년 12월 28일, 파리 카피 시느가의 그랑 카페 지하실에서 아마추어 사진가 루이스 류미엘(Louis Lumere, 1864~1948년)[30]에 의해 상영된 세계 최초의 시네마 그래프(영화)이다. 이윽고 영화는 계속 발전하여 제1차 세계대전 후 미국, 캘리포니아 사막에 영화 도시 할리우드가 탄생했다. 영화는 일거에 오락산업의 대기업으로 변모했다.

1912년 마크 세네트가 제작한 〈수영복 미인〉은 대단한 센세이션을 불러일으켜 막대한 흥행 수익을 올렸다. 마찬가지로 바이오그래프사, 크레인상사 등이 빅스타를 배출, 이것도 막대한 수입의 원천이 되어 〈영화 여배우〉라는 황금알이 만들어졌다. 제1호는 바이오그래프 걸이었던 메리 픽 포드(Mary pick ford) 였다. 5살 때부터 무대의 아역으로 출발했던 그녀는 〈가난한 처녀〉(1917년)로 일약 대스타로 떠올라 할리우드 최고의 여배우가 되었다.

1909년경 바이오그래프사에 있던 메리 픽 포드는 주급이 불과 20달러밖에 되지 않던 것이, 스커사로 옮긴 후 2,000달러가 되고 또 뮤추얼사와 계약한 후 2년이 채 안 되어 100만 달러로 올라 엄청난 수익을 벌었다. 이는 과거에 유례 없는 금액이었다. 결국 그녀는 하룻밤 사이에 억만장자가 되었던 것이다. 현

---

30 프랑스 영화 발명가. 리옹에서 사진용품을 제작하고 있던 1984년경 영화를 연구하며 키네마스토프 〈움직이는 사진〉를 개발.

재 화폐가치로 환산한다면 200억 원 이상이다. 화려한 금발, 도자기 인형 같은 둥근 얼굴, 윤택하고 하얀 피부 등은 이상적인 미인상이며 여신이었다.

〈지는 꽃〉(1919년)에서는 릴리안 기쉬(Lillian Gish)가 새로운 스타로 탄생했고, 그 이후 스웨덴 출신인 그레타 가르보가 등장하여, 할리우드 영화는 스타 전성기를 열었다. 그녀들은 황금알을 낳는 오리가 되었다. 가르보는 섹스어필의 요부로, 영화 한 편 출연료는 당시 25~30만 달러라는 파격적인 보수였다. 여성의 성적 매력이 할리우드를 대기업으로 성장시킨 것이다.

제인 럿셀.
영화 《아웃트로-(무법자)》로 일약 스타가 되었다. 1945년 미국.

27 | 새로운 미약, 시네마·에로티시즘

영화 기능이 거울처럼 복제 묘사력을 가진다면, 거기에 묘사되는 영상은 비록 할로겐(Halogen)화 은유제(銀乳劑) 필름에 있더라도, 완벽한 재현력과 리얼리즘을 관객에게 선사한다.

1909년 창립된 스웨덴 스벤스커 영화사는 덴마크 영화의 영향 하에 육성되어 할리우드에 농후한 키스영화와 그레타 가르보 등에 의해 대표되는 〈요부〉 영화를 수출했다.

특히 1920년 벤자민 크리스텐센(1879~1959년)[31]이 출연한 스웨덴 영화 〈마녀〉는 영화사상 보기드문 성 묘사로, 홍행 면으로나 내용 면에서 모두 대성공을 거두었다. 사돌의 기술[32]을 참작하면, 영화 〈마녀〉는 근세 말기 독일과 북유럽을 덮친 마녀사냥을 주제로, 어리석은 종교재판에 대한 비난과 그 역사적 사실을 재현해 보인 영화였다.

그는 어떠한 것 앞에서도 사양하지 않았다. 끓는 솥 속으로 던져지는 갓난아이, 종교재판에서 빨갛게 달구어진 고데 사이에 낀 노파의 늘어진 유방, 추악한 악마와 섹스하는 마녀

---

31 덴마크 영화 연출가. 1913년 〈신비한 아버지〉를 발표한 이래 스웨덴, 독일, 미국에 초대되어 수십 편의 영화를 찍었음.
32 『세계 영화사』.

영화 〈봄의 조율〉(1935). 덴마크 영화.

　이러한 장면까지 촬영한 영화로 사디즘과 외설성이 가득했다. 미국에서는 〈16세 미만 입장불가〉였지만 막대한 흥행수입을 올렸다.

　또 1927년 개봉된 덴마크 영화 〈에로티콘〉(구스타프 마하티 출연 작품)도 성 묘사의 대담성 때문에 커다란 화제를 일으켜 흥행에 성공했다. 내용은 비극적인 여성의 간통이야기인데, 성 묘사의 관능적인 대담성, 과격성에 있어서는 영화 사상 획기적인 작품으로 주목받았다. 1935년 마하티의 〈봄의 율조〉 역시 영화 사상 처음으로 전라 장면을 정면에서 촬영한 필름이었다.

　이러한 북유럽 영화의 성공을 할리우드는 바라보고만 있지 않았다. 〈요부〉의 그레타 가르보나, 랄스 한슨, 크리스텐센 등을 할리우드는 막대한 돈으로 스카우트했다. 시네마 에로티시즘도 새로운 미약이 되어 할리우드의 재산 목록에 들어가게 된 것이다.

28 | 로렌스의 『채털리 부인의 사랑』

돌연 부드러운 경련 속에서 그녀의 원형질이 감동했다.
그녀 자신도 감동한 것을 알았다.
비할 바 없는 희열이 그를 엄습했다.
그녀는 끝났다. 그녀는 끝났다.
그녀는 끝나지 않는다. 그녀는 태어난 것이다. 여자로서.
아아! 너무 좋아! 너무 좋았어요!
정사 중 그녀는 모든 쾌락을 현실화했던 것이었다⋯⋯.

이상의 인용문은 로렌스(D.H. Lawrence)의 『채털리 부인의 사랑』의 한 구절이다. 1926년부터 기고한 로렌스의 이 작품은 4개월 만에 이탈리아 피렌체의 교외 미렌다 별장에서 완성되었다. 로렌스가 죽기 2년 전이다.

이 소설은 크리란드의 『퍼니 힐』 등의 호색 소설과는 차원이 다르며, 포르노 소설이 아니다. 로렌스 자신이 철학적 사유에 도달한 생명의 찬가이며, 성의 묵시록적인 사랑의 문자였다. 성애를 이렇게 생명적 찬가로 이해한 문학은 일찍이 존재하지 않았다. 그는 성애를 정신적 레벨 위에 놓고, 영육일치의 엄숙한 사랑의 영위로 해석한 것이었다.

그러나 그 적나라한 성 묘사와 30회에 걸쳐 사용된 4문자(Four letters) 때문에, 발매금지처분을 받아 오랫동안 외설본으로 오명을 쓰고 있었다.

1954년 영국의 펭귄문고에서 간행된 『완본·채털리 부인의 사랑』이 발매금지되자, 영국 저작가협회가 한결같이 검찰 측의 몰이해와 부당을 강력히 호소하여 이 소설의 발매처분을 풀고, 로렌스의 억울한 불명예를 씻어주었다. 1960년 이후 영국에서는 이 소설이 무삭제로 간행되었으며 다른 나라에서도 자유롭게 발행되고 있다.

로렌스의 문학작품 『침입자』『사랑하는 여인들』『날개 붙은 뱀』등의 대표 작들은 모두 그가 생존해 있을 때에는 영국에서 발매금지처분을 받고 있었다. 2차 세계대전 후 비로소 전 작품이 완벽한 형태로 간행되었다.

로렌스의 사생활은 결코 행복하지는 않았다. 8살 연상의 귀족 출신 유부녀 프리다와 사랑의 도피를 통해 결혼했으나 일생 말다툼이 끊이지 않았으며, 말년에는 별거하고 타향에서 고독하게 세상을 떠났다.

로렌스가 그린 회화. 〈축제〉. 1910년경.

29 | 맨하탄 조사, 부부의 침실생활

제임스 조이스(James Joyce)의 소설에서

2인용 침대는 1인용 침대에 비해 어떤 점이 좋을까?

밤의 고독감이 없는 것, 비인간적인(예를 들면 온수통 같은) 따뜻함보다도 더 인간적인(성숙한 여인의) 따뜻함이 훨씬 낫다는 점,

그리고 아침에 눈을 떴을 때의 뭐라 형언할 수 없는 쾌감… 33

이라고 2인용 침대생활을 찬미하고 있다. 그런데 실제로 부부의 침실에서는 어떤 생활이 전개되고 있을까?

1940년 뉴욕 「맨하탄 조사연구」가 발표한 통계수치에 의하면, 131가족 중 일반 여성은 침대에 들어간 지 14분 후에 소등한다. 남성은 19분 후에 불을 끈다. 전등을 끌 때까지의 시간에는, 기혼 남성의 21%는 독서, 12%는 아내와의 대화, 7%는 라디오 청취, 3%는 기도, 2%는 흡연, 2%는 야식, 2%는 문단속, 50%는 아무것도 하지 않고 조용히 잠을 청한다.

마찬가지로 여성의 경우 독서가 29%, 대화가 11%, 라디오 청취가 8%, 기도가 5%, 사색이 3%, 흡연이 2%, 야식이 1%, 또 다시 일어나 욕실에 가는 것이 1%, 아무것도 하지 않고 눈 감은 채 가만히 있는 것이 40%이다. 그리고 87%가

---

33 제임스 조이스의 「율리시즈」의 한 구절.

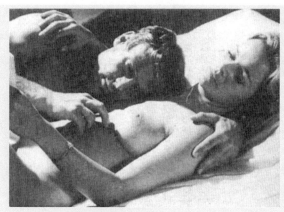
서독 성 과학 영화의 한 장면.

더블침대에서 잔다.

그러나 그중 42%는 싱글 침대에서 자고 싶어 한다. 여성 중 70%가 나이트 셔츠를 입고 자며, 24%는 파자마를 입고, 1%가 팬티만을 입고, 5%가 벌거벗은 채로 잔다. 또 무엇인가 걸치고 자는 여자 중 16%는 가능한 한 나체로 자기를 희망하고 있다.

131명의 여성 중 48명이 복부를 밑으로 하고 자며, 43명은 오른쪽 옆구리를 밑으로 하고 남성에게 기대고 잔다. 24명은 남성 쪽으로 돌아누워 왼쪽 옆구리를 밑으로 하고 잔다. 또 여성은 반드시 남성의 왼쪽에서 자고 있다.

이상의 통계 수치에서 미국 남성 중 1/3은 여성으로부터 사랑 받고 있다는 것을 알 수 있다.

30 | 애정조사, 킨제이 보고(1)

「킨제이 보고」는 1938년부터 1953년까지 15년간에 걸쳐 동물학자 킨제이(Alfred Charles Kinsey, 1894~1958년)[34] 박사 지휘 하에 인디애나대학에서 통계 조사한, 인간의 성생활에 대한 적나라한 보고서이다. 조사 대상은 여성이 8,000명, 남성이 5,300명, 합계 13,300명이었다. 그 규모·기간·조사내용 등에 있어 인류사상 초유의 애정조사였으며, 인간의 성생활의 실태를 밝힌 귀중한 통계·분석이다. 대상 인구의 대부분은 백인 미국인이었다. 물론 모든 계층, 직업, 지역에서 집계한 것으로 편차가 없는 평균적 최대공약수의 통계 데이터가 해석(解析)되어 있다. 또 연령은 대부분 1900년 이후에 출생한 사람들이었다.

이하 이 막대한 통계자료[35]를 토대로 당시 미국인의 성생활의 양태를 보기로 하겠다.

먼저 결혼 전의 성교=혼전성교에서, 여성은 15~20세까지는 15~20%, 20~25세까지는 35~40%, 그러나 농촌에서는 20~35세 평균 30% 전후이다. 도시에서는 역으로 증대하여 50%대가 되고 있다. 이는 도시생활 쪽이 성적 자극이 강하다는 것을 말해주고 있다. 결국 30세 이상의 도시생활을 하는 여성은 두 사람 중 한 사람은 혼전 교섭을 체험하고 있는 것을 나타내고 있다.

---

34 미국 동물학자, 인디애나 대학교수 역임.
35 「인간에 있어서의 남성의 성행위」(킨제이 보고). 「인간 여성에 있어서의 성행위」.

킨제이 박사.

　또 독신여성의 자위행위에 있어 오르가즘에 도달한 사례는 15세가 30%, 15~20세가 37%, 20~25세가 40%, 25~35세가 58%이다. 또 독신 · 기혼을 불문하고 자위행위는 여성의 62%, 남성의 75%가 체험하고 있다.

　혼전 성교 장소는 48%가 남성의 집, 40%가 호텔, 또는 돈을 지불하고 빌린 방, 젊은 세대는 자동차 안이라는 답변이 조금 차지하고 있다.

　전희에 소요되는 시간은 부부간 교섭의 경우보다 길다. 75%의 여성이 11분에서 1시간, 또는 그 이상이 소요되고 있다. 이유는 20세 이하로 5주에서 10주 사이에 1회, 20세 이상으로 3주간 평균 1회라는 빈도수에도 영향이 있겠지만, 애욕의 탐닉이라기보다 애정의 깊이에 의존한 것으로 이해된다.

현대의 도덕률에는 독신 남녀의 성교섭은 금지 대상으로 되어 있다. 성적 분출 대상이 창부라도, 그것은 매춘이라는 명목 하에 비판의 대상이 된다. 미혼 남녀가 혼전 성교를 하면 타락, 음란하다고 하며 가족은 물론 교육자로부터 비난을 받는다. 결국 성적 분출구는 생식적인 행위=결혼이라는 형식적 의례에 의해 합법화되어 있는 것이다. 그것을 쾌락을 위해 사용하는 것은 도덕상 허용되지 않는다. 또 법은 인간의 성을 곡해하고, 인간의 쾌락원칙을 거부하며, 생식행위를 위한 성만을 인정하려고 한다.

「킨제이 보고」는 이러한 법질서의 위선적인 성의 존재 방식을 예리하게 비판하고, 인간의 성생활의 실태를 통계수치에 의해 밝혔다.

인간의 성욕은 남녀 모두 15세에 절정에 달하며, 이후 나이를 먹어감에 따라 성적 활동은 쇠퇴해간다. 남성의 경우 21~25세까지 주당 성적 분출의 빈도는 2.67회, 26~30세까지는 2.63회, 이후 40세까지는 2회가 평균치로, 41~45세는 1.79회, 46~50세는 1.88, 56~60세는 1.08로 점차적으로 나이에 반비례하는 노화 현상이 보인다. 여성의 경우에서도 거의 비슷하다.

독신 남성이 성적 분출구를 창부에 의해 충족시키는 경우는 26~30세는 23%, 31~35세는 28%, 36~47세는 39%, 47~50세는 52%이다. 주당 횟수는 0.31회로 약 3주간에 1회 비율로 창부와 즐기고 있다.

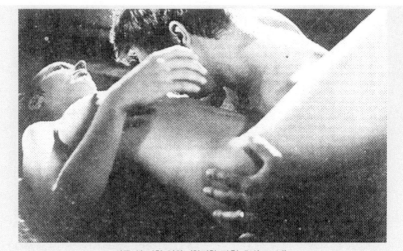
서독 성 과학 영화. 〈완전한 결혼〉에서(1970년).

　그러나 결혼하면 창부와의 성관계는 급격하게 감소한다. 결국 26~30세에는 4.9%로 1/5로 감소되며, 결혼이 적지 않은 면에서 성적 분출구 역할을 하고 있음을 확연하게 보여주고 있다.

　이상의 통계수치에서 고찰할 수 있는 것은, 독신 남성에 있어서 창부의 존재는 유용하다는 것, 결혼은 생식목적이 아니라 남녀의 성적 분출구의 충족이라는 것을 인식할 수 있겠다.

32 | 애정조사, 킨제이 보고(3)

「킨제이 보고」의 성과 중 하나는 여성의 성감대에 대한 해명이다. 종래까지 프로이드(Sigmund Freud, 1856~1939년)[36]의 성심리 분석, 엘리스(H.H. Ellis, 1859~1939년)[37]의 연구, 뎃킨슨의 해부학 연구에 의해 시사되어 온 것은, 모두 본격적인 임상실험이 부족하여 오해를 낳고 있었다. 프로이드는 여성의 성감대는 소녀기에는 클리토리스 중심이며, 성숙기에는 질 중심이라고 추측했다.

엘리스도 뎃킨슨도 명쾌한 해답을 얻지 못했고, 프로이드 설을 부정적으로 취급하고 있기는 하지만, 클리토리스 우위 설을 주장하고 있지는 않다. 「킨제이 보고」에서는 약 900명 여성의 클리토리스 및 성기, 그 밖의 부위의 감수도(感受度)를 테스트했다.

그 결과, 클리토리스에 대해서는 879개 사례 중 98%가 성적 반응을 현저하게 나타내고 있고 또 클리토리스는 페니스의 귀두 부위보다 촉각의 말단 신경망이 조밀하게 집중되어 있으며, 촉자극(觸刺戟), 쾌감의 감수도는 높고, 남성보다 우위라고 판단되었다.

그러나 여성 성기의 대음순, 소음순, 질구전정부, 음부는 각각 다소 차이는 있지만 그 감수도는 클리토리스에 비해 불과 5~10% 정도가 낮으며, 성기 전체

---

36 오스트리아 정신분석학자. 성 심리분석의 창시자. 나치로부터 탄압을 받아 영국으로 망명.
37 영국 산부인과 의사. 대표 저술로는 「성 심리학 연구」가 있음.

통일 전 서독의 성 과학 영화. 〈완전한 결혼〉에서(1970년).

가 성감대를 형성하고 있다는 것이 증명되었다. 물론 남성도, 여성도 성감대 영역의 우위는 성기에 있지만, 여성의 경우는 남성보다 몸의 체표면 전역에 걸쳐 성적 촉각, 지적 반응 현상이 일어나고 있으며, 여성은 촉각동물적인 인간으로, 특히 성 반응에 있어서는 수동적이기는 하지만 남성보다 훨씬 발달되어 있다. 그것은 여성이 태어나면서 소유하게 된 생리학적 특징이자 기능이다.

또 「킨제이 보고」는 여성의 불감증(냉감증)에 대해 예리한 해명을 시도했는데, 본질적인 불감증은 없으며, 오르가즘에 도달하지 않는다고 해서 불감증으로 단정하는 것은 잘못된 것이고, 성교섭 중 33%의 여성이 오르가즘에 도달하지 않지만, 그렇다고 해서 전혀 무감각, 무감동한 것은 아니다. 여성의 오르가즘 반응은 개인차도 있으며, 개인의 심리적 요인에 의해 좌우된다고 결론지었다.

33 | 애정조사, 킨제이 보고(4)

우리들은 일상생활에서 타인의 성생활을 몰래 들여다 볼 기회가 거의 없다. 포르노 영화나 잡지를 통해서 밖에 접할 수 없다. 그러나 그것이 성생활의 평균치나 일반적인 실태를 반영하고 있지는 않다.

「킨제이 보고」는 우리에게 공개되지 않는 타인의 성생활의 내용을 상세히 기록하고 명시한 것이다. 규방생활의 신비한 베일을 벗기고 인간의 애욕생활의 영위를 백일하에 드러낸 것이었다. 이 의미는 쾌감을 미덕으로 그리고 건전한 생활로 유도한 것에 있다.

예를 들면 전위라 하는 애무행위의 경우 단순한 키스는 거의 평소(99%)에 행해지고, 남성이 여성의 유방을 손으로 자극하거나(98%), 입술로 젖꼭지를 빨거나(93%), 여성이 남성의 페니스를 손으로 자극(91%)하는 것은 부부간의 성교섭에 있어서는 극히 당연한 행위이다. 또 남성이 여성의 성기를 손으로 애무(95%)하는 것, 혹은 여성의 성기를 입술로 자극하는, 즉 커니링거스(Cunnilingus)는 54%의 부부가 허용하고 있으며, 남성 성기를 여성이 입술로 자극하는 펠라티오(fellatio)도 49%의 부부가 실행하고 있다. 또 교육 수준이 높거나 젊은 세대의 부부에 있어서는 전자가 67%, 후자가 62%로 그 실행도가 높다. 결국 두 쌍 중 한 쌍의 부부가 서로 성 쾌락을 위해 구강섹스를 즐기고 있는 것이다.

전희에 소요되는 시간은 교육 수준이 높을(13~17년)수록 많은 시간을 소비하고 있다. 평균 30~40분이 압도적으로 많다.

성행위 중 젊은 세대(20~30대) 커플의 대부분은 전라(98%)이다. 또 여성이 오르가즘을 체험하는 것은 결혼생활이 길수록 많으며, 전 여성의 50%가 결혼 1개월 째, 25%가 6개월에서 1년 사이에, 20%가 1년 후에 체험한다. 성교 시 반드시 오르가즘을 체험하는 경우는 40%였다. 체위는 정상위가 일반적이다. 그러나 어떤 체위가 성감을 한층 높이는가 하는 확인 가능한 데이터는 없다. 체위의 변화는 자기만족적인 것으로, 생리학상 또는 해부학상 어떤 체위가 가장 우위인가에 대한 소견은 아무것도 없다.

34 ㅣ 치모(恥毛)의 화가, 폴 데르보의 미학

폴 데르보(1897~?)[38]는 현대 벨기에가 낳은 20세기 최고의 화가이다. 킬리코 (Chirico, 1888~1978년)[39]적인 형이상적 공간, 시간을 정지시키고, 불멸의 시간을 새기는 공간 속에 황적색의 나녀(裸女)들이 몽유병 환자처럼 산책한다. 냉랭하게 얼어붙은 빛이 나녀들을 감싼다. 나녀들은 한결같이 밤털색의 또는 다갈색의 치모(恥毛)를 육체의 리본처럼 붙이고 있다. 그녀들은 무표정하며 흡사 마네킹처럼 순간 고정된 시공(時空) 속에서 살아 숨 쉬고 있다. 데르보는 형이상학적인 공간, 즉 내재적인 공간 속에서 새로운 에로티시즘을 창조한 화가이다.

20세기 화가 중 이 정도로 대담하게 치모 묘사를 시도한 화가는 없었다. 설령 미술적인 표현이더라도 체제에 얽매인 도덕가들은 그것을 외설이라고 하며 부인했다. 회화는 에로틱한 상징을 배제한 박제적 인체미만 예술로 인정했던 것이다. 그것은 시대착오라기보다 예술과 도덕을 일치시키려는 위선적인 사유였다. 데르보의 나녀에 노골적인 치모 묘사가 있다는 이유로, 그의 전람회는 3회에 걸쳐 관헌과의 충돌을 연출했다. 일본에서는 어떤 이유에서인지, 1975년 도쿄 국립근대미술관에서 데르보의 대 전람회가 당국의 제한 없이 당당히 개최되었다.

---

38 벨기에 초현실주의 화가. 킬리코, 다리, 마그릿트 등의 영향 속에서 성장함. 치모 표현의 대담성으로 유명.
39 이탈리아 화가 이른바 형이상학적 회화의 창시자.

치모가 외설이며 추한 것이라면 두발도 마찬가지일 것이고, 남자의 치모도 외설이다. 성 표현이 외설이라면, 인간의 성행위도 또한 외설이다. 인간의 성 의식만큼 모순과 위선으로 가득 찬 것은 없다. 치모는 생리적 사실이다.

데르보는 그것을 유방이나 엉덩이의 미와 마찬가지로, 여성미의 제2차 성징(性徵)미로 확립시켰다. 그것은 풍려하고 하얀 나신을 장식하는 리본이다. 예를 들면 두발이 금발이라도 치모는 밤색의 리본이었다. 나부(裸婦)들은 그것을 비너스처럼 수치심에서 손으로 가리는 일 없이, 자랑스럽게 망설임 없이, 고대 로마 폐허 속에, 밤의 정거장에, 숲 속에, 대로변에 서 있거나 옆으로 누워 있다.

데르보는 회화를 통하여 여성미의 새로운 고혹(蠱惑)을 알리고, 발견한 화가이다.

데르보의 나체 작품.

35 | 롤스로이스를 탄 신사와 숙녀

밀크색 안개가 낀 저녁 무렵, 런던의 블룸스베리 일각에 있는 퍼브(Pub, 술집)에 검은색 롤스로이스가 소리 없이 정차했다. 신사는 술집 안으로 들어가 젊은 청년 옆으로 다가가 두세 마디 말을 주고받으며 즐거운 듯이 시간을 보낸다. 그리고 젊은이와 함께 롤스로이스를 타고 어디론가 사라졌다. 퍼브에서의 보이 헌팅이다.

영국에서는 1960년대까지 〈호모〉라는 말조차 터부시했다. 그러나 1972년 일부 상원의원 귀족들이 수십 년에 걸쳐 〈호모 자유화 운동〉을 전개, 〈성인 남자끼리의 애정행위를 인정하지 않는다〉는 남색 금지령을 철폐하기까지 이르렀다. 이미 오스카(Oscar Wilde)의 비극에서 본 바와 같이 이 신사 나라에 있어서 남색은 파렴치죄에 해당하고, 사회적 규제는 엄하며, 일단 그 오명을 쓰면 인격의 파산선고, 금치산자 취급을 당했다.

1986년 당시 영국에는 남색자가 100만 명 이상 되었다. 따라서 포르노 잡지에도 압도적으로 호모 전문이 많다. 보기에 품위 있고 전통적인 영국 신사 분위기의 남자가 저녁 무렵이면, 피카디리 광장이나 첼시 거리에 나타나 보이 헌트, 호모 상대를 물색한다. 상대는 직업적인 전문 남창이 아닌 한 5파운드 정도의 용돈을 주면 된다(1980년대 기준).

런던의 숙녀들도 표면적으로는 매우 기품 있고, 엘리트 의식을 가지고 있지

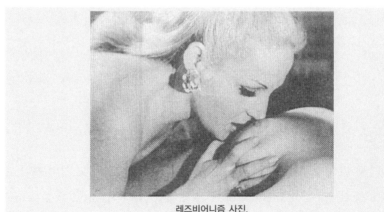

레즈비어니즘 사진.

만, 첼시 거리에는 게이트 웨이즈 클럽 등의 레즈비언 클럽 단골도 꽤 많았다. 재규어(Jaguar)나 벤츠 등의 고급 승용차를 타고 매일 밤 애욕에 탐닉한다.

남자 역을 하는 여자는 모두 폭이 좁은 판타롱이나 슬랙스를 입으며, 남자 바지처럼 앞에 지퍼가 붙어 있다. 숙녀들은 스커트 차림이며, 플레어(Flare, 주름)가 있는 것으로 비교적 여유 있게 입는다. 상대를 발견하면 함께 어두컴컴한 홀에서 칙 댄스(Cheek dance)를 시작한다. 판타롱과 스커트 속에는 아무것도 입지 않는다.

36 | 젊은 성의 폭발, 로큰롤

1950년 초 미국 오하이오주(州) 라디오 방송 WJW의 DJ를 하고 있던 엘런 프리드가 리듬 앤 블루스(rhythm and blues)를 모체로 한 백 비트(back beat)음악을 〈로큰롤〉이라 이름 붙였다. 1955년에는 영화 〈폭력교실〉에서 락 어라운드 더 크락(Rock around the clock) 곡이 대히트하여, 전자기타음을 가미한 리듬음악이 젊은 세대, 특히 13, 4세 소녀들에게 열광적인 환영을 받았다.

이래 록의 왕이라고 불린 흑인 리처드 페니먼, 그리고 과거 트럭 기사였던 엘비스 프레슬리 등이 전자기타를 매고, 허리를 흔들며 화려하게 등장하여, 젊은이들을 록의 포로로 만들었다.

60년대 초, 영국의 작은 항구 마을 출신으로 구성된 4명의 젊은 그룹 비틀즈(Beatles)가 로큰롤의 패자로 등장했다. 미국, 영국에서도 그들의 라이브마다 열광한 나머지 실신하는 소녀들이 속출했다. 그들은 14, 5세에 초경을 경험한 소녀들이 대부분이었다. 의사의 진단으로는 실신은 이상 성적 흥분, 오르가즘에 의한 것으로 결론지어졌다. 소녀들은 한결같이 소량의 소변을 흘리고 내분비선의 분비액이 다량 방출되었고, 격심한 성적 흥분 증상을 보이고 있었다고 보고되어 있다.

이 사실은 무엇을 의미하고 있는가?

첫째, 록 음악이 그녀들에게 있어 귀의 에로티즘이며, 관능을 자극하는 성적인 음악인 것. 둘째, 실신자들은 가장 성욕이 강한 연령층이라는 것, 즉 남녀 모두 15, 6세가 성 에너지의 최대치를 나타내는 생리적 연령이라는 것. 셋째, 젊은 여성을 둘러싼 사회적, 문화적 환경이 성적 성숙을 앞당기고 있다는 것. 넷째, 혼전교섭, 자위에 대한 부정적 시선이 성적욕구 불만을 증대시키고 있다는 것이다.

그것은 성적 에너지의 방출 현상이고, 오르가즘의 유사체험이며, 정상적인 성(性) 생리 기준에서 본다면 우려할 만한 현상이다. 젊은 성의 좌절 현상이며 그 폭발이 록 음악을 성행시킨 원인이 되었다.

37 | 러시아인은 이혼을 좋아한다

1927년 시행된 구(舊)소련의 이혼 자유화는 가장 간편한 것이었다. 부부 중 어느 한쪽이 이혼을 희망하면, 상대 의사와는 관계없이 이혼이 가능했다. 재판소에 소송을 제기할 필요도 없이 〈정보 등록국, ZAGS〉에 일방적으로 엽서를 보내면 이혼이 성립되었다. 이 제도는 사실상 일부일처제를 붕괴시켰다. 합법적인 자유연애, 난혼(亂婚), 중혼(重婚)을 재촉했다.

10년 후 정부는 이 악폐를 바로잡기 위해 1937년 이혼법을 개정했다. 이번에는 부부의 동의가 없으면 이혼이 성립되지 않고, 또 이혼하면 신분증에 그 경력을 기재하도록 하였으며, 최초 이혼 수수료는 50루블, 두 번째는 150루블, 세 번째는 300루블을 지불하도록 했다.

현재 화폐가치로 환산하면 50루블은 100만 원에 상당한다. 생활 수준이 낮았던 당시로서는 서민이 도저히 지불할 수 없는 금액이었다. 타락한 고위관리만이 이용할 수 있었다.

1944년에는 다시금 이혼제도가 엄격하게 재정비되어 이혼 희망자는 인민재판소에 신청하고, 조정을 받아 그래도 이혼을 원하면 2,000루블을 지불해야 했다. 지금의 가치로 보면 500만 원 이상의 금액이다. 그래도 구(舊)소련의 이혼율은 감소하기는커녕 오히려 높았다.

1960년대에는 미국 3.9쌍에 한 쌍, 스웨덴 6.3쌍에 한 쌍에, 이어 9쌍에 한 쌍

비율의 이혼율이다. 1965년도에 이 악명 높았던 이혼법은 개정되었다. 그래도 이혼율은 아직도 스웨덴의 이혼율과 비슷하다.

이혼 사유는, 첫 번째 상대방의 부정(不貞)이 28%, 두 번째는 애정 상실이 21%, 세 번째는 성적 불만이 17%로, 대부분 성적인 요인에 기인한다. 선진국처럼 경제적 이유가 없는 것이 특징이지만 그만큼 성적 요인이 큰 것이다.

원래 마르크스, 레닌주의는 프로이드 등의 성 심리 분석을 부르주아적인 과학이라 하여 부정하고, 일체의 성적 만족감을 주는 문화를 규제했다. 성적 욕망 에너지를 문화적 승화로 맞추려 하지 않고 부부생활 속에 가두었다. 그 결과, 오히려 부부 사이의 성적 질서는 문란해졌으며 난혼적 양상을 띠게 된 것이다.

38 | 성 해방의 나라, 덴마크

현대사회에서 성 해방을 이룩한 최초의 나라는 덴마크, 스웨덴, 노르웨이의 북유럽 3국이었다. 그중 덴마크가 선구자였다. 덴마크에서는 1930년 제정된 외설죄(형법 234조)가 있었는데, 거듭되는 포르노 재판에서 도대체 무엇이 외설이고, 무엇이 외설이 아닌가 하는 경계 판단에 있어서의 문제가 제기되었다. 그리고 포르노 출판물을 금지하면 할수록 비밀리에 매매되어, 가격이 폭등하고 폭력단이나 불량배의 자금원을 비대하게 하는 결과를 초래했다. 또 성병이 만연하고, 비밀 매춘이 성행하게 되어 풍기상, 위생상 바람직하지 않았다. 청소년의 성범죄도 증가하기만 했다.

이러한 사회 풍기적인 문제로 1967년 형법의 외설죄를 완전 폐지하게 되었다. 단, 18세 이하 미성년에게는 포르노 출판물을 팔아서는 안 된다는 조항을 남겨두었다.

매춘도 〈이것을 벌하지 않는다〉라 하여 자유화되었다. 그러나 사회의 정화에 있어서는 엄하게 다스렸다. 포르노 영화 등의 광고 포스터 또는 포르노 잡지 등의 가두판매 시 노골적인 노출은 금지시켰다. 관내, 점내에서는 성인에게 무엇을 보여도 상관없지만, 밖에서는 선정적 광고 또는 잡지 판매는 금했다. 즉 시민에 대해 보지 않을 권리와 볼 권리를 동시에 부여한 것이다.

그리고 낙태의 자유화, 이혼의 자유, 형법상의 사생아 말살, 청소년의 혼전

교섭의 자유를 인정, 법과 도덕으로부터 모든 종교적 위선을 제거한 것이다. 때문에 청소년에 대한 성교육은 국가기관, 학교 등에서 철저하게 실시했다. 피임에 대한 지식은 14세 이상 남녀들에게 수업과목으로 채택되어 주입시켰다.

그 결과 성범죄, 매춘은 현저하게 감소되었고 성병도 없어졌다. 포르노 잡지의 판매 상태는 나빠져 관광객의 기념품이 되어 버렸다. 사생아도 격감되어 그 보육은 국가가 부담하도록 했다.

이러한 현상은 성 해방이라기보다 여성을 성의 속박으로부터 해방시켰다고 할 수 있겠다. 성 때문에 여성이 울지 않고, 슬퍼하지 않는 남녀동등사상의 배려가 성 해방이었다.

덴마크에서의 성 도덕은 법에 의해 관리되기보다는 개인의 자유의지에 의해 위임된 것이라 할 수 있다.

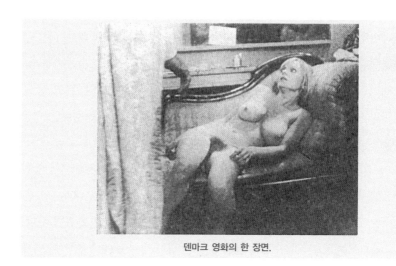

덴마크 영화의 한 장면.

39 | 성 해방의 나라, 스웨덴

덴마크에 이어 스웨덴 의회도 1969년 형법을 개정, 덴마크와 마찬가지로 18세 미만의 청소년에게 포르노 출판물 판매금지 조항을 제외한 외설죄를 폐지시켰다. 물론 덴마크와 같이 출판물, 영화, 연극의 광고 규제도 엄해졌다.

청소년에 대한 성교육도 덴마크와 비슷하게 RFSU(성교육 보급 협회의 약칭)와 스웨덴 왕실 교육위원회가 중심이 되어 초등교육부터 성교육을 실시, 성을 과학적으로 확실히 교육시키는 방침이 세워졌다. 14세 이상의 남녀에게는 피임에 대한 지식과 실재를 학교교육 장소에서 가르쳐 무지에서 오는 비극을 미연에 방지했다.

또 텔레비전, 라디오, 신문, 잡지 등의 매스컴을 통하여 성교육의 보급을 철저히 시행했다. 결과는 덴마크와 마찬가지로 바람직했다.

혼전 교섭이 있었던 커플 중 65% 이상은 결혼으로 이어졌으며, 결코 성 풍기는 문란하지 않았다. 동시에 결혼 연령은 해마다 낮아져 1965년경에는 평균 결혼연령이 남자 26세, 여자 22세였고, 최근에는 더 낮아지고 있다.

또 조기 결혼, 예를 들면 학생 신분으로 결혼하는 경우에는 정부에서 연간 9,000크로네(약 650만 원)의 자금융자가 있으며, 그중 1,700크로네(135만 원)를 장학금으로 지원하고 있다. 그리고 50세까지 이 융자금을 반환하면 된다. (1970년도 조사에 의함) 이것은 조기 결혼에 의한 경제적 궁핍과 그로 인한 낙태

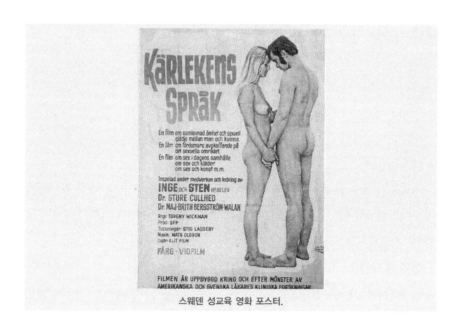

스웨덴 성교육 영화 포스터.

를 방지하기 위해서였다.

또 신혼부부에게는 집세와 가구의 무이자 구입 자금이 정부로부터 대출되었다. 현대의 스웨덴에 주택, 가구의 급속한 발전을 부채질한 것은 이러한 정부정책의 뒷받침이 있었기 때문이다.

공장, 학교 등의 기숙사에서는 모두 남녀혼욕을 할 수 있으며, 대중적이고 큰 사우나탕도 남녀혼욕이다. 청소년의 성교섭에 있어서 부모는 일체 간섭하지 않는다. 따라서 청소년의 자위행위는 현저하게 감소했으며, 신경증에 시달리는 여성도 두드러지게 줄었다.

40 | 성 해방의 나라, 서독

예로부터 북유럽 3국은 독일 문화권에 속해 있으며, 교류도 아주 활발하게 이루어졌다. 서독도 북유럽 3국과 마찬가지로 1971년 봄에 의회에서 외설죄를 폐지시켰다.

일찍이 서양 여러 나라에서는 〈예술상, 과학상에 있어서는 성을 외설로 간주하지 않는다〉라는 법규상, 그 연구와 판매의 자유는 부분적인 제한은 있었으나 용인되고 있었다. 포르노 출판물, 영화, 연극의 성 해방은 이미 무엇이 외설이고, 무엇이 예술·과학인가 하는 기준 틀까지 철거해 버렸다.

북유럽과 다른 점은 포르노 출판물·영화·연극에 대해 높은 비율의 세금을 징수했다. 그리고 그 증세분을 복지사업 쪽으로 돌려, 한층 사회복지를 충실히 했다. 또 시민 눈에 거슬릴 정도로 정도가 심한 포르노의 해금은, 시민이 문제를 제기하면 언제라도 그 요망에 응하여 금지시킬 수 있었고, 재판에 회부될 수도 있었다.

특히 북유럽 3국은 범죄나 잔혹한 묘사의 규제에 대해서는 엄한 편이다. 창부는 감찰제도가 있어, 주1회는 반드시 의사의 검진을 받을 의무가 부과되고 있다.

사회 정화에 있어서도 북유럽보다 규제가 강화되어 있다. 예를 들면, 포르노 바(포르노 영화를 텔레비전으로 상영하는 바) 등은 6시 이후에만 가두 광고가

가능하며, 포르노 숍의 잡지는 모두 비닐봉투에 봉인되어 손님이 호기심에 볼 수 없게 되어 있다.

또 북유럽 3국과 마찬가지로 남색과 여자 동성애에 대한 형법상 죄를 묻지 않지만, 16세 이하 청소년에게 강요, 알선하면 범죄행위로 간주된다. 성은 완전히 개인생활 속에 뿌리내린 것이며, 국가나 도덕률이 관리할 필요는 없는 것이다.

41 | 성 해방의 나라, 미국

미국은 북유럽, 서독처럼 형법을 개정하여 외설죄를 폐지하지 않았다. 아직 18세기적인 청교도의 도덕률이 아직도 적용되고 있는 것이다.

어떤 주에서는 다윈의 『종의 기원』이 발매 금지본이며, 또 어떤 주에서는 낙태도, 미성년의 혼전교섭도 형법상(주법)의 처벌을 받는다. 그러나 뉴욕주(州) 등 동부의 여러 주에서는 포르노 출판물·영화는 전면적으로 해금된 상태이며, 서부 캘리포니아, 애리조나 등도 마찬가지다. 네바다주(州)는 도박·매춘도 공인되어 있다. 미국이 전면적으로 포르노 출판물이나 영화에 대해 해금한 것은 1969년 『퍼니 힐』에 대해 무죄 판결이 났을 때부터이다.

또 1970년 「외설 문제에 관한 대통령 자문위원회」의 보고서에서, 전면적인 법 규제 개선과 단속조항 철폐 권고를 닉슨 대통령에게 올렸으나, 닉슨은 거부했고, 이 권고안은 의회를 통과하지 못해 현재 이 외설 규정은 각 주(州)에 위임되어 있는 것이 현실이다.

포르노 해금이 실시된 각 주에서는 북유럽과 마찬가지로, 사회 정화 규정이 엄하며 처벌도 무겁다. 예를 들어 18세 미만 청소년을 성인영화관에 입장시킨 영화관은 3개월 이상 영업정지에 처해진다. 서점도 절대로 포르노 출판물을 청소년에게 보여서도 안 되며, 판매도 엄하게 금하고 있다. 라이브 쇼와 터키탕 출입도 금지되어 있다.

그러나 『플레이보이』 『펜트하우스』 등의 남성용 오락잡지(포르노그래피는 아님)는 당당하게 슈퍼마켓에서도 팔리고 있으며, 미성년자도 살 수 있다. 노출적인 성교 묘사는 이들 잡지에서는 자제하고 있고, 여성의 치모 묘사는 외설 대상이 되지 않는다.

보고서에 명기되어 있듯이, 「미성년자를 보호할 목적으로, 성인에게 포르노 출판물을 판매하는 것을 규제할 필요가 있다는 의견은, 성인을 희생시켜 미성년자를 보호하게 되는 것이다」라 하여 반대 의견이 나와, 그 법 규제는 70년대에 완화되었다.

미국의 누드 쇼 무대.

42 | 성 해방의 나라, 영국과 그 밖의 나라

영국에서도 채털리 재판의 승소, 『퍼니 힐』의 해금 이래, 1970년 이후는 미국과 비슷한 해방체제를 이루고 있다. 미국만큼 완화되어 있지는 않지만, 포르노 출판물은 일반 서점에 마련된 「개인 방(Private room)」에 성인이면 자유롭게 출입하여 구입할 수 있는 시스템으로 되어 있다. 영화는 연령이 3단계에 걸쳐 규제되어 있다.

그러나 북유럽과 같은 청소년에 대한 성교육은 실시되고 있지 않다. 따라서 청소년 성범죄는 심각하며 비공식적인 낙태도 많다. 외설죄도 형법상으로는 존재하고, 남색 등의 동성애가 형법상의 틀에서 제외될 정도로 성은 자유화되었다.

프랑스도 영국보다는 자유로운 편이다. 프랑스는 파리에도 마르세이유와 마찬가지로 특별구역이 있어, 파리의 성(性)풍기가 프랑스를 상징하는 것은 아니다. 포르노 출판물을 판매하는 포르노 샵도, 포르노 전문영화관도 영업허가를 받고 있지만, 섹스 산업에 대해서는 독일 이상의 과중한 세금이 부과되고 있다. 물론 사회 정화 면에서는 엄격하다. 벌레스크 쇼, 스트립쇼도 예술적으로 세련되어 있으며, 설령 오픈되어 있어도 외설감은 주지 않는다.

또 라이브 쇼도 매우 품위 있게 상연되고 있으며, 지금은 파리의 관광상품이다. 파리의 모든 에로틱한 구경거리는 관광객 유치용이다. 창부들조차도 외화 획득에 일역을 담당하고 있다.

이웃 나라 벨기에는 포르노 규제국인데, 『플레이보이』 『펜트하우스』 정도의 누드잡지는 판매가 허용되고 있다.

네덜란드는 암스테르담에 대해 말하면 완전한 해방체제라 할 수 있다. 스웨덴의 스톡홀름과 마찬가지로 규제가 없으며, 서서히 북유럽화 되고 있다. 유명한 〈장식장의 여자(창부)〉들은 시가지에서 운하의 배 안으로 강제 이동시켜, 사회 정화 정비가 엄하게 된 반면, 성적 표현의 자유가 보장되고 있다.

이탈리아는 사실상 포르노 출판물 규제는 없으며, 일반 서점에서는 판매 허가가 나 있지 않지만, 가두신문 판매대 등에서는 자유롭게 판매하고 있다.

43 ㅣ 현대의 모신(母神) 〈바브스〉의 매혹

세계는 넓다 하지만 바스트 콘테스트가 열리는 나라는 미국뿐일 것이다. 게다가 유방의 아름다움을 경쟁하는 것이 아니라, 그 크기를 심사하고 감상하는 행사이다. 거대한 유방을 〈바브스〉라 한다. 또는 〈바텀레스(Bottomless)〉라고도 불리며, 미국에서는 그런 풍만한 유방을 다룬 잡지도 2, 3종 발행되고 있다.

가슴이 90㎝ 정도로는 바브스에 들어가지도 않는다. 콘테스트에서는 1m 이상의 거대한 유방끼리 경쟁하는 것이다. 최대급은 150㎝ 유방이었다. 그것은 병적인 발육이다. 마이애미 해변 등에서 매년 콩쿠르가 개최되고 있다.

여성이 남성에 대해 거양원망(巨陽願望, 거대한 남자 성기를 원하는 증세)의 경향이 있다면, 남성이 거대한 유방을 선호하는 것도 개연성이 있을지 모른다. 분명히 유방은 여성미의 성적 심볼이며, 가장 매혹적인 존재이다. 그것도 반구형(半球形)이라 불리는 볼륨을 가진 것이 아름다운 유방이다. 사이즈가 90㎝가 넘으면, 브래지어로 지탱하지 않는 한, 종 모양이 되어 버려 암소의 유방을 연상케 한다.

물론 유방의 비대함은 인종적, 풍토적, 유전적 요소에도 원인이 있지만 대부분은 여성 호르몬의 과다가 원인이다. 서양 속담에 「엉덩이가 튀어나온 여자와 가슴이 풍만한 여자는 꼬드기지 않아도 접근해 온다」라는 말이 있다. 그 정도로 유방의 발육이 좋은 여성은 정열적이며, 성적인 여성이라는 것이다.

그러나 바브스(거대한 유방)를 선호하는 것은 남자가 그려낸 성의 환상이다. 즉 남성들이 거대한 유방의 소유자를 절대적인 성적 능력의 소유자이자, 쾌락의 거인이며, 남성을 압도할 정도의 강한 에너지의 상징으로 바라보기 때문이다.

　　먼 옛날 수메르인이나 인도인들은 초 관능적인 거대한 유방을 소유하고 있는 모신상·여신상을 숭배했는데, 현대의 바브스도 일종의 신앙적인 것이라 할 수 있다. 그것이 고대처럼 다산·풍작을 위한 것이 아니라, 에로티시즘을 위한 것으로 바뀌었을 뿐이다.

　　바브스의 예찬·동경은 에로티시즘의 신흥 종교라 할 수 있겠다.

바스트 120cm의 여성.

44 | 현대의 요정, 여배우 브리지트 바르도

　로제 바딤이 만든 프랑스 영화 〈순진한 악녀〉(1956년 개봉)는 브리지트 바르도가 데뷔한 영화인데, 프랑스에서는 흥행에 실패하여 적자를 보았다. 그러나 미국에서 개봉했을 때에는 400만 달러를 벌어들여 제작비의 100배가 넘는 이익을 보았다. 기이한 현상이다. 왜일까? 메릴린 먼로를 필두로 하는 섹스어필이 강한 이미지의 여배우에 싫증난 관객들은 새로운 여성미를 원하고 있었기 때문이다. 베베(B.B.)로 불린 바르도는 단정한 미인은 아니다. 작은 코, 작은 입, 흐트러진 머리, 새끼 고양이의 눈, 당시의 미적 기준에 비추어봐서는 결코 여배우다운 품격은 없다. 그러나 그녀에게는 때 묻지 않은, 천진난만한 소박함이 있다. 요부처럼 남자를 유혹하고 물어뜯지 않는다. 섹스는 개방적이며, 긍정적으로 쾌락을 즐기며, 푸른 하늘처럼 활달한 것이다.

　그녀에게는 요정 같은 순결한 매력이 있었다. 새로운 섹스어필이 있었다. 그 육체는 귀엽고 발랄했다. 그리고 그녀가 〈메디치의 비너스〉 조각보다 에로틱하고 아름답다는 것은 다음과 같은 여성의 치수에서도 알 수 있다.

	메디치의 비너스	B. 바르도
신장	160cm	166cm
바스트	86cm	90cm
웨스트	69cm	50cm
힙	93cm	89cm

여배우 브리지트 바르도.

바르도는 웨스트가 적당하게 잘록한 형태미가 있다. 엉덩이도 비너스 같이 당당하지도 않다. 유방은 팽창되어 있고 크지만 그렇게 벅찰 정도는 아니다. 그녀는 로코코 시대 여자들처럼 화사하고, 현대적 곡선미를 가지고 있다. 소녀다운 면이 있으며, 미처 성숙하지 않은 상큼한 여성의 매력이 숨어 있다. 결코 파란 사과는 아니지만, 표현 불가능한 요정 같은 매혹을 몸으로 표현한 여성미이다.

이리하여 프랑스의 제국산소회사 중역의 딸은, 이후 〈사생활〉(1962년 개봉)까지 프랑스의 중요한 수출품으로 활약했다.

45 | 성(性)의 혁명가 빌헬름 라이히의 생애

　1920년대 세계가 사회주의 혁명의 소용돌이 속에서 새로운 길을 계속 모색하고 있을 즈음, 탁월한 정신분석의사이며 프로이드 문하생이었던 빌헬름 라이히(1897~1957년)[40]는 대중의 성(性) 정책, 성교육 문제의 혁신을 대담하게 제창했다.

　성으로부터 일체의 사회적 위선을 벗어버리고, 낙태의 자유화, 혼전 교섭의 자유, 피임 지식의 보급, 청소년의 철저한 성교육 등을 위한 법 체제의 확립을 외쳤다. 그는 성 에너지의 방출이야말로 인간을 신경증, 성격이상, 동성애, 자위행위로부터 해방시킨다고 주장했다. 또 결혼의 목적은 쾌락 원칙을 추구하는 것이며, 생식은 그 찌꺼기에 불과하다고……

　「노동자 계급에 있어서도 절실한 문제는 경제적인 격차보다는 성적인 문제 해결이다」라고, 그는 유럽 여러 나라를 순회하며 설명했다. 그리하여 1920년 구(舊)소련은 중절수술을 자유화했으며, 국가의 관리 하에 이것을 실시한다고 하는 성(性) 정책을 포고했다. 라이히는 이 나라에 자신의 꿈을 맡겼다. 그는 구(舊)소련에 체재하며, 청소년의 성교육 보급에 힘을 기울였지만, 그의 철저한 성 이론에 부딪힌 구 소련정부는 그를 비난하며 추방했다.

40　오스트리아의 갈리시아 출생. 빈 대학 의학부 졸업 후 정신 분석의로 활약. 프로이드의 제1조수가 됨. 1923년 오르가즘 이론을 확립. 프로이드와 충돌 후 결별. 대중의 성교육. 성 지식의 보급운동을 제창함.

라이히는 또 나치 정권 하의 독일에서도 탄압을 받아 북유럽과 영국에서 망명생활을 보냈다. 그의 이론은 정신분석학계에서도 이단자 취급을 받았다. 1936년 구(舊)소련은 중절의 자유화정책을 철회, 인구정책상의 이유를 들어 금지 시켰다. 이것은 국가적 궤변이었다.

1939년 라이히는 미국으로 망명하여 뉴욕에서 연구소를 설립, 신경증, 성불능증, 암의 실험적 치료기「올고논」이라는 에너지 집적기를 발명했다. 그의 이론과「올고논」은 섹스의 아나키즘(anarchism)이라 하여 1947년 『하파즈 매거진』, 『뉴 퍼블릭』 등의 종합잡지에 비난과 중상 캠페인이 행해져, FDA(미국식품의약품국)는「올고논」을 적발하여 그를 궁지로 몰았고 또 라이히의 저작을 발매 금지시켰다.

1954년 FDA의「올고논」금지령에 굴복하지 않은 라이히는 모욕죄로 수감되어, 1957년 11월 심장마비로 옥사했다.

부인 참정권(선거권), 피임, 이혼의 자유, 교육의 기회균등 등의 민주주의 체제는 공업선진국의 대부분의 영역을 점령하게 되었다. 정치가는 당선되기 위해서는 부인단체의 눈치를 살피고, 그들의 기분을 맞춰주지 않으면 안 되게 되었다. 사생활에 있어서도 신중을 기해야 했다. 의도가 없었어도 여성 문제를 일으켜서는 안 된다. 바람을 피워도 조심스럽게 비밀리에 해야 한다. 사생활의 추문은 일체의 사회적 명예와 지위를 박탈한다.

대통령, 장관은 외국으로 표경 방문할 때에는 반드시 부인을 동반한다. 이제 과거의 왕족처럼 방문지에서 풍려한 젊은 미녀와 즐거운 밤을 보내는 일 등은 상상할 수도 없는 꿈같은 일이 되어 버렸다.

미국 해군의 수병들은 갓난아이의 보육까지 맡게 되었다. 육군에서는 부인 특공대까지 생겼다. 미국의 갱들은 처자가 있다는 것만으로 전기의자에서 죽음을 면하고 있다.

현대사회만큼 여성의 모성적 배려가 사회에 침투하여 부인의 권리가 확장된 시대는 일찍이 없었다.

북유럽이나 서독의 완벽한 성 해방은 남자의 방탕과 도락을 방임하도록 놓아두지 않았다. 반대로 여권을 강화하는 결과를 낳았다. 피임, 이혼의 자유, 여성의 경제력 독립은, 이미 남성의 가부장적인 결혼 이데올로기를 붕괴시켰다.

이제 여자들은 성 때문에 울지 않는다.

여성의 경제적 독립은 필연적으로 핵가족화를 추진시켰다. 일부일처제의 결혼제도조차 여성 측에서 붕괴되고 있다. 주부는 이제 〈급료가 필요 없는 하녀〉도 아니며, 〈화대가 필요 없는 창부〉도 아니다. 남성은 일찍이 여성이 품었던 질투심을 갖게 되었다.

바야흐로 원시적인 미개사회의 제도였던 모계가족제도가, 가부장적인 부권의 권위사회를 변혁시키려 하고 있는 것이다. 성이 그 도덕적인 위선으로부터 해방되면 될수록 결혼과 가족제도의 이데올로기는 그 밑뿌리부터 재검토되지 않으면 안 된다. 일체의 도덕률은 성의 진실을 규명함으로써 합의되는 것이다.

47 | 피임운동의 선구자 샌거 부인

현대 문명사회는 소산소사형(少産少死形)의 인구구조를 이루고 있으며, 그것은 여성의 피임지식 보급의 역할이 크다. 그 피임운동은 미국의 샌거 (Margaret Sanger, 1883~1966년) 부인[41]의 헌신적인 노력에 의해 추진되었다 해도 과언이 아니다.

1914년 「여성의 반항」지에 그녀는 「생식이 여성의 최대 사명이라고 하는 설과, 생식이 결혼의 최대 목적이라 하는 맹목적인 신념도 또한 산아제한운동의 적이다」라고 항변하며 수태전개사상을 피력했다. 그녀는 멜더스의 『인구론』에 자극을 받았다기보다는, 가난한 집에 아이가 많은 것과 낙태의 비극을 목격하고, 위선적인 결혼 이데올로기, 성도덕의 모순에 반기를 들었다. 여성에게 아이를 낳고, 안 낳는 자유를 주자고 주장했다.

샌거 부인은 「여성의 반항」지에 기고하기 1년 전, 영국과 네덜란드에서 수태조절(피임)의 실재에 대해 연구하고, 당시 개발된 더치 페서리(dutch pessary, 피임용 자궁전)를 미국으로 가져와, 1916년 뉴욕 부르클린에 세계에서 6번째 「수태 조절 상담소」를 개설했다.

그러나 그녀의 용감한 산아 제한론, 피임 방법은 당국의 탄압을 받아 그 때

---

41 젊어서 빈민가의 간호사로 일함. 아이가 많은 아이 엄마의 고통을 목격하고, 1912년 28세 때 수태조절운동을 제창.

문에 그녀는 5회에 걸쳐 투옥되기도 했지만, 그녀의 강한 신념은 세상의 여론을 환기시켜 대다수 여성들이 호응하며 나섰다. 1939년에는 「미국 수태조절 진료소」를, 4년 후에는 「미국 산아조절연맹」을 설립시켜 피임보급 운동은 확대되었다.

그녀는 1926년 일본에도 강연차 방문했으나 당국의 몰이해로 강연은 산부인과 의사에 한해 수강을 허락했으며, 일반 부인에게는 미풍양속에 반한다는 이유로 강연이 취소되었다.

샌거 부인의 수태조절 주장은 기혼자 부부생활에 있어서만 합법으로 했으며, 미혼자, 청소년에 대한 보급은 금지했다. 그것은 성도덕을 퇴폐시킨다는 이유에서이다. 이러한 의미에서 샌거 부인의 수태조절운동은 한쪽으로 치우친 감이 있다. 결혼생활은 생식에 봉사하는 것이 아니라고 주장하면서, 성적 활동이 가장 왕성한 청소년에게는 금욕주의를 강요한 모순이 있었다.

48 | 성의 개혁자, 린세이 판사의 증언

청소년 성 문제를 심각하게 생각하고, 현실을 우려하며, 그 위기감을 표명한 자는 빌헬름 라이히와 벤자민 린세이(Benjamin Lindsey, 1869~1943년)였다.

1920년대 미국은 세계 최대의 풍족한 경제사회를 구축했다. 사람들은 허영에 들뜨고, 배금주의가 팽배해져, 모든 욕망은 돈으로 충족된다는 풍조가 생겨났다. 비행청소년이 증가하고, 청소년 성범죄도 심각했다. 성도덕에 대한 구세대의 봉건적인 모럴에 의해 위선의 만행이 횡행했다. 청소년의 성도덕, 규율은 금욕을 강요하고, 자위행위를 처벌하고, 이성교제는 불순, 음란행위로 간주했다.

지금 생각으로는 믿을 수 없는 일이지만 아나폴리스의 해군병학교[42]에서는 자위행위 체험자는 입학자격이 취소됐으며, 몽정도 엄하게 다스렸다. 성교육은 하이스쿨 고학년, 즉 18세 이상부터 실시되었으며, 그때까지는 이른 나이에 성교육을 하면 성에 관한 지식을 습득하게 되어 오히려 성도덕이 문란해진다고 생각했다.

청소년의 자위, 성교는 그들의 학업에 지장을 초래하여, 성적 저하의 결과를 낳게 한다고 우려했다.

---

42 아메리카 합중국 해군대학규정(1940년 제정).

당시 주립소년재판소 판사였던 린세이는 계속 발생하는 성범죄 조서, 면접, 재판기록, 조사통계를 참고로 모든 청소년의 성적비행의 원인은, 청소년에게 금욕주의를 강요하는 데에 있다고 『현대 청년의 반항』이라는 저서에서 주장하며, 병든 미국사회를 신랄하게 비판했다. 또한 그는 「성은 생물학적인 것에 불과하다. 그것은 음식에 대한 식욕과 똑같다. 음식에 대한 욕구와 마찬가지로, 그것은 합법도 비합법도, 도덕도 부도덕도 아니다」라고 피력했다.

　　소녀가 혼전 교섭을 가지면 세상 사람들은 타락했다고 비난한다. 그러나 그녀는 사회 성도덕을 범한 것뿐이고, 비난받아야 할 것은 사회의 위선적인 도덕의식에 있다고 하며 그는 대담하게 법 개정을 주장했다. 이러한 그의 견해와 사상은 사회 풍기를 문란케하는 악마, 음탕한 자의 주장이라고 맹렬한 비난과 질책을 받아 판사 자격을 잃었다. 그는 풍속교란자라는 오명을 쓰게 된 것이다.

서독의 성 과학 영화의 한 장면.

49 | 성의 자유주의자 헨리 밀러

〈성스러운 야만인〉 비트 제너레이션(Beat Generation)[43] 작가들로부터 전위문학의 스승으로 추앙받고, 히피들로부터 성 혁명의 아버지로 존경받고 있는 미국의 현대 작가 헨리 밀러(Henry Miller, 1891~1980년)[44]만큼 오해가 많고, 평가가 엇갈리고 있는 문학자도 드물다. 과거에 그의 문학작품은 외설이라는 평가를 받아 발매금지되어 프랑스에서밖에 발표할 수 없었다.

일본에서는 로렌스의 작품과 마찬가지로 완역은 간행되고 있지 않다(1987년 현재). 원인은 성 묘사가 노골적이며, 외설적이라는 이유 아닌 이유에서이다. 그의 문학은 로렌스와 마찬가지로 생명주의적인 성(性) 문학은 아니지만, 성과 사랑의 합일성을 집요하게 추구한 진실주의자였다. 그는 소설 『북회귀선』『장미의 십자가』에서도 성의 불모, 창부직인 애정 없는 성을 폭로하고, 거기에 인간의 타락과 퇴폐를 냉철하게 응시하며, 성이 성기적(性器的)인 관능의 착란 속에 익사해 가는 모습을 포착했다.

또 그러한 엑스터시의 방랑을 통하여 사랑에 의한 성행위는 그 얼마나 인간성 넘치는 것인가를 묘사했다. 성을 기관적인 착란에서 구출하는 것은 사랑의

---

43 20세기 후반 미국을 중심으로 일어난 순응주의와 인간의 획일화에 반발한 세대.
44 미국 뉴욕 출신의 현대 작가. 1차 세계대전 후 파리에 당분간 가난과 정주하여 가난과 싸우며 소설가의 길을 걸었음. 현대 소설의 거장으로 전위적인 문학, 사상은 높게 평가되고 있음. 또 화가로서도 재능이 풍부한 예술가임.

힘이며 영혼이라고 그는 말한다. 그렇기 위해서 그는 일체의 모든 것으로부터 자유롭게 인간을 해방시켜야 한다고 주장했다. 성은 전 인격적인 투영 속에서 영위되는 사랑의 행위라고 했다.

그는 「북회귀선」, 「남회귀선」이라는 제로(Zero)의 위도에서 출발하여, 시행착오를 거듭하면서 헐떡이고, 몸부림치며 엑스터시의 항해를 계속하여 사랑이라는 신대륙을 발견한 것이다.

식욕이 인간의 생명을 유지시키는 것이라면 단지 생물학적 생존이라는 의미에 있어서이지만, 성애, 성욕은 관능기관의 단순한 쾌감의 만족이 아니라 인간적인 영혼의 만족이다.

그러나 거기에는 사랑이 있고, 비로소 성취되는 것이다. 성의 진실은 거기에 존재하는 것이며, 그 진실을 상실하면 성은 기관적인, 쾌락의 미식에 지나지 않는다.

밀러는 사랑의 기반이 없는 성은 쥐나 토끼의 성과 다를 바 없다고 말한다. 그는 현대문학에서는 처음으로 언어로부터의 자유, 상상력의 자유를 되찾아 성이라는 인간적 욕망을 정신적인 높은 레벨로 유도하고 창조한 유일한 작가이다. 체제적인 질서에 한시도 눈길을 주지 않았던 자유주의자이다.

50 | 미니스커트에서 진즈룩스(Jeans Looks)로

여성의 복장은 제1차 세계대전 종식 후부터 크게 변화했다. 그 배경으로서는 여성의 사회적 의식의 자각, 성의식의 변혁, 자아의식의 주장 등이 여성들의 갖가지 내면적 변화를 들 수 있겠다.

또 1918년 영국에서 로이드 죠지 내각이 30세 이상의 여성에게 선거권을 부여한 것은, 여성의 정치의식은 물론 그들의 풍속까지도 변질시켜 버렸다.

동시에 할리우드 영화가 복식 유행을 주도해갔다. 여자들은 스커트 속에 입었던 바느질 세공의 페티코트(Petticoat)를 벗어버렸다. 더 활발하게 활동하기 쉬운 복장, 남성처럼 바지를 입고, 스커트 길이를 짧게 하여 청답파(靑踏派, blue stockings) 미인을 탄생시켰다. 반면, 남성은 여성화되어 회색 옷에서 컬러풀한 색채의 양복, 거기에 컬러셔츠까지 유행했다.

여성은 이미 남성의 사치 동물이 아니었다. 복장은 남성에게 보이고 애교를 떨기 위한 것이 아니라, 자기쾌락, 자기만족의 나르시시즘적인 것으로 바뀌었다. 이리하여 1960년대 초 미니스커트가 유행하기 시작했다. 그것은 여성 자신의 미의 발견이었다. 여성의 복장사(服裝史)는 미니스커트로 끝난 것이다. 판타롱의 유행은 방한용이기도 하지만, 여성의 남성화 현상, 즉 남녀평등의 상징이었다.

또 진즈룩스(Jeans looks)의 유행은 그 사실을 철저하게 굳혔다. 면으로 만든

토플레스의 아티스트. 런던, 캐너비 스트리트에서.

이 노동복은 여성으로부터 정서를 제거해 버렸다.

이제 외견의 화려함, 성적 매력으로 남성의 환심을 사는 태도는 여성의 자주성을 잃게 하는 것이다. 여성은 복장이라는 성적 자극제를 미끼로 남성을 낚아 올리는 필요성도 없어졌다. 매춘이 금지되어 여성의 적은 소멸한 것이다. 이제 숫 공작 같은 행동을 하지 않아도 된다.

진즈룩스는 여성의 사회적 승리의 상징이다. 말하자면 남성에게 〈여성〉으로서의 존재를 의식하게 하지 않는 모노섹스(mono sex)로의 이행인 것이다.

51 | 반항의 세대, 히피

「이제 우리에게는 외설 같은 것은 존재하지 않는다. 외설적인 것은 장군들의 훈장이다」라고 워싱턴 광장의 젊은이들은 외쳤다. 히피라 불리는 젊은 무리의 목소리이다. 1960년대 미국 베트남 전쟁을 배경으로 드롭 아웃(drop out, 체제 이탈)의 젊은이들이 급증했다. 그들은 위선적인 모럴사회인 미국 민주주의 체제에 등을 돌렸다. 그들은 인간성에 눈을 떠 사회의 형식적인 도덕률에 비판을 가해 반란을 일으켰다. 전쟁이라는 이름의 대량살인으로의 가담, 외설이라는 오명을 입게 된 성애, 인간 기계일 수밖에 없는 노동, 어리석은 자들의 합의인 의회 민주주의에 대한 의문, 배금주의에 집착하는 자본주의 사회의 피폐. 그들의 해피(happy)를 비꼬아 표현한 히피들은 문명사회 속에서의 미개사회=부족사회를 만들었다.

그것은 가치관 변혁이라기보다 사회적, 문화적 위선에 대한 반항이다. 진실한 자유로의 지향이며 실천이다. 거기에는 억압받은 성 에너지의 분출이 있었다. 프리섹스에 의한 성 해방, 마리화나에 의한 초감각 세계로의 여행, 선·탄트라(Tantra)에 의한 니르바나(열반세계)의 인식 등, 체제적인 인간상의 거부, 새로운 인간상, 세계관을 향한 시도였다.

경제생활에 있어서는 자급자족이었다. 금속세공, 가죽세공을 만들거나 혹은 그림을 그려 노점 상인처럼 팔아 그날그날 살아간다. 뉴욕, 로스앤젤레스,

히피들의 생태.

파리, 런던, 로마, 도쿄 등 세계 모든 도시의 거리나 광장에서 모습을 보인다. 장발이라기보다 산발에 가깝고, 진즈룩스와 인디언 스타일, 그리고 면도하지 않은 더부룩한 수염은 그들의 기성사회에 대한 반항적인 스타일이다.

그중에는 아나키즘(anarchism, 무정부주의)에 빠진 자도 있다. 그러나 히피라 불리는 비폭력, 평화주의 젊은이는 현대의 은둔자이다.

그들은 체제가, 자본주의사회가, 현대문명이 낳아 버려진 〈기형아〉가 아니다. 체제에 순응할 수 없는 〈성스러운 야만인〉이다.

근대사회로부터 격리되어 있던 미개사회도 19세기 초부터 점차 그 모습이 공개되어, 지금은 지역 문명으로서 그 문화는 인류의 진화를 살펴보는 데에 귀중한 발자취를 남기고 있다. 미개사회에는 고대와 현대가 동거하여 양립하면서 현대 문명사회에서는 볼 수 없는 이질의 풍속이 보인다. 여기에 기술할 풍습도 현재까지 존재하고 있는 것들이다.

인간의 결혼 형식도 일부일처제가 그것의 원형은 아니다. 종교, 도덕에 의해 생긴 것도 아니다. 그것은 순수하게 경제적인 문제에서 생겨났다.

미개사회에서 볼 수 있는 난혼(亂婚)도 원시공산제의, 인류 원초의 성풍속으로 이해할 수 있다. 물론 일부일처제라 해서 경제적이고, 결정적인 혼인 형식은 아니다. 단지 법적으로 제도화된 형태에 불과하다.

과거의 미개사회에서는 아프리카 부시맨족, 오스트레일리아 카미라로이족, 인도의 토티얄족, 보르네오 내륙부의 2, 3부족, 아메리카 인디언의 쿠틴족, 아라와크족 모두가 난혼이었다고 한다. 그들의 언어 중에는 가족도, 결혼을 의미하는 말도 없었다 한다.

그들은 새처럼, 귀여운 가축처럼, 손에 들어오는 만큼의 여자를 취하고, 여자들을 노예처럼 부리고, 싫어지면 자유롭게 쫓아내고, 또 새 여자를 손에 넣는다고 하는 풍속이 아무런 저항 없이 행해지고 있었다. 거기에는 일체의 성

동아프리카의 소녀.

도덕도 없으며, 성교제의 규제도 없다.

　이러한 난혼이 발전한 것이 부녀공산제이다. 이것은 성년자는 남녀 각각 커플을 이루고 있지만, 미혼자는 젊은 여자들을 공유하고, 젊은이들 사이에 장벽이 없으며, 자유로운 성관계를 맺고 있다가 점차 관계가 발전되어 안정되면 결혼이 성립되고, 자유연애는 해소되는 것이다. 이러한 풍습은 현대 문명사회의 히피나 일부 젊은층 사이에서도 관찰 가능하다. 이러한 자유로운 혼전 교섭은 폴리네시아 지역에 많고 지금도 그 풍속은 남아 있다.

미국의 저명한 문화인류학자 마가렛 미드(Margaret Mead) 여사의 『성과 기질』에 기술되어 있는 마누스 섬 주민의 성생활은, 문명사회에 살고 있는 우리들에게 있어 매우 시사하는 바가 큰 자료이다.

뉴기니아 섬 동쪽 해상에 떠 있는 비스마르크 군도 중 가장 큰 섬 마누스에서는 농경, 어로 생활 외에 〈크라〉라고 불리는 교역도 활발하다. 다른 미개사회에서 볼 수 없는 상품경제에 의존하는 화폐만능의 생활이다. 따라서 모든 것이 화폐로 환산되어 거래되고 있다. 마누스 도민은 우리와 마찬가지로 부와 재산의 축적이 인생 성공의 목적이다. 결혼도 경제적인 거래라고 생각하며, 혼약은 양친의 경제적 의도로 이루어져, 남녀가 유아기 때 투자적인 형태로 계약이 이루어진다. 즉 신랑 측은 장래가 유망한 무역회사를 경영하고 있는 신부 측에 투자 대신 거액의 화폐(개의 이빨이나 조개껍질)를 지불하고, 신부는 후에 이것을 기름이나 돼지로 갚는다. 이렇게 하여 쌍방이 경제적 제휴를 하며 축재에 힘쓴다.

어렸을 때 자신의 의지와 상관없이 약혼한 소녀는 엄격하게 성생활 규제를 받으며, 결혼할 때까지 일체 남성과의 성관계는 허락되지 않는다. 소녀는 로맨틱한 동경을 품을 수도, 달콤한 꿈도 꿀 수 없다.

결혼을 해도 부부 사이의 애정은 두텁지 않다. 거친 관능적인 충동에 의한 성생활밖에 없다. 그리고 아내는 단지 노비처럼 남편에게 복종하고 인내하는 가축적인 존재에 지나지 않는다. 이 섬에는 사랑 같은 인간성이 풍부한 감정도, 정서도 있을 수 없다. 로맨틱한 신화도, 사랑의 노래도 없다. 그리고 성을 죄악시하며, 금욕을 미덕으로 받들고 있다. 인간과 인간을 잇는 것은 금전만의 이해관계이다.

이 섬에서는 성의 풍기가 문란하다. 성적 도착도 많다. 매춘도 행해지고 있다. 이러한 양상은 우리 문명사회와 하나도 다를 게 없다.

마누스 도민은 성을 재산제도를 유지할 목적으로, 즉 생식 목적 이외에는 이용하지 않는다. 여기에서 사랑은 불모이며, 풍요로운 문화조차 성장하지 않는다. 어떤 의미로는 현대사회의 축소판이라 할 수도 있겠다.

제례혼은 동물처럼 연1회 밖에 교미기를 갖지 않았던 원시시대의 계혼(季婚)의 자취였다. 지금도 야생동물은 봄처럼 따뜻한 시기에 발정기(교미기)를 갖는다. 인간도 호주 원주민[45]이나 아프리카 원주민(수렵 부족) 중에 아직 계혼의 풍습이 있으며, 1년에 한 번만 교접기를 갖는 미개인들이 있다고 한다. 현대 통계학 상에도 그렇지만, 출산기가 2, 3월에 최적인 것은 봄에 교접기를 맞이해 수태 능력이 증진하고 있다는 증거이다.

호주 원주민 사이에서는 1년 중에서도 음식물이 풍부하고, 따뜻한 시기에 제례혼을 한다. 〈카로〉라 불리는 대제례는 그야말로 광연(狂宴)을 연상케 하는데, 남자들은 손에 창을 쥐고, 음란한 노래를 부르고, 원을 그리면서 춤추며, 여자 성기 모양의 움푹 들어간 곳에 창을 찍어 성교를 암시하는 행동을 한다. 그리고 춤과 노래가 끝나면 정말 해괴한 광경이 전개된다. 남녀는 상대를 가리지 않고 정기가 다할 때까지 음란한 행동을 거듭한다. 인도의 쟈이플의 신월(1월)제례[46]도 마찬가지이다.

〈마그 파라브〉라 불리는 축제로, 1개월간 〈남자는 여자에 대한 예절을 버리고, 여자는 정숙함을 잊고 날뛰며 정욕을 서로 탐했던〉 것이다.

---

45 서 오스트레일리아 무르히즌 강변에서 행해지는 제례혼식을 가리킴.
46 마르 파라브라 부르며, 1월(인도에서는 1월이 봄이다)에 열리는 제전.

남미 페루 동부의 원주민들 사이에서는 12월 파르트[47]라는 과실이 익을 무렵, 제례에 참가하는 젊은이들이 5일간 목욕재계하고 소금과 후추를 먹지 않고 제례에 대비한다. 제례 첫 날이 되면, 남녀들은 벌거벗은 채 일정한 장소에 모여 신호와 함께 일제히 지정된 고지를 향하여 집단 경주를 한다. 경주하는 동안 남자는 여자를 선택하여 각기 그 장소에서 교합한다. 이 제례는 6일 밤낮 계속되었다고 한다.

이러한 제례혼은 미개사회뿐만 아니라 고대 이집트 이시스 신의 제례에도 볼 수 있었다. 부인들은 남근 모양의 신상을 메고 돌며, 70만 명의 신자들이 광란에 몸을 맡겼다고 듀포[48]가 기술하고 있다.

고대 바빌로니아에서도 마찬가지로 7월의 미리타 신의 제례에는 무제한의 음란한 행위가 5일 동안 행해졌다. 로마 프로리아제(祭)도 이러한 옛날 제례혼의 흔적이다. 또 지금의 사육제(謝肉祭)도 제례혼의 후예이다.

---

47 열대지방에서 나는 과실로 원산지는 멕시코. 영양가가 매우 높고, 정력제로도 알려져 있음. 또 파르트는 페루인 부족 이름이기도 했음.
48 『세계 매춘사』(1851~54년 간행).

55 | 혈족의 보루, 하와이의 푸나르아혼(婚)

푸나르아혼(婚)이라는 집단결혼의 풍속은 고대 브리튼(Britain)인 등의 역사 시대에도 볼 수 있었지만, 원시·미개사회에서도 폭넓게 행해지고 있었다. 특히 폴리네시아 지역 하와이 군도나 호주 미개 부족 사이에서는 지금도 보이고 있다.

푸나르아혼은 인간이 부족 단위로 집단생활을 했던 고대의 가장 원시적인 결혼 형태라 할 수 있다.

혈족의 결속은 전쟁 시 강력한 전력이 되며, 적에 대한 방위, 공격의 보루가 된다. 그리고 배신 행위를 미연에 방지하며 두터운 신뢰와 암묵의 양해를 보장받는다.

하와이 제도나 티히디 섬 원주민의 어느 부족은 형제들이 상대의 자매들과 집단결혼을 한다. 그리고 서로 상대를 교환하여 아이를 낳는다. 태어난 아이는 형제자매 중 누군가와 닮아 있으면, 닮은 자가 부모가 되는 말하자면 근친상간적인 가족구성이다. 대개는 5, 6명 전후의 형제·자매 집단결혼으로 한 명의 남편이 동시에 5, 6명의 처를 가지며, 또한 한 명의 처가 5, 6명의 남편을 가지게 되는 다부다처제의 결혼 양식을 보인다.

호주의 〈여왕도(女王島)〉[49] 우르아푼나 부족에서는 이러한 집단결혼을 피라 웅가라고 부르며, 2쌍의 부부가 서로 부부 교환을 하는 결혼 풍습을 가지고 있었다. 여자들은 노아 또는 누바라 하며, 노아는 남편의 허락이 있으면 남편의 혈족들과도 자유롭게 성교섭을 가질 수가 있었다. 노아와 성결합을 한 동료들은 피라우르라 부르며, 커다란 혈족단체를 형성했다.

　　인도의 드라비다 원주민 부족인 트노다인도 다부(多夫), 집단혼을 하고 있다. 한 조의 형제와 한 조의 자매가 결혼하고, 서로의 파트너를 공유함과 동시에, 남편의 형제와도 부부관계가 성립된다. 또 처에게 여동생이 있으면, 남편 형제들의 처가 되어 근친상간적인 대가족을 형성한다. 아프리카 나일[50]인도 동일한 집단촌의 풍습을 갖고 있다고 탐험가 리빙스턴[51]이 보고하고 있다. 이러한 집단촌에서는 남자의 존재는 단지 수컷이라는 의미만을 가지며, 모계가족에 지배받고 있다.

49　남부 오스트레일리아 연안에 있는 섬.
50　아프리카 마라바르 연안에 살고 있는 민족.
51　아프리카 대륙을 처음 횡단한 탐험가. 보고서 「남아프리카의 조사와 전도여행」(1857)에서 그 풍속을 설명하고 있음.

56 | 남자가 되는 〈청년의 집〉

일본에서도 2차 세계대전 전까지 농촌이나 어촌의 산간벽지 마을에 〈젊은이의 집(若衆宿)〉이라는 것이 있어, 혼전 교섭의 자유연애가 부모 감독 하에 행해지고 있었다.

아프리카 대륙, 남미 대륙, 인도 드라비다족[52], 뉴칼레도니아 제도[53] 등의 미개사회에서는 〈청년의 집〉이라 칭하는 미혼 남자 집회소가 마을에서 멀리 떨어진 깊은 숲 속에 있었다. 거기에서 청년들은 식사를 준비하거나, 농경이나 수렵을 하기도 하고 놀면서 지냈다. 젊은 미혼 여자들은 자유로이 출입이 가능했으며 대환영을 받았다. 단 기혼의 남자, 여자는 출입을 엄하게 금했다. 이 〈청년의 집〉에서는 대개, 마을 장로가 감독을 하고 있었다.

카 폴렌슈타인[54]의 연구에 의하면, 인도 드라비다 원주민에 속하는 나그풀족 사이에서는

마을 최고급 가옥은 〈청년의 집〉이다. 그 땅의 청년들이 적지 않은 비용을 들여 지은 것으로, 일반에게 침소로 이용되고 있다. 또 미혼 여자들도 마찬가지로 양친의 집에서 자지 않는다. 그녀들은 마을 과부 집에서 지내고 있다.

---

52 고대 인도 원주민으로 키가 작고, 피부는 검으며, 코는 낮음. 아리아인 침입 이전의 민족.
53 오스트레일리아 동쪽 오세아니아 해상에 있는 섬들.
54 「결혼의 제형식」(1911년).

고 보고되고 있다.

또 뉴 칼레도니아(New Caledonia)제도에서는 청년들은 바이라고 불리는 특별한 집에서 기숙하며 동료와 사귀고, 공동생활을 즐긴다. 다른 마을 처녀들과 자유연애(혼전교섭)를 마음대로 하고 있다. 많은 마을 처녀들은 다른 마을의 바이를 방문하여 거기서 3개월간 있으면서 남자들에게 봉사한다. 그들은 그 바이에서는 유녀처럼 일종의 화대를 받고 마을로 돌아가 결혼한다.

마을 남자들은 유녀가 된 그녀들을 존중하고, 기꺼이 아내로 맞이했다고 한다. 또 다른 마을의 바이에서 벌어온 화대는 지참금으로 썼다.

바이에는 보통 20~30명의 젊은이들이 기숙했고, 한 마을에 2, 3곳이나 있었다. 개중에는 바이를 차례로 방문하는 근면한 처녀들도 많이 있었다.

이 〈청년의 집〉은 후에 발전, 변화하여 유희장, 집회소, 무도회장, 제사장, 공회당, 재판소, 촌장사택, 여관, 사원 등으로 바뀌었다.

57 | 계란을 깨고 나서 첫날밤을 맞이하라

결혼 풍습만큼 다양하고 민족의 특성이 나타나 있는 것은 없다. 특히 미개
사회에서는 주술적인 신앙이 결혼풍습을 한층 흥미 깊게 한다.

예컨대 갓다드의 기록[55]에 의하면,

페즈[56]남방의 베르베르일족인 아이트유시족 사이에서는, 신부가 핸나[57] 잎에서 채취한 화장즙을
얼굴에 발라 화장하고, 그녀 이마에 헝겊으로 싼 계란을 묶는다. 그리고 신부에게 핸나 화장을
해준 부인들이 손으로 계란을 깬다. 이것은 신부의 처녀막이 신랑에 의해 계란처럼 간단하게 깨
진다는 것을 암유한 것이다.

고 아프리카 모로코 결혼풍습을 전하고 있다.

이것과 비슷한 풍습은 페르시아, 쟈바 섬, 발리 등에서도 볼 수 있다. 계란은
아니지만 첫날밤을 맞이하기 전에 항아리나 유리그릇 등을 깨부수는 풍습은
동유럽 체코나 유고에도 존재하고 있다. 모두가 신부의 처녀막 파열의 상징적
행위이다.

또 모로코 각지의 부족들 사이에서는 신부 속옷에 붙인 7개의 매듭을 신랑

---

55 『핫파의 생활과 문화』(1904년).
56 아프리카 북서부 모로코의 도시.
57 염료식물. 열대지방에서 자생함. 오렌지색의 잎에서 염료를 추출하여 손가락이나 살에 바름.

이 풀지 않으면 초야의 잠자리에 들어갈 수 없는 풍습도 있다.

세이론 섬 원주민인 베타족은 신부가 신랑의 허리를 가는 끈으로 묶어 결혼을 서약한다. 신랑은 평생 이 끈을 풀어서는 안 되는 풍습이다.

동아프리카 마사이족 일부는, 신랑이 결혼식 후 1개월 간 아내의 옷을 입고 생활해야 한다는 규칙이 있었다. 이것은, 악령이 아름다운 신부를 질투하여 유혹하려는 것을, 신부를 대신해서 희생한다는 주술적인 의미에서이다. 고대 스파르타의 신부가 남자용 망토와 구두를 신고 신랑을 맞이하는 풍속과 비슷하다. 현대 문명사회의 결혼 풍습에서도 볼 수 있는 것인데 교회에서 결혼식이 끝난 후 신혼부부에게 잘게 자른 색종이를 뿌리며 축복하는 관습이 있다. 이것도 원래는 보리나 밀을 뿌려 자식과 재물을 많이 얻기를 기원한 주술의 흔적이다.

성행위가 쾌락을 위한 존재라면 그 쾌락 추구를 위해 인간은 갖가지 노력을 한다. 동수단이나 인도, 아프리카 등의 미개민족 사이에서도 문명사회와 다를 바 없는 성의 향락 수단이 이용되고 있었다.

원시적이고 잔인하지만……

그 하나는 여성의 〈음부 봉쇄〉라 하는 수술법이다. 보통 음순 일부를 뾰족하게 잘라, 양쪽의 잘린 상처 부분이 지갑덮개처럼 합쳐지도록 여자의 상퇴부(허벅지 윗부분)를 포개어 그 위에서 양다리를 단단히 묶는다 물론 소변만 나올 수 있도록 작은 구멍을 남겨둔다. 이렇게 하여 상처와 상처가 붙은 듯이 밀착되어 봉쇄된다. 여자는 상처가 나을 때까지 누워 있게 한다. 이렇게 시술 받은 여자들은 경우에 따라서 노예로 비싼 값에 팔린다. 필요한 때에는 다시 절개수술을 받는다. 이 수술 목적은 어디까지나 성적 쾌락을 위한 것이었다. 질 입구를 좁혀, 그것에 의해 남자의 쾌감을 높이고 증폭시키기 위한 것이다.

인도 페그족 사이에서는 봉쇄시술을 할 때 반지를 끼우고 방울을 달았다. 물론 장식의 의미도 있지만, 함부로 개봉하지 않도록, 즉 성교를 막기 위해서였다. 할례는 비 처녀화의 의식인데 이 음부봉쇄는 처녀화를 위한 수술이었다.

또 지적할 수 있는 것은, 처녀화됨으로써 결혼 전의 순결을 지킬 수 있으며, 결혼 양식이 매매혼이면 더더욱 그 순결, 처녀성의 가치가 높아져 고가의 상품으로 되는 것이다. 또 음부의 봉인은 성 쾌감에 있어서도 확실한 보증을 받은 셈이다.

고대 로마에서도 남성에게 시술되고 있었다는 기록[58]이 남아 있다. 그 목적은 남근의 포피를 봉침(바늘)을 사용하여 꿰매 성교불능으로 만들어 순결, 동정을 지키게 했다. 마찬가지로 고대 그리스에서도 수술은 아니지만 포피를 음경 끝에까지 늘여 끝 부분을 단단히 묶어 봉쇄했다.

---

58 『고대 그리스의 성생활』(리히드 저(著), 1932년).

59 | 문신은 사랑의 표식

문신이라는 피부화장은 미개민족에 있어서는 문명사회의 옷과 같은 목적을 가지고 있다.

폴리네시아, 미크로네시아 등의 남태평양 위에 떠 있는 섬들의 미개사회에서 문신은 가면과 같은 주술적인 신비성은 가지고 있지 않다. 남녀의 성인 표식이며, 부족을 표시하는 깃발 같은 역할을 했다. 크랜츠(Cranz) 연구에 의하면, 그린란드(Green Land) 여자들은 문신을 하지 않으면 남자를 유혹할 수 없는 것을 걱정해서 유년 시절에 이미 문신을 시술하여 이 아름다운 그림으로 남자들을 끌어들일 수 있다는 암시적인 신앙을 가지고 있다고 추측, 고찰하고 있다.

뉴질랜드 마오리족 등 사이에서는 신체에 문신을 많이 하고 있으면 있을수록 사람들로부터 존경을 받아 남자들은 얼굴, 허리, 복부, 무릎까지 문신을 하고 있었다. 그러나 턱과 윗입술, 이마에 문신할 수 있는 자는 촌장뿐이었다. 또 문신을 하는 부위나 색채에 의해 계급과 신분, 품위가 구별되었다.

또 폴리네시아의 대부분의 여자는, 소녀가 결혼 적령기에 들어간 표시로, 음부에 넓은 활 모양의 검은 문신을 한다. 비스마르크 군도 여자들은 음부 윗부분을 빨갛게 문신을 하고 있다. 칼로린 군도의 포나페와 사모아 섬의 여자들은 하복부에 넓은 띠 모양 문신을 하고 있다.

크바리의 보고[59]에서는

치부도 문신으로 감추어져 있으며, 문신 그림은 대음순과 질에까지 미치고 있을 정도이다.

라고 성기 화장의 훌륭함을 전하고 있다.

이러한 문신이 시술되는 것은, 남방 민족에 있어서는 평생 치모(음모) 발육이 더디고, 숱이 없기 때문에 제1차 성징의 표시를 확실히 하기 위해서이다. 크바리가 베라우 섬 소녀들에 대한 관찰에서 소녀들이 남자들과 성교할 때, 남자들에게 자신의 음부에 문신을 해 줄 것을 요구한다고 기술하고 있다. 그리고 문신 시술을 받음으로써 소녀들은 성숙한 여인 그룹에 들어갈 수 있었던 것이다.

이 화장은 소녀들에 있어서는 성인의 표시임과 동시에 남자의 사랑을 획득하는 자랑스러운 표시이기도 했다.

59 「미크로네시아, 특히 캐로린 군도에 있어서의 문신」.

60 | 여자의 매혹술, 엉덩이 화장

그리스 신화의 파리스 심판에서도 3인의 미녀 중에서 승리의 사과를 받은 자는 엉덩이가 가장 훌륭한 비너스였듯이, 카리피고스(엉덩이의 여신)의 아름다움은 여성미에서도 가장 매혹적이었다.

이 매혹은 미개사회에서도 마찬가지이다. 여성미는 얼굴이나 유방이 아니라, 제일 먼저 엉덩이가 훌륭하고 매혹적이어야 했다.

그 매력을 과시하기 위해 여러 화장술이 고안되었다. 엉덩이는 여성 그 자체의 상징이었다.

예를 들면 타히티 섬 여자들의 엉덩이 문신 모양은 여자들의 허영심을 만족시키고, 남자들에 있어서도 너무나 매혹적인 것이어서 넋을 잃고 여자의 엉덩이 화장을 바라보았다고 한다.

특히 아프리카 여러 종족들 사이에서는 엉덩이의 아름다움, 풍만함은 섹스 어필의 대상으로서 그 화장술에 집중되어 있다. 처녀들은 고양이 가죽·조개 껍질·나뭇잎·색을 입힌 짚 등을 엉덩이에 장식하여 사람들의 눈길을 끌려는 노력을 한다. 물론, 그것을 은폐함으로써 한층 더 노골적으로 과시하려는 코케트리(coquetry, 교태)를 알고 있는 것이다. 아프리카 흑인 여자들은 엉덩이 스커트, 장식물을 사람 앞에서 벗을 때면 갑자기 앞으로 향한다. 이유는, 엉덩이에 대해 성기 이상의 수치심을 느끼고 있기 때문이다.

크바리 관찰[60]에 의하면 「모토로크 섬[61]이나 루크 섬[62]에서는 여자들은 엉덩이에만 문신을 하며, 치부는 그대로 놔둔다」고 한다.

포나페 섬, 베라우 섬에서도 마찬가지로, 여자들은 엉덩이부터 밑으로 전 하체에 문신화장을 하고 「문신화장을 할 때, 항문과 항문주위는 단조로운 검은 색 문신으로 덮여 보이게 한다.」

프랑스 19세기에 유행했던 〈파리 엉덩이(큐르 드 파리)〉[63]라 불렸던 허리 받침대도 일종의 엉덩이 미장술이었으며, 아프리카 흑인과 같은 성적 유혹술의 코케트리였다. 화장은 특히 여성미에 있어서는, 문명사회나 미개사회나 그 본질은 같았다.

---

60 「미크로네시아, 특히 칼로린 군도에 있어서의 문신」.
61 칼로린 군도의 작은 섬.
62 칼로린 군도의 작은 섬.
63 스커트 속에 허리 베개 같은 팽팽한 것을 넣었음.

61 | 신부는 소 두 마리로 살 수 있다

미개사회에서의 결혼은 대부분이 매매혼이며 지금도 지속되고 있다. 즉 아내를 맞이하는 데에는 그것에 상응하는 재물이 필요하며, 그것이 없으면 결혼은 성립되지 않는다. 액수는 물론 그 부족의 경제적 사정이나 개인의 자산능력을 참작하여 정해지며, 경제적 능력이 전혀 없는 남자들은 평생 결혼이 불가능하다.

이 신부대금은 여자의 미모에 의해 정해지는 것이 아니라 어디까지나 여자의 수태능력으로 정해진다. 만약 결혼 후 임신하지 못하면, 신부대금은 반환되며 이혼이 가능했다. 아프리카 호텐토트족[64]은 한 쌍의 소가 일반적인 시세였으며, 봉고족은 철 20파운드(약 9kg)와 창살 20개면 결혼이 가능했다. 1938년 수단의 누바족의 신부대금은 「산양 40마리, 소 2마리, 소총 1정, 창 30개, 담배 20갑, 금액으로는 27파운드를 지불했는데, 그것은 최고의 가격이었다」[65]고 보고되고 있다.

지금의 화폐가치로 환산하면 약 12만 원 정도이다. 보통의 시세로는 10만 원 정도로 충분했다. 일시에 지불할 수 없는 경우는 할부로 하기도 했다.

뉴기니 메케오에서는 신부대금은 신랑 부모의 친척으로부터 기부금을 받아

---

64 남아프리카의 카라마, 나마지역에 사는 부족.
65 「나일」, S.F 네델(Nedel)저 (1947년).

충당하는 풍습이 있었다. 동아프리카 등지의 부족은 신부대금을 신부의 모친이 가질 권리가 있었다. 또 신부 측도 신부대금을 수령하면 상대의 신랑 측에 일부 돌려주는 의리도 있었다.

신부대금은 모두 신부의 재산이 되어 이혼할 경우에는 신부는 대금전액을 가지고 돌아갔다.

그러나 이러한 매매혼은 미개사회만의 원시적인 풍속은 아니다. 지금도 인도, 미얀마, 태국 등의 동남아시아 여러 나라에도 이와 비슷한 풍습이 있으며, 일본에서도 매매혼은 아니지만 신랑이 신부 부모에게 유이노킹(結納金, 혼약금)이라는 신부대금을 지불한다.

특히 현대 회교도국(이란, 아프리카, 인도, 파키스탄) 등에서는 매매혼이 구태의연하게 유지되고 있으며, 지금도 신부를 살 수 없는 가난한 독신남이 많이 있다.

아프리카 등에서는 비교적 온화한 성애행위가 행해지고 있지만, 미개인이라 해서 성적 향락이 문명사회에 비해 소박하다고만 할 수 없다. 적도 열대지역에서는 연중 나체로, 여성은 전라에 가깝지만 그렇다고 남자들이 무감각하지는 않다. 여자는 남자의 몸이 자신의 유방에 닿으면 성적흥분을 일으킨다.

인도네시아 아롤 섬[66] 사람들의 경우에는, 남자가 여자의 유방을 손으로 만지는 것은 성교를 권유하는 구애적 행동이며, 그 아름답고 매혹적인 밑으로 늘어진 유방을 살짝 당기면, 여자는 성적 자극을 받아 몸을 꼬며, 좋든 싫든 성교를 허락해 버린다고 듀보아(C. Dubois)가 그의 저작 『아롤 섬사람들』에서 시사하고 있다. 따라서 유방을 당기는 것은 여자에 있어서는 애정표현이었다. 만약 호감이 가지 않는 남자가 당기면 심하게 화를 내며, 만지게 하지도 않았다.

말케사스 섬[67]에서는 주안이 열릴 때, 남자들은 〈여성의 유방을 빨거나, 커니링거스(Cunnilingus, 여성의 음부를 빠는 섹스 행위)에 의해 여성을 극도로 흥분시키는 것이 남자들의 역할이었다〉라고, 문명사회와 다르지 않은 성애행동이 보인다고 린톤(Ralph Linton)이 관찰기록 「말케시안 문화의 분석」에서 기술하고 있다.

66 인도네시아의 세레베스 섬의 남해 프로레스 해에 있는 작은 섬.
67 미크로네시아에 있는 작은 섬.

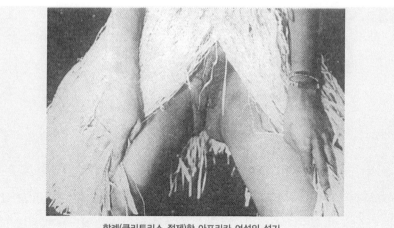

할례(클리토리스 절제)한 아프리카 여성의 성기.

칼로린 군도에 사는 포나페족 사이에서는,

길게 늘어진 소음순은 여성에 있어서는 특별히 매력적인 것으로 인식되고 있었다. 이것은 이미 어렸을 때부터 성불구가 된 나이 든 남자가 손가락으로 만지작거리면서 일부러 만들어낸 작품이었다. 이 조작은 사춘기까지 계속되고, 동시에 클리토리스도 발달하게 된다. 군도 특산물인 큰 개미에게 그곳을 물게 하여, 예리하면서도 불쾌하지 않은 자극을 주기도 했다. 남성은 여성을 흥분시키기 위해 이빨까지 사용한다. 그리고 여성의 성기 안에다 물고기를 삽입시킴으로써 성기의 발육과 흥분은 철저하게 이루어진다. 남자는 여자 성기 안에 있는 물고기를 천천히 빨아내는데, 이것은 아내에게 아이를 임신시킬 때만의 성의 전희로 행해지고 있다.

고 핀슈(Dtto Finsch)[68]가 보고하고 있다.

---

68 「포나페 주민에 대해서」(핀슈, 1888년).

63 | 미개민족의 피임기술

비록 문자가 없는 미개사회에서도 임신·출산의 생리학적인 메커니즘은 숙지하고 있다. 따라서 피임기술도, 원시적이긴 하나 다방면에서 시도되고 있었다. 이스타 섬 원주민 사이에서는 질에 해초를 삽입하여 임신을 방지했으며, 아프리카 부족들 사이에서는 질외 사정도 행해지고 있었다.

또 폴리네시아 피지 섬 원주민은 내복용 피임약을 복용하고 있었다. 로가수(樹), 사마로수(樹)의 잎이나 껍질을 벗긴 뿌리로 즙을 만들어 그것을 복용하였다. 대개 이 내복약은 주로 경험이 없는 임산부가 복용했는데, 경험이 있는 산부도 임신을 원하지 않을 경우에 사용했다.

북오스트레일리아 트레스 해협의 화요일 섬 원주민 사이에서는 칼리칼파 잎, 보크라는 관목의 잎, 빌가오 잎 등을 씹어서 내복용 피임약으로 썼는데, 이렇다 할 효과는 기대할 수 없었다. 만약 내복약이 효과가 없으면, 돌이나 막대기로 임산부의 복부를 치던가, 무거운 돌을 임산부 배 위에 올려놓았다.

때로는 여자를 나무에 묶고 남자 둘이서 여자 복부를 눌러 유산시켰다. 그러나 이렇게 무모한 행위는 많은 임산부를 사망하게 했다.

인도네시아의 어떤 종족은, 의술에 뛰어난 노련한 산파가, 미혼의 젊은 여자를 위해 피임 맛사지를 한다. 이것은 자궁 위치를 바꾸는 것으로, 복부 벽 위에서 누르거나 주무르면서 배 안의 자궁의 위치를 전환시키는 방법이다. 이

마사지를 하면 소변이 막히는 경우도 있지만, 거의 악영향이 없는 완벽한 피임법이었다. 또 임신을 희망하면, 다시 맛사지를 통하여 자궁의 위치를 제 자리로 돌려놓으면 되었다.

아프리카, 오스트레일리아 등의 미개민족에서도 아주 원시적인 부족 여성들은 임신중절을 하고 싶으면 몸을 앞으로 구부린 자세로 농사일을 하여 유산시켰다.

그러나 대부분의 여성은 피임보다 임신을 원하며 부족의 번영을 희망했다. 따라서 미개사회에서는 피임보다 안산에 관한 출산기술이 보다 많이 발달했다.

64 | 〈게스켈〉은 쾌락 지옥을 초래한다

할례에 의해 남근 표피를 절제한 남자도, 음핵을 잘라낸 여자도, 성감도는 둔화되고, 상투적인 성행위로는 꽤 시간을 필요로 했으며, 그 쾌감도는 그리 자극적이지는 못했다.

성쾌감이 단순히 생식욕에 수반되는 것이라면, 그 누구도 관능을 자극하지는 않을 것이다.

성행위가 쾌락을 추구하는 것쯤은 미개사회에서도 인식되고 있다. 아르헨티나의 알로카니아 인디언이 발명한 게스켈이라는 성구(性具)는 최음효과가 가장 높은 것으로 알려져 있다. 레이먼 니체에 의하면

게스켈은 말 또는 당나귀의 갈기(목덜미의 털)로 만든 것으로, 이것을 귀두 뒷부분에 실로 묶어 사용한다. 이 게스켈의 작용은 대단히 강렬한 것이어서 여자들은 고도의 엑스타시에 도달하며, 이 엑스타시가 소멸될 때에 여자는 완전히 무감각하게 되고 축 늘어져 버린다.[69]

고 한다.

북세레베스 알르프르산록에 사는 부족들도 게스켈과 유사한 운탕 또는 칸피온이라는 성구를 사용한다. 이것은 산양의 뻣뻣한 눈썹을 재료로한 부러쉬로, 이것을 게스켈과 마찬가지로 귀두에 감아 맨다. 수마트라섬의 밧타족은

69 『아로카니아의 게스켈』(레이먼 니체, 1900).

게스켈.

음경에 산양의 모피를 감았다.

　미얀마의 페그족 남자들은 귀두 부분에 작은 돌 또는 금속봉을 바늘로 뚫어 실을 넣어 접착시켰다. 개중에는 작은 금속, 진주 등을 음경에 박아 넣은 경우도 있다. 이것들은 안바란이라 불렸고, 할례를 받은 여자들의 성구로도 쓰였다. 때로는 이러한 안바란이나, 게스켈 등을 가지고 있지 않은 남자와는 섹스를 하지 않는 여자도 있을 정도였다. 또 게스켈은 말 1마리 내지 2마리 값과 맞먹을 정도로 비쌌다.

65 | 신체 채색, 빨간색은 사랑의 색

오늘날 여성이 하얀 분을 바르는 것은 신체 채색의 잔재이다. 인간은 미개인이든, 문명인이든 태고 때부터 색채가 에로틱한 유혹수단이라는 것은, 조류나 동물들로부터 배워 알고 있었다. 비록 피부색이 하얗거나 황색, 흑색이라도 조류의 아름다운 깃털 같은 색채를 선망했다. 고대 그리스인이나 에트루리아인들은 전투에 임할 때는 신체를 붉은 색으로 칠했다. 적색은 용기의 색이며, 영웅의 색이었다. 미개민족사이에서도 마찬가지였다. 아라베스크 문양처럼 눈을 현혹시키는 신체 채색은 적을 위협하기 위한 것이었다.

일찍이 콜럼버스가 서인도제도에 상륙했을 때 토착민들이 신체 채색을 하고 나타난 모습을 보고 간담이 서늘했다고 한다.

지금도 적도지방의 아프리카, 남태평양제도, 서인도제도, 남미 등지의 미개부족들에게는 신체 채색 풍습이 남아 있다. 특히 19세기 초까지의 아메리카인디언들의 신체 채색은 그야말로 선명한 것이었다. 다코타인디언의 수족 등은 젊은 처녀가 사랑을 고백할 때는 얼굴을 새빨갛게 칠하고 밀회하러 나갔다. 일반적으로 적색은 전투색, 사랑의 색으로 쓰이고 있으며, 검은 색은 슬픔, 죽음의 색이었다. 황색이나 청록색은 기쁨의 색으로 인식되었다.

채색 문양은 구체적인 도안이 아니라 기하학적인 아라베스크풍의 점, 선, 원, 삼각 등의 문양이다. 이들 인디언들은 대개 목에 흑과 적색의 안료(顔料,

Pigment)가 섞인 물감주머니를 가지고 다니며, 색이 벗겨졌을 때에 수정을 했다. 멕시코 인디언들은 신체 채색 이외에 조류의 다채로운 깃털을 신체에 장식했다. 또 어느 미개민족이나 공통적으로, 부족 제사 때는 일제히 화려한 신체 채색을 했다. 신체 채색이 화려하면 할수록 그것은 성적 유인술이 되었다. 문신이라면 색채의 표현·효과 면에서 한계가 있었고 또 시술할 때 심한 고통이 동반되었기 때문에, 미개민족 사이에서는 신체채색이 오히려 발달하게 되었다. 그러나 문명사회에서 우리들의 장식도 추위나 피부보호를 위한 것보다 신체 채색의 의미가 더 강하다는 것을 참작한다면, 현대인도 미개민족의 미의식, 성적 매혹술과 공통적이라 할 수 있겠다.

66 | 유방에 추를 달다

미개사회나 문명사회에서는 획일적인 여성의 이상미는 없다. 각 민족·부족의 건강한 육체적 특징을 미의 기준으로 하고 있다.

부시맨이나 호텐토트족 등의 남·중앙아프리카 원주민에게는 유방이 작고, 탄력이 있으면서 위로 향한 유방이 이상적이고, 엉덩이는 많이 튀어나와 베개를 하나 댄 것 같은 모양이 미인의 상징이었으며, 소음순도 〈홋텐토드의 앞치마〉라 할 정도로, 길게 늘어진 것이 매력적으로 인식되고 있었다.

이러한 이상적 미인을 만들기 위해, 홋텐토드족 등은 소녀 때부터 우유나 지방질을 다량 섭취하고, 맛사지를 하면서 육체 가공을 한다.

동아프리카 난지족·바후토와족, 중앙아프리카 아잔데족 등의 유방의 이상미는 심하게 늘어진 방추형 자루 같은 유방이다. 그렇게 되기 위해서는 젖꼭지에 구리나 납으로 만든 추를 매달아 보다 길게 늘어지도록 가공한다. 등에 업힌 젖먹이 아이에게 어깨 뒤로 넘겨 젖을 먹일 정도로 괴이한 자루 모양의 유방이다.

마찬가지로 동아프리카의 바간다족·바깃슈족·즈나헤리족 등에서는, 홋텐토드족과 마찬가지로 소음순이 길게 늘어나 있는 것이 미인이다. 그래서 여자들은 어렸을 때부터 손가락으로 소음순을 당기거나, 나무즙을 바르고 맛사지를 한다. 또 음순에 끈을 매어, 끈에다 돌 추를 매달아 늘린다. 정면에서 이것

아프리카 서수단의 모신상.

을 보면, 성기가 완전히 소음순에 가려져 앞치마를 두른 것처럼 보인다.

미개민족들의 공통점은 여성미의 제일은 풍만한 엉덩이라는 것이다. 잘 발달된 골반 부위는 성적 매력을 나타내며, 다산을 상징하고, 또 허리 베개처럼 성적 쾌감을 한층 증폭시키는 효과도 있었다.

67 | 용감한 여인부족 아마존의 생활

라이첸슈타인(Richard, Reitxenstein)의 연구[70]에 의하면, 아마존이라 불리는 용맹스런 여인족은 리비아 서부에 살았던 여인군단 부족이었다. 그들은 일정 기간 군복무를 하고, 그 기간 중 절대로 남자들에게 접근해서는 안 되는 규율을 엄수하며, 자신들의 종족을 번식시키기 위해서만 남자들과 교섭을 가졌다.

그들은 부족을 통치하고, 침략전쟁도 하였다. 전쟁에는 남자들은 전혀 참가하지 않는다. 태어난 아이들은 남자들이 보육을 한다. 태어난 아이가 여자일 경우에는 성장하기 전에 유방을 잘라 유방 없는 여자(아마존)로 만들었다. 유방이 있으면, 무기를 가지고 있을 때 방해가 된다는 이유에서이다.

10세기 여행가 아브라함 이븐 야쿠브의 기록에 의하면 다음과 같은 말이 있다.

루스 서쪽에 여자들만 사는 마을이 있었다.
그곳 여자들 토지와 노예를 가지고 있다.
그들은 남자 노예에 의해 임신하여 태어난 아이가 남자 아이이면 그 자리에서 죽였다.
그들은 말을 타고, 전쟁에 나가기도 하며, 용감하다.

이는 그리스 신화에 나오는 아마존도 가공의 이야기가 아니라는 증거가 되

---

70 『자연민족들 간에 있어서의 여성』(라이첸슈타인, 1930).

기도 한다. 이러한 여인족은 흑해 연안의 코카사스 지방에서도, 유고 지방에서도 살고 있었다고 한다.

〈아마존〉이 강 이름이 된 남미 아마존 강 유역에는 16세기 중엽 광폭한 아마존이 살고 있었다고, 그 지역 발견자인 스페인인 오레라나(1490~1546년)[71]는 기록하고 있다. 오레라나에 의하면, 그 강변에서 활 전투에 숙달한 여자들이 남자들과는 별도로, 토지를 가지고 농경에 종사하고 있는 촌락이 있었다. 인접한 부락 남자들이 방문하여 성교섭을 가지며, 임신, 출산 후 태어난 아이가 남자일 경우에는 남자부락으로 보내고 여자아이만 길렀다. 이들 아마존들은 〈코냐 푸 야라〉라 불렀다. 탐험대가 인디언에게 습격당한 적이 있었다. 그 40~50여 명 중 약 20명이 여자들이었는데, 매우 강하고 용감했다. 도망가는 남자 인디언들을, 그녀들은 곤봉으로 때려 넘어뜨렸다. 이들 여자들은 거구로, 나체였으며, 아름다운 얼굴을 하고 있었다고 한다.

---

71 스페인 군인으로 아마존 발견자.

68 | 아름다운 귀걸이는 사랑의 부적이다

1492년 12월 26일 황금을 찾아 남태평양을 방황한 콜럼버스는 하이치 섬에 상륙했다. 그는 거기서 원주민 처녀들이 모두 한결같이 귓불을 뚫어 커다란 황금 귀걸이를 하고 있는 것을 보았다. 그중에는 작은 새만한 크기의 귀걸이도 있었다. 그는 매우 기뻐했다. 그리고 나중에 상륙했던 그 해안을 〈귀걸이 해안〉이라고 이름 붙이고, 섬들을 〈에스파뇨라(스페인)〉라 불렀다.

귀걸이 풍습은 고대 이집트를 비롯해 고대 문명국가에서도 있었는데, 미개 사회에서 훨씬 발달했었다. 이유는 귀걸이는 귓구멍의 수호신임과 동시에 사랑을 가져다주고, 사랑을 보호해 주는 부적으로 인식되어 있었기 때문이다. 때문에 귓불에 구멍을 내고 커다란 귀걸이를 달았다. 남미의 어느 종족은 귀걸이가 너무 커 무거운 나머지 귓불이 어깨까지 늘어질 정도였다. 마찬가지로 미개민족 사이에는 악령으로부터 몸을 보호하기 위해, 자신의 사랑을 지키기 위해, 구멍이란 구멍에 장식물을 끼웠다. 소고삐 같은 코걸이, 보트쿠도스[72]라 부르는 입고리 등 모두가 주술적 의미를 가지고 있었다. 따라서 귀걸이, 코걸이, 입 고리 등은 모두 신성한, 정화된 금속이었다.

멕시코 인디언이 입 고리를 하는 것은 용감한 전사의 특권이며, 성인 남자

---

72 동브라질 부족으로 입술에 거대한 입 고리를 하고 있는 것에서, 입고리를 보트쿠도스라 했음.

들의 심벌이었다. 남미, 동브라질의 보트쿠도스족은 남녀 모두 입고리를 하고 있었다. 단, 여자들의 입고리는 남자 것보다 작고 예뻤다. 이 입고리는 아랫입술에 구멍을 냈다. 따라서 아랫입술이 밑으로 늘어져 괴이한 모습이었지만, 그들에게는 그것은 위엄 있는 아름다움이었다.

코걸이는 콧구멍의 연골에 구멍을 내고 링 또는 금속이나 동물의 뿔, 상아 등을 말뚝처럼 꿰었다. 현대 문명사회에서도 귀걸이, 목걸이, 팔찌 등은 복식미 장으로 인식되고 있지만, 주술적 신앙은 없다 하더라도 이성을 유혹하는 코케트리의 표현이라 할 수 있겠다.

69 | 사랑의 대화는 상대의 몸단장을 해주면서

이른 봄 동물원 등에서 원숭이를 관찰하면 숫 원숭이가 빈번히 암 원숭이에게 털 단장을 해주는 모습을 볼 수 있다. 즉 원숭이의 구애행위다.

인간과 원숭이를 동일시하는 것은 아니지만, 아프리카 미개민족들의 구애행위에도 이것과 유사한 패턴이 보여 진다. 서로 좋아하는 남녀가 서로 머리를 손질하며 벼룩이나 이를 잡아주고, 머리를 빗어주며, 남자는 여자 머리를 새 깃털로 장식해준다. 그리고 몸에 색을 칠해 화장을 해 주기도 한다. 손을 잡고 어깨를 대고 애무를 한다. 문명사회 남녀처럼 키스를 한다든가 유방을 서로 빠는 직접적 행위는 하지 않는다. 유방을 살짝 대는 정도이며, 집요한 접촉은 하지 않는다. 하물며 페팅 같은 것도 없다. 담백하고 단순한 그윽한 애정 표현이다. 결국 시로 몸단장을 해 주는 것이 유일한 구애표현이며, 전희적인 성행위였다.

헨릭스의 연구[73]에 의하면, 미개사회의 미개민족 사이에서 보이는 체위의 절반 이상은 측위, 즉 남녀가 서로 옆으로 누워 마주보는 체위를 선호하고 있다. 그 다음으로는 정상위, 그리고 후배위(後背位, 남자가 여자 뒤에서 하는 체위)이다.

---

73 「성의 사회학」(원제 〈사랑과 행동〉, 헨릭스, 1963년).

빈도는 문명사회인보다 담백하다고 보고되고 있다. 또 성애기교도 없다. 펠라티오 같은 성기 입맞춤 등은 거의 터부시 되고 있다.

일반적으로는 성기에 손이나 입술을 직접 대는 행위는 부정한 것으로 인식되어 절대로 하지 않는다. 만약 이러한 행위가 보인다면 그것은 아랍, 인도, 백인사회 등으로부터의 영향일 것이다.

현지어로 여성 상위를 〈치키치샤〉라 부르고 있는데, 원래는 동아프리카 스와힐리족 매춘부가 백인사회로부터 배워온 것이며, 창부들의 기교이다. 일반적으로 미개민족의 성행위에는 문명사회인이 상상하는 것 같은 쾌락적인 기교는 없다. 오히려 청결, 단순하고 소박하다.

70 | 처녀의 초야권은 공매(公賣)된다

아프리카의 어떤 종족은 초야권을 일반에게 공개하는 진기한 풍습을 가지고 있다.

적도 아프리카 로안고(Loango) 해안[74]에 사는 종족으로, 여자가 일정한 나이가 되면, 초야는 희망하는 남자에게 주어지는 것이 보통이며, 처녀는 몸을 의복으로 감싸고 마을에서 마을로 여러 사람이 둘러매고 간다. 마을에 도착하면 처녀는 마을 광장에 양산을 쓰고 웅크리고 앉아있다. 초야권을 공매하는 것이다. 사고 싶은 사람은, 적당한 대가를 지불하고 처녀와 하룻밤을 지내지만 완전한 성교를 해서는 안 된다고 되어 있다. 이리하여 벌어들인 초야대금은 처녀의 지참금으로 쓰인다.

대부분의 아프리가 미개민족의 경우는, 결혼 전 누군가와 초야를 지내지 않으면 결혼할 수 없는 불문율이 있으며, 초야권의 규제가 그리 엄하지 않은 마을에서는 초야권을 팔아 결혼자금의 일부로 충당하려는 합리적인 방법도 생각해냈다.

대개 아프리카 부족 사이에서는 초야권이 존재하며, 부족의 추장에게 부여되고 있다. 포르트칼령 기니의 바란테족은 추장이 초야권 외에 응분의 사례를

---

74 남아프리카 앙골라 령의 연안.

요구하고 있었다. 물론 이러한 초야권 행사는 처녀막을 파괴할 목적이며 그 이상의 성행위는 자제하는 것이 당연시되었다.

서구사회에 존재했던 영주의 초야권도 마찬가지로 성교를 하더라도 신부 체내에다 사정을 해서는 안 되었다. 수단 남부의 후르베족은 인접한 타 부족의 침략을 면하기 위해 그 회유책으로 처녀의 초야권을 그 마을 장로에게 바치는 풍습도 있었다.

남아프리카의 용맹한 마사이족은 결혼한 신부를 자신의 친구나 전우에게 우선적으로 제공했다. 그밖에 초야권을 친척이나 주술사에게 바치는 적도 있었다. 이리하여 미개사회에서의 초야권행사는 그 여자가 처녀인가 아닌가를 제3자, 그것도 권위 있는 자에게 증명해 받는 것이 목적이었다. 그것이 신랑의 명예를 지키고 높이는 것이기도 했다.

71 | 남자는 호박껍질로 감싸야 한다

중세 서양에서는 브라게트(bracket, 남근 보호대)라는 것이 발명되었는데, 이 것은 남근보호라기보다는 일종의 유행이었다.

아열대 지역에 거주하는 미개민족은 할례를 할 때 귀두는 그대로 드러나 있 어 아주 위험하다. 게다가 옷을 입지 않기 때문에 시계추처럼 움직여 번거롭 다. 그래서 고안한 것이 〈눗체〉(칼 주머니)라 하는 보호주머니이다.

핀슈(Otto Finsch)의 자료[75]에 의하면, 남아프리카 카피족이나 뉴기니 부족들 은 호박을 건조시킨 두꺼운 껍질을 둥글게 하여 남근을 덮었다고 한다.

그들 역시 중세서양의 멋쟁이 남자와 다를 바 없었다. 호박 캡슐로 덮는 것 은 너무 평범한 느낌이 든다. 그 표면에 바둑 문양의 채색을 하거나 조개껍질 이나 나무열매를 붙여 화려하게 장식하여 마치 자랑하듯이 드러내 보이기도 하고, 개중에는 호박 캡슐을 일부러 큰 것으로 골라, 내용물의 거대함을 암시 하려는 남자도 있었다.

동브라질 포트크도스족은 코코넛 껍질이나 바나나 잎으로 남근 주머니를 만들었고, 북카메룬, 북토고의 부족들은 풀이나 종려나무 잎을 엮어 주머니를 만들고, 그것에 청·적색으로 채색하여 장식했다. 부샨(Georg Buschan)[76]의 관

75 「남으로부터의 민족학적 경험과 증거자료」(핀슈, 1893년).
76 「민족학」(부샨, 1923년).

찰에 의하면, 이러한 캡슐을 착용하고 있는 남성은 멋있는 모던 보이로 인식되고 있었다 한다.

북카메룬 등에서는 여자들과 춤 출 때에는 평소보다 크고, 긴 캡슐을 채워 파티에 참석했다.

뉴기니의 어느 부족 남자들은 갈대로 남근을 둘둘 말아 그것을 허리끈에 끼워 위로 올리고 있었는데, 이렇게 하면 자연히 남근은 길어져 개중에는 배꼽 위까지 오는 긴 것도 있었다. 그것은 마치 허리에 단검을 차고 있는 듯 용맹스럽게 느껴져 여자들 눈에는 매력적으로 보였다.

여자들이 늘어진 유방, 툭 튀어나온 훌륭한 엉덩이를 강조하듯이, 남자는 남근의 위용이 남성의 매력을 상징하는 것이다.

원시, 미개인이라고 해서 성생활이 방종한 것은 아니다. 거기에는 오랫동안의 체험에서 성에 대한 질서가 정리되어 있었다. 마리노브스키(Bornislaw Kasper Malinowski, 1884~1942년)[77]의 저작에 의하면, 서(西)메라네시아 트로부리안드 섬 주민의 자녀 성교육, 성인의 성생활은 매우 자연스럽고 합리적이다. 그들은 아이들에게 성을 감추지 않으며 부모의 부부생활 현장을 공개하며 실지교육을 한다.

「나무 지주(支柱)와 나뭇가지로 만든 초라한 작은 집이 밀림 깊은 곳에 있다. 한 쌍 또는 그 이상의 아이들이 그곳에 가서 〈부부놀이〉를 하며, 음식을 마련하고 성교유희를 한다. 또 부부 흉내를 내려고 노력 한다」는 것이다. 물론 완전한 성행위는 불가능하지만, 그 성적 유희로 그들은 호기심을 충족시키며, 기쁨을 얻는다. 양친은 그러한 자녀들의 행위를 결코 야단치지 않는다.

그 결과, 아이들은 양친에 대해 우정 비슷한 감정을 갖고 있다. 따라서 아이들의 성적 성숙은 빠르다. 혼전 성교섭은 그들에 있어, 일종의 결혼 적성검사 같은 것이며, 남자에게 정력이 생기고, 여자에게 생리가 시작되면, 젊은 독신 남녀는 「청년의 집」에 가서, 각자의 연인을 만들어 성생활을 같이 한다. 그리

---

77 폴란드 출신 문화인류학자. 1913년부터 멜라네시아 원주민의 생활을 야외조사 하듯이, 미개사회에 있어서의 사회, 문화구조를 처음으로 체계적으로 기술하여, 현대 인류학의 기초를 구축했음.

고, 혼약을 하고 공중의 면전에서 결혼식을 올린다.

결혼은 매매혼이 아니며, 처가 친정에서 많은 결혼 자금을 가져옴으로써 성립된다. 부부는 아이가 생길 때까지 시부모와 같이 생활하며 성생활은 비밀리에 행해진다.

이것은 청소년기에 충분히 성에너지를 발산시키면, 부부생활은 자연히 담백하게 되는 자연섭리에 따르는 것으로 해석된다.

또 이혼도 자유로워 남편이 아내를 사랑하지 않고, 존경하지 않으면 아내는 바로 친정으로 돌아간다. 부부 외의 성적 분출구도 용의주도하게 마련되어, 만월 때의 제례나 계절마다 행해지는 제례 때에는 난교(亂交)가 묵인된다. 그러나 그 외의 일상생활에서는 절대로 허용되지 않고, 부정한 것으로 인정되어 이혼의 정당한 사유가 된다. 이 섬의 아이들은 자위행위도 하지 않으며, 더군다나 남색, 여자 동성애 등의 성적도착행위는 전혀 볼 수 없다.

찾아보기(人名)

찾아보기(事項)

저자_**후쿠다 카즈히코**(福田和彦)

1929년 출생. 사진가. 작가. 1963년 제1회 국제공업사진전 그랑프리 수상. 세계 각국에 머물
며 미술사(美術史) 연구. 저서『枯山水の庭』『エロティシズムの世界史』『艶色浮世絵全集』외
150여 권.

역자_**임명수**

한국외국어대학교 서양어대학(영문학 전공)

일본 도호쿠대학 대학원 석·박사과정 수료(일본근대문학, 비교문학 비교문화)

일본 미야기학원여자대학 객원교수

일본 칸사이외국어대학 초빙교수

현재 대진대학교 일본학과 교수

주요 논문 :「나쓰메 소세끼의 여성상」「배신의 드라마로서의 여성상」「아쿠타가와 류노스케의
고혹적인 여성상에 대하여」「고통의 의식으로서의 예술」外 다수

섹슈얼리티 性문화사

세계의 숨겨진 성문화 이야기

초판 1쇄 발행일 2011년 5월 30일

지은이 후쿠다 카즈히코

옮긴이 임명수

펴낸이 박영희

편집 이은혜·김미선

책임편집 강지영

펴낸곳 도서출판 어문학사

132-891 서울특별시 도봉구 쌍문동 525-13

전화: 02-998-0094/편집부: 02-998-2267

홈페이지: www.amhbook.com

e-mail: am@amhbook.com

등록: 2004년 4월 6일 제7-276호

ISBN 978-89-6184-100-9 04080

정가 22,000원

인 지 는
저 자 와 의
합 의 하 에
생 략 함

※잘못 만들어진 책은 교환해 드립니다.

이 도서의 국립중앙도서관 출판시도서목록(CIP)은 e-CIP홈페이지(http://www.nl.go.kr/ecip)와
국가자료공동목록시스템(http://www.nl.go.kr/kolisnet)에서 이용하실 수 있습니다.
(CIP제어번호: CIP2011002063)